中国农地制度

农户、集体与国家的互动

林辉煌 著

人民东方出版传媒
東方出版社

目录 CONTENTS

自序：“市民权”与中国农地制度

正如贺雪峰教授在新书《大国之基》所言，“没有分析就没有政策，尤其是当前中国地域广大，不同地区发展十分不平衡，如果没有对发展战略的深入分析，我们就可能在制定政策中犯低水平的错误”（第3页）。而要获得对中国农地制度的准确理解，只有依靠饱满的经验调查和不带情绪的机制分析。

对于农地制度的论述，其基本目标在于还原两个土地制度常识：一是不给政府分享土地增值收益的制度不利于城市化的良性发展，尤其是对于发展中国家来说更是如此；二是不顾及非城郊农民利益的农地制度将造成社会的动荡甚至分裂。这两种常识判断，归根结底是为了维护最广大农民的利益。

有趣的是，同样是“维护农民的利益”，主流的学者却得出了完全不同的判断，这些判断可以统辖于最近十年来越来越流行的“市民权”理论下，或者称为“以农民为主体的城市化”理论。“市民权”理论主张，中国的城市化应当是农民的城市化，是农民进城务工经商，在城市获得稳定的就业收入并在城市完成劳动力再生产的城市化。

围绕着“市民权”的理论，主流学界对中国农地制度的安排提出了三种不同的主张。第一种主张集中关注正在遭遇征地拆迁或者即将遭遇征地拆迁的农民，认为所有土地增值收益都应当由这部分农民独享；而当前的农地制度实践显然没能使这些农民获得完全市场化的收益，从而阻碍了他们的市民化进程。第二种主张认为即使是非城郊农民也应当享受城市化的好处，但是他们必须拿自己的宅基地和耕地来置换“市民权”的待遇。第三种主张也关注非城郊农民的“市民权”，认为土地增值应当为全民共享，并且无须非城郊农民以自己的土地来交换，当然，政府不应当在其中有所染指。

上述三种“市民权”理论虽然各不相同，但是有一个判断却是相同的：政府不应当分享土地增值的利益，否则将影响“市民化”的进程。

政府分享土地增值收益，可以有两种理解：1.政府利用一部分的土地增值收益，集中力量办大事，为城市化提供相应的基础设施，也就是所谓的土地财政；2.政府将一部分的土地增值收益化公为私，据为已有。在现实生活中，这两种情况显然都存在，但是学者们往往以政府可能腐败为由来反对土地财政，而完全忽略了丧失土地财政对于城市化的消极影响。对于后发展的地区，如果没有土地财政，城市化所需的基础设施建设就很难完成，而没有基础设施的城市化显然不值得我们期待。

实际上，城市基础设施的建设成本，或者落在政府或者落在市场的头上。显然，搞基础设施是不容易赚钱的，市场主体往往不会积极介入，除非它能够从土地增值收益中获得更大的好处。政府是不允许赚钱的，因此一般认为搞基础设施就是它的责任，如果它不能将土地增值收益中的一部分转化为基础设施的成本，那么就只能使用纳税人的钱，而这些钱原本可以用来满足其他更多的公共需求。

事实上，多数地方政府的财政收入经常都捉襟见肘，根本不够用来搞基础设施建设。那么，政府分享一部分土地增值收益用以搞基础设施建设有何不可呢？当然，政府也可能贪污，但是对这些越轨行为，可以约束它、制裁它，但是没有理由因此而将政府能力削弱。

因此，不允许政府分享一部分的土地增值收益用来进行基础设施建设，意味着中国的城市化要么陷于拉美式的贫民窟，要么被迫采取极高成本的城市化方案（政府买单的“市场化”？），而这两者对于一个发展中国家显然是极为不利的。

虚谈“市民权”，不仅于国家发展不利，而且直接损害了农民的切身利益，而不像主流学者所宣称的那样“以农民为主体”。

按照第一种方案，将土地增值收益都交给城郊农民，这对于非城郊农民显然是不公平的。因为土地的增值与其所处的地理位置、与整个国家和社会的投资紧密相关，而与城郊农民的个体因素无关，因此城郊农民无论在法理上还是在道义上都没有理由独享这些增值收益。另外，中国的土地制度属于公有制（包括国家所有和集体所有），土地的增值本质上是一项公有财产而不是私有财产。由城郊农民独享土地增值收益，最终只会培育出一个食利阶层，从而造成严重的社会分化。

按照第二种方案，非城郊农民拿自己的土地置换“市民权”，其结果是强化了农民的生活成本和生活风险。中国城市化之所以比较稳定，其奥秘在于有中国特色的城乡二元结构，在这种结构下，形成了以代际分工为基础的半工半农模式，老年人在农村种田完成家庭和劳动力的再生产，年轻人则外出务工为个体家庭的城市化累积资源。这两笔收入结合起来，可以为农民提供一种有尊严的生活和一种可期待的城市化前景。

一旦农民没准备好“市民化”之前就丧失了农村土地，而只能一家老小蜗居在陌生的城市、冒着极大的失业风险战战兢兢地活着；老人在城里就不了业，也无法通过种田弥补家用；年轻人也只能到沿海城市继续打工养家糊口，他们的家庭依然是不完整的，而且生活压力更大。一旦经济不景气，大批农民工失业又无法回到农村种田，恐怕社会就不会那么稳定了；

除非国家能够把所有农民都养起来，但是正如贺雪峰教授所讲的，如果国家为所有进城人口都提供体面的城市生活，则中国低劳动力成本和低地价所综合形成的中国经济国际竞争力优势就不复存在，中国就可能陷入中等收入陷阱。

从这个意义上讲，第三种方案是相对合理的，即农民不需要拿自己的土地置换“市民权”就可以分享城郊土地的增值收益，但是这种观点非常不主流。而且因为反对政府分享部分的土地增值收益，城市化所需的基础设施依然是一个难解的问题，最终也会影响到农民的切身利益。

如此看来，虚谈“市民权”的谬误其实是非常容易理解的一个问题，但为何很多人看不清楚呢？原因主要有以下几种：

首先是迷信权利的神话，以为中国所有的问题都是因为人民没有权利造成的，因此只有通过不断地赋权才能够走出困境。这种权利的神话甚至成为一种不可辩驳的道德话语，笼罩整个学术界和政策界。于是，土地要确权，要逐渐私权化；农民要赋权，要给予“市民权”。他们总是问：给农民更多的权利难道有害吗？而不问：到底农民需要什么样的权利？实际上，关于权利还有两个基本常识：一是“反公地悲剧”，二是“权利有成本”。

其次是迷信市场的神话，以为中国所有的问题只要放到市场里面就可以得到完美的解决。因此，土地问题应该交给市场，土地增值收益也应该通过市场来实现配置。然而市场并不是万能的，它解决不了多数的公共品供给问题。在土地问题的争论中，最离奇的要数增减挂钩政策，主流学者经常把从农村置换出来的城市建设用地指标价格视为土地市场运作的结果，殊不知土地本身的位置根本无法挪动置换，所谓的指标价格仅仅是国家政策使然。而“市民权”更是一种公共品，在发展中国家尤其显得稀缺，它是综合国力的一种权利形态，而不是市场运作的结果。

最后是对政府的不信任，以为政府存在的唯一目的就是做坏事。如果说这几年中国混乱的学术界有某些共识的话，那就是在搞臭政府名声这件事情上面同心同德。实际上这些学者没有搞清楚三个层面的问题：一是少数政府官员做坏事；二是多数政府官员做坏事；三是政府的存在就是坏事。在现实生活中，到底哪一个才是主要问题呢？恐怕很多学者不调研不思考就已经有结论了吧。

那么，是不是不可以谈“市民权”了？并非如此。实际上，“市民权”是国家综合实力的权利形态，“市民权”的实现程度往往与国家综合实力（当然也包括国家权力和国家权威）成正比。一旦试图超越国家发展水平甚至脱离国家语境来强调“市民权”，就是一种虚谈，不仅误国，而且误民。

因此，我们应当回到常识中来，重新审视我们国家在农地制度安排上的适应性与合理性。它一方面给了国家发展足够的回旋空间，以一个较低的成本和较低的风险来推进城市化的进程；另一方面它较好地统筹了城郊农民和非城郊农民的利益配置（当然，还可以做得更好），后者可以通过城乡之间的代际分工最大限度地稀释市场的风险和生活的压力。

基于不同的机遇和能力，农民的市民化是一个循序渐进的过程；而随着国家综合实力的提升，农民市民化的深度和广度都会逐渐扩大。但是在这个过程中，我们应该多做客观的研究，少做无谓的虚谈。

第一章
农地制度的产权建构

“农地制度”一词来源于英文 land tenure 一词，意指对土地的占有和使用方式。它是一个比地权更广泛的概念，包括地权本身、地权交易和生产组织等。[①] 在国家制度设计中，农地制度是极为关键的一环，尤其在中国这样一个拥有九亿农民（含农民工）的大国，农地制度的合理与否直接关涉到国家与社会的稳定。而产权模式则是农地制度的核心内容，不同的产权模式决定了农地制度的不同样态。[②] 在中国农地制度中，产权模式主要体现为集体所有制下的集体地权，而集体地权的实践形态往往是在特定的“集体”观念之下发生的。土地集体观念和地权实践形态共同构成了农地集体性的两个层面，这是理解中国农地制度的关键要素。然而已有的研究对于农地集体性如何通过集体产权建构中国农地制度并没有给予足够的关注。

① 姚洋：《中国农地制度：一个分析框架》，载《中国社会科学》2000 年第 2 期。

② 温铁军：《半个世纪的农村制度变迁》，载《战略与管理》1999 年第 6 期。

一、农地制度与产权模式

在经济学理论中，关于产权的最具影响力的理解是将其视为“一束权利”，指的是人们对于资产的剩余控制权，即在合约规定的他人使用权或法律明确限定的权利之外，所有者对其资产的使用和转手的全部权利。[①]在此基础上，德姆塞茨提出产权具有“排他性”和“可转移性”的特性。[②]这种经济学意义上的产权可以概括为“权利产权”。[③]而“权利产权”的思路可以追溯到著名的科斯定理，即所有权的明晰界定可以促使人们通过市场机制来有效率地分配风险和激励。[④]整个西方社会制度的建构都是以这一套私有产权的观念为基础的。然而，一方面所有权不能完全不要国家而得到有效执行；另一方面，国家的引入又非常容易导致所有权的残缺，这就是所谓的“所有权悖论”。[⑤]可见，没有绝对的所有权，只有背负义务的残缺产权。[⑥]要注意的是，学者们在西方经济学意义上讲的残缺产权并没有改变私有产权的本质属性，即一个产权上只存在一个产权人，产权的残缺仅仅是一种额外的义务负担，并非增添产权人。因此，私有产权构成了西方产权的正统模式。

---

① Hart，Oliver，Firms，*Contracts and Financial Structure*. New York: Oxford University Press，1995，p.25.

② Demsetz，Harold，*Ownership, Control and the Firm*. Oxford: Blackwell，1988.

③ 周雪光：《关系产权：产权制度的一个社会学解释》，载《社会学研究》2005 年第 2 期。

④ Coase，Ronald H. 1960，*The Problem of Social Cost*，Journal of Law and Economics 3.

⑤ 周其仁：《中国农村改革：国家和所有权关系的变化（上）——一个经济制度变迁史的回顾》，载《管理世界》1995 年第 3 期。

⑥ 在西方资本主义的发展过程中，对于所有权性质的认识发生了从“绝对所有权”向“相对所有权”的重大转变。

中国的产权模式与西方的“权利产权”完全不同。周雪光从组织社会学的视角出发，将产权理解为“一束关系”。[①]“关系产权”的思路不着眼于组织的边界和排他性权利，而是强调组织与环境之间建立在稳定基础上的相互关联、相互融合、相互依赖；产权的结构被用来维系和稳定一个组织与它们的环境之间的关系。这个概念为我们理解中国农地集体产权的社区性提供了一个新的角度，即集体地权关注的不是“排他性”和“可交易性”，而是社区的安全性和稳定性。

张小军区分了“契约产权”和“象征产权”，前者类似于西方经济学意义上的“权利产权”，而后者则是“契约产权”不充足履行而由国家或其他组织占据的那部分产权。[②]就土地而言，契约地权不充分的主要原因在于象征地权过度膨胀，从而引起地权契约减效或无效，甚至形成权力占有者利用制度和政策的掌控权来“寻租”。象征地权是一种认同范畴的地权，是被人们认知并赋予意义的象征资本；另一方面，国家的权力也经常乘此空隙侵入进来，使得地权可能通过政治权力的强迫或者社会观念的改变而改变。由此可见，中国农民的不充足契约地权是因为土地上被赋予过多的伦理和象征意涵，而这种伦理和象征又能够生成具有独立性的产权人。象征地权的产权人是在国家、宗族、[③]个人之间进行分配的，尤其在公田上，国家是最大的产权人，因此挤占了个人的契约地权。象征地权概念为我们解释了中国集体地权中的国家性存在。

---

① 周雪光：《关系产权：产权制度的一个社会学解释》，载《社会学研究》2005年第2期。

② 张小军：《象征地权与文化经济——福建阳村的历史地权个案研究》，载《中国社会科学》2004年第3期。

③ 宗族在社会主义革命中被打掉之后，它在象征地权中的地位由集体接替过来。

申静提出了“类所有权”的概念，试图以此来描述农民自己对土地权利的认知。[①]尽管农民清楚地知道自己对土地仅拥有使用权，但这种使用权的长期性和等同于他们职业的专属性，又使得这种权利区别于一般意义上的使用权而具有了类似于所有权的特征。以“共同占有”为特征的集体产权在集体成员间绝非是“模糊”的，实际上他们基于对某种原则的共识而形成的权利分配格局总是异常清晰的。这种清晰的认知源于传统和现实制度下的“人人有份，机会均等”的成员权原则，[②]这是界定中国农地产权的最基本标准。“类所有权”以及“成员权”的概念使我们能够进一步地理解中国集体产权的非排他性特征。

社会学意义上的产权观念试图将西方经济学上的产权放置在中国特定的社会背景下进行重新解读，它强调的是产权观念的本土性和区域性。无论是“关系产权”、“象征产权”，还是“类所有权”，它们都共同体现了中国产权（尤其是农地产权）上的集体性，从而区别于西方经济学意义上的“私有产权”。

从法律制度的角度看，中国集体地权在本质上是一种集体所有权。近年来，我国法学界对此存在三种有代表性的观点：其一认为，我国的集体所有权是一种新型的总有，[③]集体成员对集体财产（土地）享有占有、使用和收益权，并且依法按照平等、自然的原则来行使对集体土地的所

① 申静：《集体产权在中国乡村生活中的实践逻辑——社会学视角下的产权建构过程》，载《社会学研究》2005年第1期。

② 周其仁和刘守英曾将集体所有权概括为村民的一种成员权利，这一特殊的产权属性使土地分配随人口的变化而变化成为一种内生的要求。参见周其仁、刘守英：《湄潭：一个传统农区的土地制度变迁》，载文贯中主编：《中国当代土地制度》，长沙，湖南科技出版社，1988。

③ 参见由嵘：《日耳曼法简介》，北京，法律出版社，1987，第50页。

有权；[①] 其二认为，集体农地所有权是一种由“集体经济组织”享有的单独所有权；[②] 其三认为，集体所有权是“个人化与法人化的契合”，集体财产（土地）应为集体组织法人所有，而集体组织成员对集体财产享有股权或社员权。[③] 第二种与第三种观点显然与法律文本的规定有出入，而第一种观点与法律规定是比较靠近的，因为它将集体地权纳入了共有的范畴。但是共有具有三种形式：总有（Gesamteigentum）、合有（Eigentum Zur Gesamten Hand，亦称合手的共有，或总手的共有）及共有（Miteigentum 亦称分别共有）。[④] 这三种共有形式来源于日耳曼法，后来经过罗马法、普通法的改造，成为西方物权法的重要传统之一。[⑤] 王铁雄认为，中国的集体所有权更接近于“合有”。[⑥] 因为在普通法中合有系指数人平等的、永不分割的对不动产整体所享有的所有权，其中若有合有人死亡，其权利便丧失并自然地添加于其他合有人的一种共有权制度。只是中国集体地权的合有人不仅仅包括当下的人，还包括将来出生的同一社区的人。

---

① 韩松：《中国农民集体所有权的实质》，载《法律科学》1992 年第 1 期。

② 王卫国：《中国土地权利研究》，北京中国政法大学出版社，1997，第 114 页。

③ 孔祥俊：《民商法新问题与判解研究》，北京人民法院出版社，1996，第 378 页。

④ 郑玉波：《民法物权》，台湾：台湾三民书局，1958，第 128 页。

⑤ 事实上，西方法律上的产权来自两个传统，一个是日耳曼法的“团体主义”，具体表现为物权上的“总有”、“合有”、“共有”；另一个是罗马法的“个人主义”，它在继日耳曼法之后，将总有团体转化为法人，总有权成为法人之单独所有权，而合有则为罗马法自身的共有观念所修正，成为共同共有的形态。于是，一个所有权上就只有一个所有权人，或者是自然人，或者是法人。后来日耳曼法式微，罗马法逐渐成为西方法制的最主要渊源。参见郑玉波：《民法物权》，台湾，台湾三民书局，1958，第 128 页；史尚宽：《物权法论》，北京，中国政法大学出版社，2000，第 174—175 页。

⑥ 王铁雄：《集体农地所有权制度之完善——民法典制定中不容忽视的问题》，载《法学》2003 年第 2 期。

在中国农地制度改革的辩论中，学者们基于两种不同的土地产权模式形成了两大对立的阵营。受西方产权观念影响极深的一批学者认为中国农地制度改革应当建立在土地私有产权的基础之上，他们将20世纪80年代中期以后农业生产率的下降归之于集体所有的土地制度，并认为私有化应该成为农业生产率提高的重要的和必须的选择。文贯中认为按人口变化对土地进行的再分配会损害土地产权的安全、稳定性及使用效率，从而影响对土地的投资等，现行的农地制度对实现全社会范围内的公平和分享繁荣的目标而言已经构成制度性的障碍。① 因此，要建立一种机制使得扩大土地经营规模成为可能，就必须通过实行土地私有和土地的自由交易来完成。杨小凯则从土地私有制与宪政共和的关系出发强调土地私有产权的重要性。②

与上述意见相左的研究者则强调要将中国农地制度建立在土地集体产权模式之上。他们认为，集体所有基础上的土地均分机制从根本上解决了历史上土地私有制无法解决的"人人有饭吃"的生存保障问题，而以均分为基础的家庭经营则彻底消除了中华人民共和国成立后前三十年的集体所有制长期面临的团队生产中激励机制问题。这两个方面的结合正是农村改革取得成功的要旨所在。③ 在人地关系高度紧张和城乡二元结构的背景下，

① 文贯中：《土地制度中的公平与效率》，载《经济观察报》2002年9月30日；文贯中：《中国农地的社区所有：纯农户的收入困境和农村的逆向淘汰趋势》，载《21世纪经济报道》2004年8月17日。

② 杨小凯：《中国农地所有权私有化的意义》，载《信报财经月刊》2001第4期；杨小凯：《经济改革和宪政转轨》，载《经济学季刊》2003年第4期；杨小凯：《土地私有制与宪政共和的关系》，http://web.cenet.org.cn/web/sdzzok/index.php3?file=detail.php3&id=53693，2011年1月22日访问。

③ 陈剑波：《农地制度：所有权问题还是委托——代理问题？》，载《经济研究》2006年第7期。

集体所有制实际上是政府向村社集体和农民在土地和其他农业生产资料所有权的让步，所换得的农村集体自我管理和农民必须自我保障的制度。[①] 可以说，中国目前的农地制度安排具有相当强的合理性，是中国经济快速增长的最大秘密和中国未来发展的基本条件。[②] 主张私有化的理论和政策从根本上讲是受西方新自由主义经济学的影响，[③]其改革方案因为脱离中国的实际情况，很有可能将农地制度改革引入歧途。

中国农地制度与西方最大的不同在于，前者是建立在以农地集体性为基础的集体地权之上。农地集体性包含集体观念和集体实践两个层面，它们共同形塑了当下中国集体地权的基本结构，并且决定了集体地权的交易模式和组织形式，从而生发出具有中国国情特色的农地制度。本章将考察农地集体性的核心要素，这些要素在很大程度上将以集体观念的形式表现出来；同时将集体性放置在农地制度变迁的不同阶段，分析集体性是如何具体实践并通过这些实践转化为以集体地权为核心的中国农地制度。

---

① 温铁军:《中国农村基本经济制度》，中国经济出版社 2000 年版，第 275 页。

② 贺雪峰:《地权的逻辑：中国农村土地制度向何处去》，中国政法大学出版社 2010 年版，第 15 页。

③ 中国的经济学家及其西方的导师们抱着“产权”和“使用权的安全性”这类观念不放，却不愿屈尊了解或关心一下农民自己的愿望。正如一位观察家指出的：“中国的政策顾问对加强私有产权制度的支持，与重要的多边贷款与开发组织的计划不谋而合，这并非完全出于偶然。毕竟，世界银行、亚洲开发银行和华盛顿的农村发展研究所（RDI）的一些顾问，十多年来为中国的研究机构提供了包括土地与自然资源立法、咨询合作和研究合约在内的许多培训……希望证明农民愿意使长期承包合同得到保障的愿望，显然影响着农村发展研究所在中国的调研计划，甚至当调查结果无法验证这种愿望时，该组织的发言人仍然断言中国农民渴望获得农地所有权。” See Sally Sargeson. Full Circle? Rural Land Reforms inGlobalizing China . Critical Asian Studies, 2004,（4）。

二、农地集体性的三重维度

农地集体性指的是附着于农地之上的多重主体与农地之间的关系总和。从根本上讲，农地集体性是农地权益在国家、社区和农户三者之间的配置体系。这就要涉及三重关系维度，即国家与农地的关系、社区与农地的关系以及农户与农地的关系。

（一）国家与农地的关系

农地集体性在国家与农地的关系中表现为国家是农地权益的最终支配者。国家可以规定统一的农地经营模式，确定其他主体在农地权益配置中的参与地位。在农民的观念里面，集体背后其实就是国家，集体仅仅是国家治理基层的代理人。因此，在谈到农地的集体性时，农民更多的是想到国家的支配力量。在他们看来，农地上的所有权益都是国家赋予的，国家可以分配给你，也可以从你的手中拿回去。西方国家在农地上完成初始的权力配置之后即退出农地生产，而中国则不同，国家始终附着在农地之上，参与各种农地权益的再分配。

国家对于农地权益的支配还表现在国家作为地主从农地上征收赋税。作为最终的所有者，国家可以通过将农地出租由他人耕种，并且从中收取一定的租金作为回报，这就是所谓的“皇粮国税”。当然，赋税的合法性除了国家作为土地权益支配者的地位之外，还取决于赋税征收的额度，一旦国家从农地耕种者身上提取过多的租金时，赋税往往就失去其政治基础。在多数时候，国家并不直接与农地耕种者发生关联，需要通过基层组织来提取赋税。因此，基层组织在很大程度上是国家进入基层的通道。在国家从农地上提取赋税之后，农地上的权益就出现了所谓的“残缺”。实际上，将农地权益视为“残缺”本身就意味着在讨论农地产权时对于国家的有意排斥。将国家所造成的那部分“残缺”去掉之后，剩下的就是农地的私人产权，这就是西方农地产权的思考逻辑。在中国则不同，讲集体性首先就要将国家的支配力量纳入进来。从这个意义上讲，农地上的权益分配是完整的，而不是“残缺”的。

国家对于农地的支配地位是通过不断地输入国家认同观念而获得维持的。国家认同观念的输入方式可以有很多种，主要的方式是通过基层组织的社会治理。国家给基层组织投入资源（或者是国家自上而下的输入，或者是国家授予基层组织从农地上进行资源提取的资格），使其能够为基层社会提供安全、秩序、公平等非物质性公共品，以及水利、道路、社会保障等物质性公共品。通过这些治理行为，国家认同观念就可以源源不断地输入到基层社会中，使国家对于农地的支配地位具有政治合法性。有趣的是，基层社会的治理以及国家认同观念的输入也离不开国家对于农地的支配地位，两者是相辅相成的。

（二）社区与农地的关系

农地集体性的第二个维度表现在社区与农地的关系上，即社区成员对于土地权益的共同分享。因此，社区与农地的关系首先就是社区身份的确定。只有明确了社区的身份，农地权益的分配才能够实现。这意味着农地权益的分享是在一个相对封闭的区域中进行的，只有归属于某个社区，才有资格进行分享。身份的确定主要有三种方式：一是通过血缘关系来确定身份，即只有归属于同一个血缘网络才是社区的成员。二是通过地缘关系来确定身份，即只有同处于一定空间范围之内的人才是社区的成员。实际上地缘关系可以纳入血缘关系的范畴，因为前者往往只是后者的投影而已。[①] 三是通过政治关系来确定身份，即只有同时具备国家赋予的政治符号（如户口）才是社区的成员。在一般情况下，这三种确认身份的方式是不能共存的，但是也可能出现例外，即三种方式出现一定的重叠，并且在具体的社区实践中演化出不同的组合模式。

确定社区身份，实际上就是划定“自己人”的边界，将具有共同身份的成员纳入农地共同体的范畴。自己人是集体的本质特征，在农地权益上形成自己人的边界，能够确保分配模式的稳定性。自己人因为具有相同的身份归属，在长期的共同生活中形成了基本的社区认同，彼此之间具有较长的生活预期。基于此，人们相信彼此都可以较公平地分享农地权益，并且积极地维护农地权益不受外人侵犯。从另一个角度看，社区作为一个生活共同体是在农地权益的分配过程中形成的。正是基于对同一块土地的权益分享，人与人之间能够产生更多的利益接触点，从而形成较为稳定的可持续的人际关联。

在去除国家对于农地资源的提取之后，剩下的部分只能在社区内部进行分配。在农地权益之中，分配的对象主要有两种：一是从土地耕种中的获益，二是从土地流转中的获益。在社区的分配过程中，只有具备社区身份的人才能够参与土地耕种，而土地的流转也只能限制在社区范围之内。这样就可以使农地作为一种集体性资源保留在社区共同体之内，从而保障整个社区的共同生存。从根本上讲，社区与农地的关系就是整个社区对于农地权益的共同占有，而且这种占有具有强烈的排他性，除非获得社区的身份，否则外人很难进来。

① 费孝通：《乡土中国》，上海，上海人民出版社，2006，第23页。

（三）农户与农地的关系

在农地权益的分配体系中，农户是最末端但不是最不重要的一环。甚至可以说，农户对于农地权益的分配正是国家和社区对于农地权益分配能够实现的基础。农户作为社区的成员，从社区对土地的占有中获得一份经营的权益，即农户可以在特定的土地中进行耕种。实际上，农地权益是在农户的经营中才产生出来的，也就是说农户与农地的关系是创造农地财富的源泉。因此，国家和社区对于农地的支配有一个重要的指向就是要保障农户经营农地的便利性。

在农户经营农地并且创造出各种财富的过程中，除了优先满足国家和社区的支配外，农户也要分享部分的收益。这些收益一部分用于弥补农户经营行为所产生的成本，另一部分则主要用于养活整个家庭。一旦农户分享的农地收益不足以弥补经营成本和提供家庭生活所需，农户就会放弃土地经营行为，从而切断与农地之间的关系。另一方面，农户的经营收益也直接影响到农户生产的积极性。分享的收益越多，农户的经济性就越高；而农户的积极性越高，其创造的土地财富就越多。

农户对农地的经营内在地包含着另一种功能，即进行土地流转的能力。当农户不愿意再经营土地，可以在其分享的土地权能之内对其进行处分，将农地流转于他人。完整的农地流转包括买卖和租赁，具体采用哪种方式则视农户的土地权能而定。从某种意义上讲，农地流转本身就是农地经营的一种方式，可以给农户带来相应的收益。但是农地的流转一般只能在社区范围之内进行，因为农户与农地之间的关系并不是绝对的支配与被支配，他所分享的农地上还附着着国家及社区的身份。因此，农地的流转不能伤害到农地上的其他主体的利益。

（四）作为整体的农地集体性

农地集体性是三重关系的整合，包含国家对农地的最终支配关系、社区对农地的身份分配关系、农户对农地的经营收益关系。这三重关系所指向的是中国农地在长期的制度实践中所形成的本质性特征，其基本内涵是农地上所附着的国家、社区与农户之间的互动关系。因此，农地集体性的三重关系与农地所有权上的三级所有不同，后者仅仅是涉及农地的所有权设置，而且只是一个历史阶段的产物；前者的内涵更广，不仅涉及包含所有制在内的农地权益分配体系，而且指向的是一个长时段的具有普遍共性的关系互动。也即是说，农地集体性包含但并不仅仅是农地所有制。

农地集体性也不仅仅指法律文本意义上的集体概念，后者往往是在指称基层组织的时候运用的。集体性虽然也包含这样的治理单位，但涉及更多的主体。换句话说，农地的集体性更类似于一种“集合性”，是各种身份和关系的集合，并且这种集合体现了“团体”的属性，而不是简单的关系叠加。集体是一种具体的治理单位，而集体性则是多重的关系互动。

农地集体性是相对于“私人性”而言的，它包含了国家、社区、农户三重人格。农地的私人性强调的是农户与农地的关系，即农地上仅存在一个私有主体，或者几个主体并非同时在场。私人性成为西方农地制度建构的核心。而集体性则不同，依附于其上的三重人格是同时在场的。国家是一个大公的角色，而社区是一个小公的角色，两者共同形塑了中国农地的公共性。农户所扮演的私的角色被限制在土地的公共性之下，可以称为集体化的个体性。个体性作为农地集体性的一个组成部分，是集体性的一种实现方式，而农户的经营收益都是在国家和社区的支配下完成的。

国家作为农地的最终支配者，从农地权益中提取租金；社区作为农地共同体的身份确认者往往也承担着具体的农地管理职责，因此可以从农地权益中提取治理费用；农户作为农地财富的创造者，理所当然地分享到属于他的那部分资源。当然，国家也可以为自己设置基层代理人，代替国家进行农地治理。这时候，社区与基层代理人的角色就分离开了。为了论述的方便，我们将在多数的情况下直接将基层代理人视为国家本身，而社区的功能主要在于确定土地共同体的身份。在这种情况下，农地权益的分配体系就主要存在于国家与农户之间。但是使这个分配体系能够持续下去的则是社区，通过社区的身份确认，国家和农户才能在农地共同体之内找到接应点。这三重人格共同构成了农地集体性的本质，并且通过形塑集体地权的基本结构生成中国特有的农地制度。

三、农地集体性与集体地权

由三重关系整合而成的农地集体性，型塑了特殊的集体地权形态，在当下的中国土地制度实践中留下了深刻的烙印。与讨论农地集体性相同，对于集体地权的分析将放置在一个长时段的历史背景之下。因此，集体地权是从农地集体性生长出来的，而不仅仅是一种法律文本的建构。由于集体地权的结构在不同历史时期中各有不同的侧重点，相对而言，在分户经营的前期，集体地权表现得较为完整。因此，我们将以此阶段为主要参考对象，揭示集体地权的基本结构。

（一）农地集体性与农地所有权

农地集体性中的国家与农地关系，在当下主要体现为农民对于农地最终归国家所有的认同。实际上，分户经营以来，国家已经不再直接干预土地的生产和经营模式，集体与个人都有了很大的自主权。法律文本的规定明确指出，农村土地归集体所有。然而，集体与社区的不同在于前者是国家进行基层治理的一个通道。集体作为国家在基层的代理人，履行国家下达的各项任务，[①]其对土地的所有权在农民的观念里实际上就等同于国家所有。虽然农民享有土地承包权，而且是从集体那里承包过来的，但是农民很清楚，土地承包的方式和期限是由国家确定的，集体并不能自己决定。所以，当我们讲农地所有权的主体是集体时，我们要强调的是集体本身所具有的国家性。

农地集体性通过不断的土地调整转化成土地集体所有的样态。正是通过对土地的调控，集体的所有者身份及其背后的国家性才能够声张出来。土地调整并不是法律确定的一项制度，更像是集体所有权的实践规则。[②]

① 陈剑波认为，从实际运行来看，基层组织扮演着三重角色：第一，政府代理人，承担政府所要求完成的所有行政工作；第二，集体财产法定代理人，履行包括土地资源在内的所有村庄集体财产的管理职责。而其最具代表性的、代理所有者行使的权利是土地发包和土地调整；第三，公共事务管理者，协调和管理社区公共事务的职能。作为政府代理人的集体，必须在法定的命令体系中严格遵循上级政府的行政指令，其权威性和合法性必须由上级政府赋予，自上而下的任命应是其权威性、合法性的唯一来源。参见陈剑波：《农地制度：所有权问题还是委托——代理问题？》，载《经济研究》2006年第7期。

② 中共中央政策研究室、农业部农村固定观察点办公室于1997年9~11月，对观察点系统的317个村进行了《农村土地综合情况》专题调查。从本次调查结果看，自20世纪80年代初实行联产承包责任制以来，266个村中，只有54个村未进行过土地调整；有212个村进行过耕地调整，占总数的80%，而且其调整频率较高。在212个村中，只调整过一次的村占33.96%，调整过两次的村占31.60%，调整过三次的村占18.87%，调整过四次的村占8.49%，调整过五次以上的村占7.08%。参见全国农村固定观察点办公室：《当前农村土地承包经营管理的现状及问题》，载《中国农村观察》1998年第5期。

如果说法律规定的承包期限是国家介入土地产权的方式，那么在国家规定的承包期限内进行定期或不定期的土地调整则是集体行使所有权的证据。通过土地调整，一方面强化了土地集体所有的身份，另一方面也为集体的公共治理带来必要的资源。因为集体可以通过土地调整，对水利设施进行统一的维修或重建；在粤北村庄，集体还可以通过土地调整为其留出部分的土地用于竞标，然后用这些竞标的钱来作为公共品供给的资源。①

土地调整不仅是集体农地所有权的一种表达，它还是输入国家认同观念的主要渠道。在国家从体制和政策上逐步退出社区之后，如何保持农民的国家认同观念就成为一项非常重要的政治任务。现代国家的基本取向就是通过基层政权建设将广大农民改造为现代公民，其中核心的指标就是国家认同观念的确立，尤其是土地产权上的国家认同。在人民公社时期，国家是通过直接进入社区进行全方位的管理来确立国家认同观念的；而在分户经营之后，国家只能通过集体来实现对基层社会的控制。此时的集体面临着两个重要的任务，一是如何完成社区本身的公共治理，二是如何将国家认同观念源源不断地输入社区生活之中。从长远的角度看，后者显然具有更重大的政治意义。实践证明，土地调整是强化土地产权中的国家认同观念的一个重要途径。集体之所以能够调地，往往就是借用国家的名义而进行的。每一次调地都是在表明国家对土地产权的最终所有，而集体只是一个执行者而已。

---

① 详见第二章。

（二）农地集体性与农地成员权

农地集体性在社区与农地的关系中表现为土地权益的社区分配机制，即只有具备社区身份，才能分享到集体地权。因此，社区性的本质在于确定自己人的边界。经过国家的改造，社区性已经不同于传统社会的自己人范畴。在传统社会中，社区性是通过血缘关系来确定自己人的边界的。今天我们依然能够在南方有些村庄中的林权实践中看到血缘建构社区性的身影。在粤北农村调研时，笔者发现由于国家的改造很少介入林权，当地的山林产权依然掌握在血缘社区的手中，而血缘社区的边界并不必然与政治社区重合。[①] 由于中国的革命一开始就是从土地入手的，国家对土地产权的改造极为彻底，因而土地产权的社区性由原本的血缘建构转变为政治建构。所谓的政治建构是通过户口制度与集体所有制将社区进行了重新的塑造，拥有集体的户口（而不是血缘关联）就可以分享集体地权。然而血缘关联并没有彻底退出社区性的建构，它以一种改造之后的面目参与到社区之中。在某些情况下，没有户口的人也可以分享集体地权，这实际上就是血缘社区的身影。可以说，政治社区与血缘社区共同建构了农地集体性中的社区身份。

作为观念的社区性是通过分田制度转化为土地的产权形态的，即农地成员权的确定。农地成员权规定了哪些人可以分享土地权益，是社区观念在集体地权上的表现。农地成员权的本质在于农民对土地的社区性依附，既包括对血缘社区的依附，也包括对政治社区的依附。我们可以把对血缘社区的依附性称为血缘身份，把对政治社区的依附性称为政治身

---

① 详见第二章。

份，而对血缘社区和政治社区的双重依附性则可称为社队身份。[①] 农地成员权就是一种社队身份。笔者在赣西南农村和粤北农村的调查发现，拥有社队身份的是那些长期在村或者终究要回村生活、本质上依赖土地的人，其中包括农民和农民工；而那些长期在外定居有稳定职业、一般不回村居住（退休归来的不算）的人是有血缘身份但无（政治身份当然也就没有）社队身份的人，这些人在血缘上与社区保持关联，但是生活面向朝外。他的社区性主要体现在与村庄的人情往来，参加祭祖活动等。在分田过程中，政治身份和社队身份是两个关键的变量。分田的基本原则是：有政治身份的人要分田（农民、农民工），无政治身份的人不分田（有城镇户口的人）。其例外原则是：有政治身份无社队身份的人不分田（户口未迁的外嫁女）；无政治身份有社队身份的人要分田（超生未罚的婴儿、无户口的媳妇和上门女婿、在读大学生）。显然，社队身份成为决定分田与否的最终标准，而这种社队身份就是农地成员权的内核。通过确定分田的资格，土地观念中的社区性就由社队身份转化为农地成员权。[②]

（三）农地集体性与农地使用权

农地集体性在农户与农地的关系中主要表现在三个层面上：首先，

---

① 张佩国曾经提出村队成员权的概念，认为在村队场境下，公社体制的新传统并不能突破村落家族文化传统。村落传统的亲族关系、家族共财观念、生存伦理和互惠观念，与包含阶级话语、集体主义公平原则的村队新传统，成为村队场境的内在组成部分，而村队成员权恰好反映了两者紧密结合的制度逻辑。参见张佩国：《公产与私产之间——公社解体之际的村队成员权及其制度逻辑》，载《社会学研究》2006年第5期。

② 详见第二章。

个体农户有权利参与集体地权，而集体不能够拒绝，比如每个农户的土地承包权是受国家保障的；其次，个体农户在承包地上的经营行为是自主的，而集体不能强制干预；最后，个体农户没有对集体土地的绝对支配权，也就是土地在本质上还是归集体（国家）所有的。我们可以把这种个体性称为集体化的个体性，它是一种特殊的个体观念。在传统社会中，个体农户与土地的关系只有两种，要么是对自己所有的土地享有绝对的支配权，要么是对族田或地主的田的绝对依附性。这种绝对依附性与集体化的个体性虽然都表现为对土地没有所有权，但前者是一种经济行为，农户并没有从家族或地主那里获得经营土地的权利保障；相比之下，集体化的个体性体现的是一种政治行为。而在人民公社时期，个体农户只有在集体土地上进行劳动的权利，而不能进行自主的经营。个体性在当时的政治环境下是受到排斥的，这是国家全面接管社区的内在要求。因此，当下土地集体观念中的个体性，即集体化的个体性，是一种全新的观念。

土地集体观念中的个体性是通过土地承包的制度实践转化为集体地权的内在要素的，即农地使用权。土地承包经营指的是个体农户与集体签订土地承包合同，从而获得在特定期限内进行土地耕种的权利。农户可以决定承包地上的种植模式，但是不能够改变土地的用途，更不能将土地变卖。因此，农户并没有获得绝对的支配土地的权利，仅仅享有土地的使用权。农地使用权是集体地权的实现方式，即通过每个个体农户与集体建立直接的关联，将土地的集体所有权变现为具体的农地使用权。但是集体依然保留对土地进行支配的最终权利，只是在承包期限之内这种所有权处于缄默的状态。农地使用权是个体农户对所承包土地的占有、使用、收益的权利，其中的占有和收益权利从本质上讲是建立在土地的承包合同之上，因而表现为一种债权而非物权。

在农地使用权上有一个很重要的现象，即使用权的流转。农地使用权的流转是指农户在承包期限制内依法将农地使用权转让给他人，受让者代替出让者成为农地使用权的主体。农地使用权的流转经历了从禁止到认可、从限制到鼓励的制度变迁。[①]这其实是个体性日益增强在土地产权上的反映。从根本上讲，农地使用权的流转仅仅包括使用权在承包期内的出租行为，在租期届满之后使用权仍然归承包人享有。至于使用权的完全出让，实际上就相当于放弃农地使用权，退出集体地权，这就不再是出让方与受让方两者之间的问题，而成了承包户与集体之间的问题。在这种情况下，受让方要与集体签订新的承包合同，成为农地使用权的享有者。农地使用权的流转在本质上是一种债权行为，它不改变土地的所有权性质，同时也不改变基于农地所有权而产生的土地承包关系。也就是说，这种流转行为是从债权而不是物权上生发出来的。无论使用权的流转所带来的租金收入有多高，它依然是农地使用权本身的一种属性。[②]

（四）集体地权的基本结构

作为整体的集体地权是由三个要素构成的，即农地所有权、农地成员权和农地使用权。这三个权利要素是通过农地集体性的制度实践形塑而

---

① 参见姜爱林：《改革开放以来中国土地政策的发展变迁（1978-2002）》，《绥化师专学报》2004 年第 1 期。

② 林卿认为承包经营权的有偿流转是其所有权化的表征，这显然是一种误解。参见林卿：《农村土地承包期再延长三十年政策的实证分析与理论思考》，载《中国农村经济》1999 年第 3 期。

成的，即作为观念层面的农地集体性通过制度实践转化为具体的产权形态。在观念层面，农地集体性即农地集体观念主要包含了国家观念、社区观念和个体观念。农地所有权是国家观念在土地调整变动的过程中转化而来的，农地成员权是社区观念在土地分配边界的确定过程中转化而来的，农地使用权是个体观念在土地承包经营的过程中转化而来的。观念的实践在生成权利结构之后又反过来强化了土地集体观念的效能。在某种程度上讲，中国农地制度就是在集体观念与集体地权的相互形塑中呈现出当下的面目。集体地权从本质上讲是农地权益在国家、社区与农户三者之间的配置，每个主体在参与集体地权时都处于特定的地位，共同形塑了集体地权的基本结构。

农地所有权的主体是集体，它在本质上是一种支配权利，可以直接决定土地权益的分配模式。农地成员权的主体也是集体，但与农地所有权不同的是，前者是一种身份权利，它的本质在于确定集体的范畴。农地成员权是集体地权中的基础权利，它规定了哪些人可以分享土地权益，而哪些人则被排除在外。作为一种基础权利，农地成员权是对自己人身份的判断，只有被纳入自己人的范畴，才属于集体的成员，从而能够参与土地权益的分配。农地使用权在本质上是一种经营权，它是从农地成员权和所有权生发出来的，并且是后两者的实现方式。集体地权的三个要素是作为一个整体而发挥作用的，任何要素的缺位或越位都会影响集体地权的自洽结构。

当然，集体地权的完整性是建立在特定的条件之上的。社区的低度分化、国家对基层治理的介入以及个体权利相对压抑的社会宽容度，都是集体地权结构完整性的内在要求。一旦这些条件发生重大变化，集体地权以及与此相关联的农地制度就会呈现出完全不同的样态。

四、中国农地制度的实践形态

从农地集体性生长出来的集体地权是中国农地制度的核心要素。要真正理解中国农地制度，我们有必要考察各个历史阶段中的集体地权结构以及集体地权的交易形式和组织形式。这将使我们接近当前中国农地制度的各种历史资源，从而反思其实践形态及运行机制。

（一）传统社会时期

传统社会是一个内部认同性极高而外部封闭性极强的社区，人际关联往往是嵌入到血缘网络之中的，彼此之间有长远的生活预期。而农地因为承载着绵延不绝的家族事业，是最重要的生产和生活资料。可以说，传统社会就是在农地的耕作与传承中生长出来的，而它反过来又浸染了农地制度，使其固着在特定的社区范围之内。

传统社会时期的农地集体性主要体现在社区与农地的关系上，因此农地成员权是这个阶段集体地权的主要形态。当然，这个阶段也出现了如地主所有、农户所有的土地私有形态。但是这些表面看似私有的土地，实际上也具有很强的集体性，只是这种集体性存在于祖先、自己、后人的家族共有之中。[①] 这实际上就是传统血缘社区的本质所在。而族田是传统社会

① 桂华、林辉煌：《乡土社会的产权基础——基于农民祖业观的分析》，《二十一世纪》2012年第4期。

中重要的土地形态，是集体地权的主要承载者。[①] 国家的基层治理主要是依靠社区来完成的，因此农地所有权往往是消解于社区生活之中的。[②] 而农地使用权因为没有足够的独立性，在集体地权中处于较弱的位置。[③] 在某种程度上讲，传统社区吸纳了农地所有权和使用权的功能，从而使农地成员权成为最突出的特征。

以农地成员权为主要特征的集体地权首先体现在本土特有的典权制度上。典权制度是一种不同于买卖的制度设计，后者是遵循市场的原则，将物的所有权完全转让给他人。而典权制度是通过将物以较长的时间出典给他人，典权人拥有比抵押权人更多而比买受人要少的权益，因为出典的时间可以达到十年甚至几十年，但是出典人依然保有赎回的权利，这在买卖制度中是没有的。作为一种习惯，典权从西周开始就出现了；而从明朝的典权入律至中华人民共和国成立时废除六法全书止，典

---

① 根据土地改革时期形成的统计材料，湖北黄州大多数山区与丘陵地区祭产占耕地的5%~10%、占出租地的20%。（参见林济：《长江中游宗族社会及其变迁：黄州个案研究（明清 -1949 年）》，中国社会科学出版社 1999 年版，第 70 页。）实际上，黄州的宗族规模是相对较小的。据土地改革时华东军政委员会的实地调查，江西某些县，如遂川县的族田占全县土地的 40% 以上。某些乡，如遂川城厢一些乡占全乡土地的 85%。（参见刘俊秀：《江西农村阶级关系与各阶层土地占有的初步研究》，《江西日报》1950 年 9 月 3 日。）

② 宗族公产为祖先所有，其本身含义就是宗族公产收益权当为祖先墓下的子孙所共有。但是，由于祠堂及士绅成为控制宗族公产的主体，实际上族众并没有平等享受收益。参见林济：《长江中游宗族社会及其变迁：黄州个案研究（明清 -1949 年）》，中国社会科学出版社 1999 年版，第 76 页。

③ 就公产使用权而言，除近亲房私的小块祭产归本房农民轮流耕种外，绝大部分公产并不归农民共同使用，宗族农民并没有享有平等使用权，而是祠堂以租佃方式经营宗族公产，向宗族或非宗族农民出租公产使用权。参见林济：《长江中游宗族社会及其变迁：黄州个案研究（明清 -1949 年）》，中国社会科学出版社 1999 年版，第 77 页。

权一直以基本法律的形式存在于国家的法典之中。[①] 这种不同于西方的物权制度之所以能够在中国传统社会中盛行，正是因为家族绵延的理想只能建立在稳定的土地占有之上。频繁的土地买卖必然导致家族经济基础的分崩离析，而且往往使得农民丧失基本的生活保障。在解决当下的资产紧缺与长远的生活保障之间的矛盾时，典权制度提供了一种较为合理的方案，既缓解了出典人的现实困境，又保留了他以相对较低的价格回赎土地的权利。在出典人和典权人之间，这种制度能够很好地协调主体自治和交易安全、风险共担的关系，使得双方能够各取所需并有所保障，表现了高度的法律智慧。[②] 为了保障典权制度的稳定性，出典对象一般为亲邻。由于血缘与地缘的关系，亲邻之间能够有更长远的生活预期。因此，土地上的典权制度使得中国农地产权的变动不至于超越社区的边界。

在特殊的情况下，地权交易也会出现在中国传统社会中。[③] 然而土地交易中的亲邻优先购买制度进一步保障了农地的社区性。亲邻优先购买首先是一种社区内部的规范，没有先过问亲邻就将土地绝卖与外人，这是一种备受谴责的越轨行为。我们在粤北农村调研时发现，土地改革完成之后

---

① 林辉煌：《典权习惯与民族精神》，载《财经政法资讯》2008 年第 2 期。

② 孙冬花：《典权制度的中国特色和现代继受》，载《法制与社会》2006 年第 8 期。

③ 李文治根据明清文人记载的研究，章有义根据明清徽州地区的置产簿、租簿等私家文书的研究，杨国桢对明清两代鲁皖、江浙、闽台等地土地契约文书的研究，认为明清以来的土地交易呈现出立契买卖的趋势。参见李文治：《明清时代封建土地关系的松懈》，中国社会科学出版社 1993 年版；章有义：《明清徽州土地关系研究》，中国社会科学出版社 1984 年版；章有义：《近代徽州租佃关系案例研究》，中国社会科学出版社 1988 年版；杨国桢：《明清土地契约文书研究》，人民出版社 1988 年版。

的一段时间里，土地交易依然严格遵守亲邻优先购买制度。同时，亲邻优先购买在传统社会中也是一项法律制度，违反该制度的土地交易行为被认定为无效行为。亲邻优先购买制度在土地买卖中具体表现为：（1）亲房或亲族拥有第一先买权，而在亲族内部，又遵循先亲后疏的原则；（2）如地已典出，典当主一般拥有第二位优先权，在湖北的汉阳、京山、通山，它甚至居于亲房之先；（3）如地未典出，则地邻一般拥有第二优先购买权，但是，地邻的先买权并非如亲族那样普遍，且很不稳定。① 亲邻优先购买制度按照亲疏远近的关系运行，这是差序格局嵌入土地产权观念的一种表现。② 在制度与关系的实践过程中，人们形成了这样的土地产权观念：交易行为不应当破坏土地作为社区资产的性质。当土地交易主要是在亲邻之间进行时，能够使土地产权的变动不至于超越社区之外。换言之，这样的土地交易不完全是一种市场化的行为，它仅仅在相当狭隘的血缘或地缘关系圈中进行。③

如果亲邻并不需要购买土地，交易行为也可以在关系较远甚至在陌生人之间进行。但是与完全的市场行为不同的是，陌生人之间的土地产权交易一般都是在中人制度下完成的。买卖双方总能找到一个双方都认识的人，这个人就是充当中人的角色，从而将社区中的熟人关系带进陌生人的

---

① 赵晓力：《中国近代农村土地交易中的契约、习惯与国家法》，载《北大法律评论》1998 年第 1 卷第 2 辑，法律出版社 1998 年版，第 441 页。

② 桂华、林辉煌：《乡土社会的产权基础——基于农民祖业观的分析》，《二十一世纪》2012 年第 4 期。

③ 赵晓力将这种土地村级土地市场上的交易视为一项“人格化的交易”，即交易双方之间首先就存在某种血缘的或地缘的关系，而这种关系会带入到交易中来。参见赵晓力：《中国近代农村土地交易中的契约、习惯与国家法》，载《北大法律评论》1998 年第 1 卷第 2 辑，法律出版社 1998 年版，第 444 页。

土地交易市场。[1]中人制度的首要功能就是避免土地交易的完全市场化，因为土地在本质上与其他普通商品是不同的，它是作为一种祖先遗留下来的用以提供基本生活保障的财产，人们更愿意让它在可以控制和预期的熟人关系中流通。另一方面，也正是因为土地的极端重要性，土地交易的安全性是一个必须认真对待的问题。通过中人制度，买卖双方就建立了一种可以信任的熟人关系，卖方的土地出让行为就可以在一个扩大的社区中进行，而买方也可以确定自己受让的土地在产权上是安全的。因此，地权交易在本质上带有浓厚的伦理性，它将土地产权的变动尽量约束在社区或扩大的社区内部。

无论是典权制度、亲邻优先购买制度还是中人制度，都是要确保土地产权的社区性。在传统社会，土地是一种祖遗而由那些具有血缘关系的人所共享。因此，作为集体地权的组织形态，家族是一个重要的载体。从根本上讲，土地在产权上是三重主体的共在，即祖先、自己、后人的家族共同所有。因此，任何一个人都没有自由处置土地的权利，即使是家长也不例外。[2]甚至可以说，祖先才是土地产权的最终所有者，后人置办土地都是要归在祖先的名下。[3]擅自处置土地产权，本身就是一种不孝的行为，会被视为败家子。另一方面，土地变卖之后，不仅自己的生存受到威胁，而且还会影响后世子孙的生计，从而威胁到家族绵延的理想。传统社会中的土地向来就不是一个纯粹的私物，它承载着整个家族和社区的共同利

① 赵晓力：《中国近代农村土地交易中的契约、习惯与国家法》，载《北大法律评论》1998年第1卷第2辑，法律出版社1998年版，第445页。

② 江海波：《中国古代土地“活卖”关系之考释——兼论〈中华人民共和国民法典〉对“典权”制度的取舍》，载《武汉理工大学学报（社会科学版）》2004年第4期。

③ 林济：《长江中游宗族社会及其变迁：黄州个案研究（明清-1949年）》，中国社会科学出版社1999年版，第76页。

益，维持着乡土秩序的再生产。

（二）土地改革时期

在中国农地制度的实践过程中，土地改革时期是一个特殊的阶段。它的历史意义在于承接了传统社会时期和人民公社时期的农地制度，使得这一重大的变迁过程可以得到缓冲和适应。作为国家政权建设的一项重大举措，土地改革打破了传统社区对于土地的支配权力，作为集体地权承载者的家族也遭到了严重的打击。这就为国家将血缘社区改造为政治社区提供了极好的历史契机，从而为人民公社的到来做好了准备。

土地改革的进行，实质上是国家通过剥夺地主富农的土地并将其分配给农民的政治运动，它在使广大农民实现当家做主的梦想时，也重新确立了国家作为土地最终所有权人的合法地位。可以说，土地改革为中国农地制度确立了崭新的起点，之后所有的土地制度变迁、土地纠纷裁决都是以土地改革时确定的土地格局为基本标准的。我们在粤北农村调研时发现，土地改革将原本插花的土地格局按照自然村整合为成片的耕种模式，从而确立了日后生产队的经济基础。国家就是在这个时候进入土地制度的。在赣西南，土地改革确定下来的土地格局甚至成为有些村庄在20世纪80年代分田到户时所依据的准则。

当然，国家仅仅是作为产权上的一种符号，农户实际上拥有农地所有权和使用权。虽然宗族组织被打掉了，但是作为一种观念，宗族依然残留在人们的记忆当中，并且悄悄地形塑着农地产权的结构。换言之，土地改革是以一种极端的方式将传统社会时期的地权模式退却到一个公平的起点，即“耕者有其田”。可以推测，只要待以时日，传统社区又会卷土重来。因此，从本质上讲，土地改革一方面为人民公社的到来创造了政治基础，另一方面又承接了传统社区的社会基础，从而为即将到来的巨大变革做好了准备。

由于土地改革时期是作为一个过渡阶段存在的，其集体地权的基本结构都没有较完整的展现：国家在农地所有权的地位只是一种符号，农户分享了实际的所有权；社区在农地成员权正处于身份未定的阶段，血缘社区正在瓦解，而政治社区尚未建立；农户的使用权是从自己分享到的所有权生成的，与集体没有直接的关系。可以说，集体地权正是在这个关头面临着巨大的转型。而在这个转型过程中，有三个问题成为促发的因素：一是在失去社区的限制下，地权流转有可能引发新一轮的贫富分化，从而威胁到社会主义政权的合法性；[①]二是农户对于农地所有权和使用权的专有极大地阻碍了农田公共品供给的实现，新社会的农业发展依旧是处于新中国成立前的条件之下，这是人民政府所不愿看到的；[②]第三个问题也许是最关键的，即新中国一成立就面临着资本主义世界的封锁与攻击，国家的工业化成为一个迫在眉睫的任务，这使得从农业生产汲取资源用以补贴工业建设的国家冲动具有了历史合法性。[③]可以说，人民公社的轰然而至实际上就是对这三个问题的回应。

---

① 土地改革后我国农村社会各阶层出现了分化，主要表现为中农化趋势和一定范围内的贫富差异现象。我党对农村社会出现的这些新情况极其敏感，把中农化趋势视作农村资本主义自发势力的发展，把一定范围内的贫富差异等同于两极分化。在当时的政治环境下，这无异于对社会主义政权合法性的动摇。参见邢乐勤：《论土改后中国农村社会阶层的分化》，载《浙江学刊》2003年第3期。

② 林辉煌：《水利的依附性：水土关系视阈下的中国农田水利》，载《中国农业大学学报（社会科学版）》2011年第2期。

③ 周其仁：《中国农村改革：国家和所有权关系的变化（上）——一个经济制度变迁史的回顾》，载《管理世界》1995年第3期。

（三）人民公社时期

农地集体性在人民公社时期主要表现在国家与农地的关系上，国家进入到农地制度之中，并且开始直接对土地进行支配。这个过程的完成依赖于两个重要的前提条件：一是中华人民共和国的成立，二是土地改革的进行。中华人民共和国的成立将广大农民从三座大山的压迫中解放出来，为新政权在农民心中确立合法性奠定了坚实的基础。而土地改革时期确定的国家观念，使得国家将农民的土地再次收归集体具有天然的合法性。公社化之所以能够在几年之内迅速完成，与上述两个基本条件是紧密相关的。

在人民公社时期，集体地权结构主要是通过农地所有权表达出来的，而农地成员权和农地使用权则在很大程度上被所有权给吸纳了。此时的社区已经由血缘社区转变为政治社区，确定农户的社区身份不再是血缘关系，而是国家确定的政治关系，即处于同一个生产队的人才是社区的成员。或许说生产队吸纳了原有的社区更为准确，因此原本通过社区建构起来的农地共同体成为一个政治共同体。由于生产队是国家政策在基层的执行者，这就意味着农地成员权被农地所有权给吸纳了。而农户实际上并没有独立的农地使用权，它直接依附于所有权。①

人民公社使得国家能够全面进入农村土地，直接支配土地的生产和利用。国家的治理是通过生产队来完成的，生产队可以自由地调动土地，而生产队之间也可以通过上一级组织来统一协调，从而保证土地在农业生产

---

① 从集体财产权利形成的过程来看，在国家、集体自身及集体中的农民个体三者之间，具有决定性作用的因素是构造财产权利并提供契约保护意义上的国家：集体是被国家构造出来的，农民是依附于集体的，因而，不论是农民还是集体都依附于国家。参见刘金海：《集体产权变迁中的国家、集体与农民——应用于城市化进程中的团结村》，华中师范大学博士论文，2003 年 6 月，第 196 页。

中一盘棋管理的作用。以农地所有权为主要特征的集体地权体现在三个具体的层面上：第一是国家直接从土地生产中提取大量的农业剩余用以支援新中国的工业现代化；[①]第二，国家直接规定土地的种植模式和经营方式，农民除了劳动权利之外没有更多的话语权，社会财富以极端平均的方式进行分配；第三，国家对土地进行整体规划，并且调动大量的劳动力用于农田基本建设，其中又以水利建设为重。可以说，今天中国的基本水利格局都是在人民公社时期奠定的，很难想象在土地日益物权化的今天还能够进行如此大规模的水利建设。三十年的集体生产和生活，除了为工业建设输出大量资源，完成大规模的农田基本建设，还实现了对农民土地产权观念的重新塑造。从此，国家作为土地的最终所有者成为农民的一种集体意识，甚至在国家不断从基层撤退出去之后，这种产权观念依然保留了下来。

作为集体地权的组织形式，人民公社时期的生产队实质上只是国家进

---

① “国家工业化的资本积累，主要源于本国的农业剩余。……在税的方面，20 世纪 50 年代前期的农业税率已达到总产量的 11%。这一税率高于明清时代和抗战前的国民党政府……传统中国农业剩余的主要部分即地租（加利息），却在土地改革中被全体农村人口平分掉……在土地改革后，除开农业税以外，至少约有 20% 的农业总产品落到农民手中。农民平分地租增强了他们对新政权的政治支持，但是，加快国家工业化的既定战略不能容忍 20% 的农产品从剩余（即可能的工业化积累）转化为农民消费。从 1953 年开始的国家与农民关系的紧张，在现象看是土地改革后的农民惜售粮食和其他农产品，导致国家收购商品农产品的困难，但是在本质上，这是一个地租被农民平分完毕的小农经济与雄心勃勃的国家工业化目标之间的矛盾冲突。国家试图通过扩大征税重新拿回一部分流失了的地租。但是，50 年代几次高征购引起农民的集体抗议行动，表明征税加上各种附加达到农产品的 15% 即是一个界限。超越这个界限，国家的征税成本将大大上升以致得不偿失。……通过人民公社，国家拆除了农村社会的所有权篱笆，行政权力全面侵入乡村。农民剩余高度集中动员的体制终于得以确立。政社合一的集体公有制，构造了截然不同与传统中国农村的制度和组织基础。”参见周其仁：《中国农村改革：国家和所有权关系的变化（上）——一个经济制度变迁史的回顾》，载《管理世界》1995 年第 3 期。

入社区的一个通道，换句话说，国家以生产队的面貌直接治理基层。集体化从一开始就不是纯粹的社区自治运动，国家为了以更便捷和高效的方式从农业中提取更多的剩余来支援工业建设，建构了一套精致的集体化的政治经济体制，所有的资源和权威都是以国家在场的身份进行分配的，文本意义上的集体实际上并没有多少的自主权利。在当时的情况下，国家与集体是同一个概念的两个方面，正是这种集体国家化或国家集体化由表及里的深度实践，形塑了人们对于土地产权的国家想象。在几千年的土地制度实践中，应该说国家是第一次零距离地贴近农村土地，它从根本上做实了“率土之滨，莫非王土”的土地理想。因此，在国家直接控制土地的背景下，地权交易是不可能发生的。土地在生产队内部、生产队之间只存在规划与整合的问题。

（四）分户经营前期

人民公社时期国家对农业生产的全面介入，虽然使得农田基本建设能够大规模地进行，但是在很大程度上也弱化了农民生产的积极性。为提高农民种田的积极性，国家在 20 世纪 80 年代初期进行了土地制度的重大改革，确立了统分结合的双层经营模式。土地依然归集体所有，但是农民可以通过承包土地进行独立自主的生产。分田到户之后，农民种田的积极性迅速提高。“交够国家的，留足集体的，剩下是自己的”，农民对于自己在分配农业剩余中的地位有了明确的把握。在农业生产中有两个因素是非常关键的：一是公共品的供给，二是生产的积极性。后者是主观能动性的问题，在特定制度下可以由个体农户来完成；而前者是一个集体组织与合作的问题，单独的农户是无法完成的。这两个因素在很大程度上是相互矛盾的，越强调个体农户的积极性，突出其主体地位，集体的组织与合作成本就越大；越强调集体的统筹地位，个体农户的主体性就越弱，其生产的积极性就越低。分户经营实际上是对这个矛盾的制度性反思，尤其是对于如何解决农户种田积极性这个摆在眼前的难题。

正如上文所言，农地集体性在分户经营前期是表现得比较充分的，因此集体地权的结构也比较完整。从人民公社到分户经营，基层治理模式由国家的直接治理转变为通过集体的国家治理。一方面，集体积极地进行土地管理，完成基本的治理任务；另一方面，集体作为国家调控基层的管道，源源不断地输入国家认同的观念。调查显示，绝大多数农民都把土地的最终产权人归为国家或作为国家代理者的集体。① 他们认为，只要国家愿意，随时都可以将土地收回去。因此，土地始终是集体的资产，不归任何具体的个人所有。这说明此时的农地所有权虽然不再由国家直接行使，但在集体地权中依然保持着独立的地位，比如国家通过集体每年都从农地上提取税费，并且集体可以通过土地调整支配土地利益，从而进行必要的公共品供给。

经过几次制度变迁，农地成员权作为这个时期集体地权的一个层面主要表现为只有社区成员才能够分享土地的权益，社区之外的人是不能来承包本社区的土地的。土地承包经营权的流转也只能在社区之内进行，土地被认为是社区共同的资产，这本身就是集体观念的内涵之一。有趣的是，在经历了国家全面介入土地的阶段之后，社区在很大程度上被改造成与集

---

① 当问起“在你的心目中，你们村的全部土地归谁所有”这一问题时，在437个受访人中，有180人，占41.2%，回答“归国家所有”；有5人，占1.1%，回答“归乡镇政府所有”；有212人，占48.5%，回答“归村集体组织即全体村民所有”；有12人，占2.7%，回答“归村干部所有”；有28人，占6.4%，回答“不知道”或未作回答。参见杨学成、赵瑞莹、岳书铭:《农村土地关系思考——基于1995—2008年三次山东农户调查》，载《管理世界》2008年第7期。

体同构的单位，社区与集体基本上是同一个概念。随着国家从土地上的逐渐退出，作为制度的人民公社日益远离农民的生活，但是作为观念的国家性却保留了下来，并且成为土地集体观念的重要内涵。与此同时，社区也被释放出来，开始与集体争夺身份认同，其博弈结果是生成了一种特殊的“社队身份”，即社区与生产队的相互改造。因此可以说，农地成员权获得了相对独立的地位。

如果说公社化之前的中国农业生产在公共品供给上存在极大地合作成本，而公社化之后则出现了农户种田积极性不高的问题，那么分户经营的制度模式则是试图同时消解这两个问题。这种土地制度在历史上当属于首创，它一方面确立了集体在土地上的模糊所有权，这种不清晰的土地产权使得集体能够较好地进行统筹；另一方面确立了家庭在土地承包经营上的主体地位，这种权力的边界是清晰的，能够极大地激励农户生产的积极性。当我们对土地制度的历史遗产进行考察时，可以发现集体的土地所有直接继承了人民公社的国家性，而农户承包经营的农地使用权获得相对独立的地位，则是分户经营前期的主要特征。

农地使用权主要体现在，农户在土地承包期限内可以自主地安排农业生产，包括生产模式、时间安排等。这就避免了均平化生产对于个人能力彰显的否定，使得个人劳动与经济收入呈现正相关的激励。在大多数农村，伴随着分户经营的另一项制度实践是定期的土地调整，因此个体农户并没有对特定一块土地的独占观念，而是对于集体土地中的某一块土地享有有期限的耕种权利。而“某一块土地”的不确定性使得集体拥有了统筹的权力，另一方面，这种不确定性可以通过土地承包的模式在一定时期内确定下来。这种半模糊半清晰的制度设计具有重大的实践价值，尤其是在观念上形成了一种“集体化的个体性”，极大地影响了中国农地制度的走向。

分户经营前期集体地权的流转是在社区内部自发形成的，有两种主要的形式：一是定期或不定期的土地调整，无论是大调整还是小调整，实际上都是农地使用权随着人口增减变动而进行的集体流转；二是农户之间私下的小规模土地流转，即无力全部耕种土地的农户将土地暂时流转给他人耕种，或者改行从事其他经营类型而不再以土地为生的人家将土地流转给其他农户。这种地权的交易方式主要存在于使用权之上，并且是一种社区内部的自适应机制，地权的出让方在需要的时候依然可以向受让方要回土地耕种。

当土地权益配置在国家和农户之间严重不平衡时，即农户通过经营土地上获得的收入在国家的“租金”挤压下所剩无几甚至没有残余，则部分农户会选择抛弃土地而从事其他经营活动。由于国家往往与基层组织结成利益共同体，盲目提高国家在土地权益配置中所占的份额（其实有很大部分是被消耗在基层政府的行政扩张所带来的成本上的），农民负担成为一个日益严重的问题。[①] 在20世纪90年代末，农民负担达到了顶峰，出现了大量土地抛荒的现象。作为集体地权的组织方式，基层组织原本发挥着完成国家下达的任务与实现基层治理的作用。随着农民负担的日益严重，基层组织的权威日益下降，造成国家政权合法性的大量流失。

（五）分户经营后期

为了减轻农民负担，重树基层政权的形象，从进入2000年之后，国

① 贺雪峰、王习明：《农民负担的现状与症结——湖北J市调查》，载《中国历史》2003年第2期。

家就展开了大刀阔斧的农地制度改革。其中影响最深远的是税费改革，它从根本上改变了农地权益在国家、社区、农民之间的分配模式。集体地权的结构出现紊乱的状态，农地使用权过分膨胀，严重挤压了农地所有权和农地成员权。

税费改革一方面缓解了广大农民的负担，另一方面却严重地弱化了基层治理资源，导致大量的公共品供给难以达成。农地所有权的弱化主要是因为国家从基层退出，集中表现在两个方面：一是国家不再要求农民缴纳农业税，使得土地与国家之间的直接产权关联被打断了。农业税在本质上是农民耕种集体（国家）土地所要缴纳的地租，从而表征着国家对土地的最终所有权。一旦这一地租负担被解除，国家在土地权属上的主体地位就模糊了。二是国家对于土地调整的禁止，将集体在土地产权上的支配地位给淡化了。在农民的观念里面，集体的主要功能就是进行土地调整，解决人口增减所带来的土地不均状况。而农民的国家认同观念主要就是从不断的土地调整中输入进来的，因为只有所有权者才有资格进行土地调整，集体作为国家在基层的代理人，因此能够展开土地调整。一旦最终的产权人——国家要求不再分地，作为代理人的集体就失去了土地调整的合法性，国家认同观念的输入渠道就被堵住了。在很多农村，尤其是中西部农村，土地的国家观念已经很单薄，农民甚至直言“卖地”，将一栋房子附加几亩肥田以极低的价格随便卖给他人。此时的土地流转日益呈现出物权化的趋势。如果国家进一步从基层社会退却出去，集体地权的所有者缺位就会成为一个严峻的问题。

分户经营以来，尤其是承包地第二轮延包之后，农村社会发生了巨大的变化，其中至为关键的就是社区分化的日益显著。社区分化主要表现在两个层面上，一是地区之间的社区分化，如沿海农村与内陆农村的社区分化，城郊农村与非城郊农村的社区分化等；二是社区本身的内部分化，如贫富差异、经济收入结构差异等。社区分化对于农地制度的影响主要是社区认同观念的弱化导致农地成员权的不确定性，从而影响了集体地权的运作。地区之间的社区分化使得社区认同呈现出不同的状态，欠发达地区的社区认同相对还保持较高的水平；而在发达地区由于农民的利益接触点相对较少，生活面向更多地朝外，因此社区认同度较低。这就使得在确定农地成员权时，各地的差异极大。随着经济的发展，原本已经脱离土地甚至转为城镇户口的人又想回来参与分田，这给农地成员权的确定增添了新的难题。而社区内部的分化使得农户与土地之间的关联度出现较大的差别，由于对于土地依赖程度的不同，人们耕作土地或流转土地的意愿也不相同。社区已经难以形成统一的身份认同标准，原本只能在社区内部流转的农地使用权，现在也可以由集体之外的人来享有。于是，农地成员权的边界就慢慢地被打破了。

在国家大踏步从基层撤退的同时，土地上的个体性则迅速攀升，主要表现为农地使用权的物权化。国家为了进一步提高农民种田的积极性，不断地延长土地承包经营的期限，直至保持“土地承包关系长久不变”。这就使得土地调整丧失了基本的合法性，而超级稳定的承包关系则在实践中改变了农地使用权的性质。使用权原本是从所有权上生发出来的，在所有权主体缺位以及个体性增强的情况下，使用权不断挤压所有权，并逐渐呈现出物权化的趋势。当国家在土地产权上进行自我封杀，而集体因为无法支配土地从而丧失治理资源，农户对土地的使用权成为一种长久不变的关系，实际上就是一种变相的农地所有权。农地使用权之所以能够成为集体观念的一种内涵，是因为它必须处于农地所有权与农地成员权的限制之下，这就是上文所讲的“集体化的个体性”。一旦去掉“集体化”的限制，个体性往往成为一种破坏性的力量，从根本上瓦解集体地权的合法性。在集体地权的结构中，农地使用权是作为一种债权依附于农地所有权的，这在维持集体（国家）的所有者地位的同时也确保了农户承包经营权的实现。在我国中部地区农村调研时，我们发现农户的土地经营在集体丧失统筹功能的背景下变得极为艰难，尤其是在水利公共品的供给上。作为集体地权的组织方式，基层组织的调配能力在农地使用权日益物权化的过程中被架空了，导致公共品供给难以达成。例如，基层组织的弱化使水利合作的成本高至难以附加的水平，农民只能以巨额的成本将水利公共品分解为每个农户独立完成的私人品。[①] 显然，使用权的物权化并非真正提高农民从土地中的收益水平，反而造成了极大的耕作不便。[②] 在调研过程中，很多农民用一句话来形容当下的土地经营困境，即“一夜回到解放前”。[③]

五、本章小结

农地所有权缺位化、农地成员权模糊化、农地使用权物权化实际上是

---

① 林辉煌：《农田水利中的堰塘悲剧》，载《改革内参》2010 年第 34 期；陈柏峰、林辉煌：《灌溉水利中的反公地悲剧》，载《战略与管理》2010 年第 9/10 期。

② 农民有了更大的土地权利，他们仍然在这片土地上种植农作物，但他们却因为土地利益的固化而使集体行动更难达成，农作更加不便。土地权利更大的好处未得，而坏处却已无处不在。参见贺雪峰：《地权的逻辑：中国农村土地制度向何处去》，中国政法大学出版社 2010 年版，第 9 页。

③ 林辉煌：《水利的依附性：水土关系视阈下的中国农田水利》，载《中国农业大学学报（社会科学版）》2011 年第 2 期。

相互关联的，一个层面的问题会引发或者强化另一个层面的问题。这些问题的出现实际上将集体地权置于极其不利的境地，破坏了土地权益配置原本在国家、社区、农户之间所达致的平衡状态，从而紊乱了集体地权的基本结构。造成这一困境的主要原因来自两个方面：一是社会条件本身的客观变化，比如社区的分化、个体观念的强化等，这些因素是很难通过人为的力量进行阻挡的；另一方面是国家政策惯性使然，比如超级稳定的农地使用权、“增人不增地、减人不减地”的政策等。虽然这些政策的初衷是好的，但却带来了新的严重问题。

中国农地制度的实践证明，结构完整的集体地权对于正处在转型阶段的中国农村具有极大地适应性。这种适应性主要表现在以下几个方面：（1）可以为基层组织提供治理资源，保障公共治理的实现。在统分结合的双层经营体制中，最关键的因素在于“统”的层面，即集体组织进行超越个体农户的公共治理行为。没有集体的统筹，公共品供给就难以实现，个体农户的土地经营也就难以得到有效的保障。农地的集体所有使得集体可以调配土地，进而实现“统”的功能；（2）可以为九亿农民的生活提供基本的土地保障。农村土地至少具有作为生产资料、财富增值和社会保障等功能，对于多数地区的多数农民而言，土地的基本功能在于提供生产资料和社会保障。而农地成员权可以确保农民分享土地的权益，使得“半工半耕”① 的农户“进可攻，退可守”②；（3）可以极大地提高农民种田的积极性，并且便利于农民在城乡之间的流动。由于农民可以享有较大的自主经营权，对于自己从土地上的财富收支可以进行准确的预期，因此会投入更多

① 黄宗智：《制度化了的“半工半耕”过密型农业（上）》，载《读书》2006 年第 2 期。

② 贺雪峰：《地权的逻辑：中国农村土地制度向何处去》，北京，中国政法大学出版社，2010，第 323 页。

的精力进行农业生产。这是农地使用权对农民的正面激励，成为变现农地所有权的一种重要方式。而农地使用权的流转便利了农民在多产业之间汲取资源，同时又能够使其在农村享有最后的土地保障。可以认为，集体地权正是使得中国农村在身处巨大转型阶段而始终保持稳定的基本法宝。应该说，分户经营前期由集体地权及其交易方式、组织形式所构成的农地制度是值得我们认真对待的一笔历史遗产。后来产生的农民负担问题并不是当时的农地制度必然产生的后果，为了解决这一问题而将集体地权一棍子打死显然不是明智之举。

问题在于，在社会与政策发生重大变迁的背景之下，集体地权是否还能够适应农村生活与基层治理的内在需求？答案是肯定的。从当下的实践来看，集体地权保留得比较完整的农村往往要比集体地权空虚的农村具有更好的生活秩序和治理状况。从根本上讲，集体地权所对接的是一个拥有九亿多农业人口、城市化进程在较长的一段时间之内不可能吸纳多数农业人口的中国基本国情。[①] 这一基本国情内在地要求土地权属同时具备稳定性和灵活性，使农民“进可攻，退可守”；另一方面要求基层治理必须兼顾统筹性和积极性，为农民的土地耕作提供最大的便利。简言之，土地对于农民的社会保障功能在很长一段时间内依然是维持农村稳定的基本条件，而集体地权能够很好地接应这一任务。显然，尽管社会发生重大变迁，但这些变迁仅仅构成中国农村巨大转型的一小部分，集体地权所对接的中国基本国情并没有根本改变。从这个意义上讲，集体地权对于当下的农村生活与基层治理依然具有较大的适应性。在农村

① 贺雪峰:《地权的逻辑：中国农村土地制度向何处去》，北京，中国政法大学出版社，2010，第323页。

经济已经发生重大变迁的情况下，完善集体地权的结构完整性，重新建构土地权益在国家、社区与农户之间的平衡配置，规范地权流转的方式与组织方式，这是保持中国农地制度长久有效以及农村社会长期稳定的基本战略问题。

第二章
农地产权的法律实践

农地集体性通过集体产权建构了中国农地制度，换言之，中国农地制度的内核正是融合了国家、社区、个体三种要素的集体地权。分户经营后期的农地法律政策文本逐渐呈现物权化、变相私有化的趋势，农地产权的集体属性受到很大的影响。当然，这种影响并不是均质的，在不同的土地类型、不同区域，往往有不同的表现形态。本章将以林地为例，探讨地权法律政策文本与基层治理、地方性知识之间的张力。

一、作为法律文本的林权制度

在中国农地的分布格局中，林地占据了重大的比例，尤其是在南方地区。人们常说的“八山一水一分田”“九山半水半分田”，形象地反映了中国南方地少山多的状况。因此，在农地制度的变迁中，林权制度一直是人们关注的焦点。

林权制度的核心是对“林权”的概念界定，学者们的研究思路不同，对于林权的概念众说纷纭。主要的概念类型有四种：第一种概念类型是将林权作为一项单一的权利加以界定，这种概念类型还可以分为两种。李延荣认为林权是“林木所有权”，因为只有林木的所有权才能涵盖林木的占有、使用、收益和处分权，基于所有权才有对林木的流转权和抵押权，林农从林权制度改革中获得的对林木的各种权利均来源于林木的所有权。[①]林旭霞则认为在将林权界定为一种用益物权的前提下，林木所有权是不可以成为林权下位的具体权利的。用益物权体系以占有、使用、收益等权能作为要素形成权利结构，一个用益物权不会包括所有权。因此，林旭霞认为林权就是“林地使用权”，即“林地承包经营权”。[②]

第二种概念类型是对第一种概念类型的综合，认为林权应该包括“林地使用权”和“林木所有权”。从林农受益的角度来看，任何一项单一的林权都不足以涵盖所有的利益。事实上，林农从林权制度获得的权利既包括“林地使用权”，也包括“林木所有权”。[③]

第三种概念类型在第二种概念类型的基础上再加上对于森林的权利，

---

① 李延荣：《浅谈林权制度改革中的“林权”》，载《法学杂志》2009年第1期。

② 林旭霞：《林权的法律构造》，载《政法论坛》2008年第3期。

③ 李延荣：《浅谈林权制度改革中的“林权”》，载《法学杂志》2009年第1期。

认为一个完整的林权应该包括森林、林地、林木三种权利对象。郑小贤提出，林权是指森林、林地和林木的权属问题，主要包括森林的国家所有权、森林的集体所有权以及个人的林木所有权与林地使用权。[①]汪海燕持相同的观点，认为林权包括森林、林木、林地的所有权、使用权、收益权和处分权。[②]

第四种概念类型进一步将森林资源纳入林权的范畴。陈根长认为林权就是有关森林资源以及森林、林木和林地的所有权和使用权。[③]温世扬认为“林权”是“涉林物权”的统称，包括森林资源所有权、林木所有权、林地所有权、林地承包经营权等具体物权形态；森林资源所有权和林地所有权的主体仅限于国家和农民集体，林地承包经营权主体一般应为林户，但也可能由集体经济组织外的主体担当。[④]

林权概念的众多差异主要是由两个原因造成的：一是当前我国法律对于林权制度的规定体现在多个法律文本之中，彼此之间的内涵外延不尽相同，学者们按照不同的法律解释范式，自然就得出了不同的林权概念；第二个原因是多次林权改革所造成的历史影响，每个时期的林权改革都有不同的诉求，都在当下的林权制度中留下各自的烙印。

早期的山林曾经长期属于国有，东晋、南朝时期在南方地区开始出现私有的山林，山林产权从此实行国有与私有双轨制。宋代以后，山林的私有制被完全肯定。明清以来，山林产权的私人所有以及林产品的自由流

---

① 郑小贤：《试论林权与地租》，法律出版社 1997 年版，第 28 页。

② 汪海燕：《集体林承包经营权的物权化研究》，载《2006 年全国环境资源法学研讨会论文集》。

③ 陈根长：《中国林业物权制度研究》，载《林业经济》2002 年第 10 期。

④ 温世扬：《“林权”的物权法解读》，载《江西社会科学》2008 年第 4 期。

通，构成中国南方林业的基本特征。[①] 中华人民共和国成立以来，我国的林权制度改革经历了五个阶段：第一阶段是土改时期（1949 年至 1952 年），其特征是“分山分林到户”，确立农户对于山林的私有产权[②]；第二阶段是农业合作化时期（1953 年至 1956 年），其特征是“山林入社”[③]；第三阶段是人民公社时期（1956 年至 1981 年），其特征是“山林集体所有、统一经营”[④]；第四阶段是改革开放至 2008 年之前，其特征是“林业三定”[⑤]；第五阶段是从 2008 年起，开始推行的新一轮林权改革，其特征是“物权化”“市场化”[⑥]。从林权制度的变迁来看，林权经历了“分权”到“集权”再到“分权”的过程[⑦]。由于法律文本并没有对“林权”进行概念解释，之前林权改革的制度阴影还没有消除，而当前的林权改革还在进行中，这就给理解林权的制度内涵留下了极大的空间。

中国农村土地制度实行的是双层经营体制，即土地所有权的主体是集体，而土地的使用权则可以分离出来归集体或农户享有。因为物权法并没

---

① 赵冈：《中国历史上生态环境之变迁》，中国环境科学出版社 1994 年版。

② 吕文江、王铭铭：《在经济与生态之间——福建乡村林权改革的经验研究》，载《中国农业大学学报（社会科学版）》2009 年第 1 期。

③ 王扬：《差序的法律——林权制度的历史实践》，上海大学博士学位论文。

④ 王扬：《差序的法律——林权制度的历史实践》，上海大学博士学位论文。

⑤ 1978 年十一届三中全会以后，家庭联产承包生产责任制在广大农村中推广并广泛地调动了农民的生产积极性。1981 年 3 月，中共中央、国务院发布《关于保护森林发展林业若干问题的决定》，将“分田到户”翻版到集体林区形成“均山到户”的“林业三定”，即稳定林权、划定自留山、确定林业生产责任制。

⑥ 2008 年 6 月 8 日，中共中央、国务院出台了《中共中央、国务院关于全面推进集体林权制度改革的意见》，标志着当前我国的林业及农地制度将发生重大转变，其历史意义堪称继分田到户之后的“第二次革命”。

⑦ 李晨婕、温铁军：《宏观经济波动与我国集体林权制度改革——1980 年代以来我国集体林区三次林权改革“分合”之路的制度变迁分析》，载《中国软科学》2009 年第 6 期。

有针对林权进行单独的规定，而是与耕地放置在一起，所以对林权的理解可以直接比附于耕地制度，即林权是地权体系中的一个组成部分。因此，林权制度的核心是林地，而林木正如水稻一样只是土地上的一种可以经营的附着物。“林业三定”实际上是“分田到户”在林权制度上的翻版，其本质是明确林地的集体所有以及农户对于林地的承包经营权。正如分田到户初期普遍出现的“两田制”[①]，“林业三定”也确立了“两林制”的制度模式，即“集体林”和“个体林”的并存[②]。虽然“两田制”在实践中具有极大的适应性，但是在后续的国家政策中却不断遭受怀疑和否弃。2007年出台的《物权法》确立了农户土地承包经营权作为用益物权的物权属性，实质上就从法律上最终否定了“两田制”的合法性。紧接着在2008年展开的新一轮林权改革，以“物权化”和“市场化”为指导思想，鼓励彻底的“分林到户”，试图将“集体林”进一步分到农户手里，从而彻底结束“两林制”的历史。

由此我们可以得出法律文本上的林权概念：集体对于林地的所有权以及农户对于林地的承包经营权。在这个概念体系中，林权的所有者是作为基层组织的村集体或组集体；而林权的经营者是农户，新林改正是以此为目标来践行《物权法》精神的；林权的法律性质对于农户而言日趋物权化、市场化和个体化，而集体所有的性质则逐渐淡化。国家试图通过法律和政策，确立农户在林权制度中的主导性地位。虽然法律文本意义上的林权概念被认为是以农民利益为出发点，而且被赋予“第三次土地革命”高评的新林改也似乎“大功告成”，但是在南方宗族村庄，实践中的林权制度显然与文本上的期待相差甚远。

---

① 温铁军：《中国农村基本经济制度研究——“三农问题”的世纪反思》，中国经济出版社，2000；吕德文：《两田制的意义》，《古今农业》2008年第3期。

② 吕德文：《林权改革的历史与现实》，载《调研世界》2009年第1期。

二、嵌入宗族社区的林权制度

接下来我们将以粤北的高村为例展开论述。粤北高村人口接近三千，耕地一千五百多亩，以水稻、甘蔗种植为主，是一个典型的农业村庄。高村所在的县域是典型的客家宗族村庄，多数居民是在元末明初从福建迁移过来的。新迁入者为了抵御匪寇的侵扰，往往聚族而居，用封闭的围屋将族人包裹起来，只留一个出口与外部世界保持联系。围屋可以随着家族人口的繁衍而不断扩建，形成规模庞大的建筑群落。围屋是一个紧密的生活空间，它不仅提供了基本的安全保障，而且能够生产出身份的认同，从而维系了整个家族的团结，形成了具有一致行动能力的社会单元。围屋实际上就是由宗族建构起来地方社区，我们可以称之为宗族社区。[①] 在国家政权建设过程中，这些由同族人共同构成的围屋被组建为一个个生产队（村民小组）。在高村，村民小组的建制一般与宗族社区重叠，偶尔也有一个

---

① 在中国宗族的研究史上，林耀华最先讨论了这个问题，他认为："宗族乡村乃是乡村的一种。宗族为家族的伸展，同一祖先传衍而来的子孙，称为宗族；村为自然结合的地缘团体，乡乃集村而成的政治团体，今乡村二字连用，乃采取自然地缘团体的意义，即社区的观念。"参见林耀华：《义序的宗族研究（附：拜祖）》，生活·读书·新知三联书店 2000 年版，导言第 1 页。

弗里德曼受到林耀华的启发，进一步对"宗族社区"展开研究。他发现："在福建和广东两省，宗族和村落明显地重叠在一起，以致许多村落只有单个宗族，继嗣和地方社区的重叠在这个国家的其他地区也已经发现，特别在中部的省份，但在中国的东南地区，这种情况似乎最为明显。"参见［英］弗里德曼：《中国东南的宗族组织》，刘晓春译，上海人民出版社，2000，第 1 页。

根据贺雪峰的划分，可以将中国的地方社区分为三种理想类型：南方的宗族型社区、北方的小亲族社区、中部的原子化社区，不同社区具有不同的社会结构，遵循不同的行动逻辑。参见贺雪峰：《村治模式：若干案例研究》，山东人民出版社，2009。

村民小组囊括几个宗族社区或者一个宗族社区分裂为几个村民小组的情况。例如，2组实际上是由三个小的宗族社区构成的，即林姓、张姓和肖姓；而水溍张自然村分裂为4组和5组，麻竹坳自然村分裂为16组和17组。（见表1）

表1　高村的宗族社区与村民小组（2010年）

小组	1组	2组	3组	4组	5组	6组	7组	8组	9组	10组	11组	12组	13组	14组	15组	16组	17组
社区	桂田	村塘	瑶子雷	水溍张		大福林	圳背围	清湖围	永昌围	中心围	古稀堂	新兴围	黄屋	徐屋	刘屋	麻竹坳	

相对于较少的耕地面积，高村的林地极多，有7387亩。虽然法律文本上规定的林权所有者为集体，且这个集体的承载者是国家政权建制中的行政村或村民小组，但是在当地人的观念里面，林权的真正所有者是宗族社区。① 宗族社区决定了林权的实现方式，并且直接支配着林权收益分配模式。虽然在形式上，宗族社区的边界与村民小组在多数情况下是重合的，但是这两种“集体”却有本质上的差异：村民小组是根据国家的户口来确认边界的，而宗族社区则是根据血缘关系来划定边界的。② 依据前者，户口外迁的农户就不再享有分配小组资源的权利，而根据后者，无论户口在哪里，只要是共一个祠堂的，都是林权所有者的一分子。例如，村塘（2组）中的林姓与大福林（6组）共一个祠堂，属于同一个宗族社区，因此就共有同一片山林，而村塘中的张姓和肖姓就没有资格分享这一片山

① 与此相对的是，高村的耕地则是由村民小组直接支配的，这两种不同的产权形态塑造了当地的“双结构治理模式”，从而很好地接应了国家的政权建设。参见林辉煌：《双结构治理与国家政权建设》，2011年，未刊稿。

② 详见第一章。

林；但是因为张姓与水滘张属于同一个宗族社区，他们可以分享水滘张的林权。因此，当我们以实践中的林权来考察当地的治理状况时，就必须跳出村民小组的框架，而以宗族社区来重新划定高村的基本治理单元。

虽然历经变革，高村的林权却一直掌握在宗族社区手中。在老人的记忆中，土地改革并没有在实质上改变林权的“宗族集体”属性。虽然几十年的人民公社实践使得林权被平调到行政村一级，但是集体生产和生活的模式反而进一步将林权作为整体保留下来了。分田到户以来，随着国家力量的逐步撤出，宗族社区又迅速地活跃起来，很快就将林权从行政村夺了回来。80年代的“林业三定”虽然激励了个别社区将部分林权分到农户手中，但是绝大多数的林权依然以生产队集体的名义保留在宗族社区之中。新一轮的林改于2009年在高村展开，仅过了一年即宣告成功。实际上据我们调查，当地的林改实践并没有尝试去触动宗族社区的所有权地位，而仅仅是做了一些纸面上的文章。[①] 国家之所以轰轰烈烈地推动“第三次土地革命”是为了将集体林权的经营权分配到每个农户手中，类似于耕地上彻底的承包经营权。借着《物权法》这股东风，国家原本希望破除“林业三定”遗留下来的林权上的“两田制”，使得农户的林业经营权能够像耕地一样实现物权化。“分林到户”可以说是新林改的核心思想。然而高村的林改实践不但没有走上国家所预设的道路，反而维持了林权社区所有的传统模式。[②] 除了刘屋（15组）因为人少将部分林权分到各家各户之外，其他社

① 类似的情况在云南林改的实践中也广泛存在，参见朱晓阳：《林权与地志：云南新村个案》，载《中国农业大学学报（社会科学版）》2009年第1期。

② 实际上广东省的林改方案也采取了因地制宜、尊重地方传统的指导思想，从而也为高村的林改实践提供了合法性依据。据我们了解，高村所在的县市基本上都在林改中保持了原有的模式。参见《广东省全面推进集体林权制度改革工作方案（粤府办〔2020〕25号）》。

都还保留着共同经营的林权模式。[①]

林权的社区所有与统一经营使得集体林权得到了很好的保存，虽然此处的“集体”与国家层面上的“集体”有本质的不同，但是在多数情况下，这两个集体是重合的，从而避免了林权利益的分化。新林改倡导的“分林到户”实质上是作为“经营权二次流转”的基础，也就是将林权推向市场化，吸引外来资本的介入。[②] 一旦如此，就出现了林权改革的社会排斥效应，[③] 多数农户将丧失手中的林权。[④] 由于高村坚持了社区统一经营的模式，只有具备社区的身份，即共一个祠堂的人才能够分享林权。因此，外来资本和市场力量就无法进入林权，从而保障了每个社区成员的平等林权。社区身份是由血缘关系决定的，从本质上来讲，林权就是一种身份权。在当地农民的观念中，山林是祖宗留下来的遗产，是一种“祖业”。因此，对山林的权属所有和利益分配都是宗族社区的内部事务，国家一直没有也无法像在耕地上那样深刻地介入。所以，虽然村塘中的肖姓可以分到耕地，但是却始终与林权无缘；而刘屋在“分林到户”时，所有共一个刘氏祠堂的人，无论是否拥有本地户口，都参与了林权的分配。实际上 2009 年的林权改革在社区层面上支持了这一做法，《高村小组林改利益分配实施方案》规定的分配对象就包括：“祖籍在本村小组，长期在外定居人员。”

---

① 刘屋山共有 400 多亩，其中 200 多亩作为集体资产对外承包，其余 200 多亩分给农户。

② 所谓“经营权二次流动”是指农户在获得经营权之后，将其再次转让，从而实现林权的大户经营，使得广大农户无法真正获得林地承包经营权。参见储建国、贺东航：《经济共和主义视角下的地权改革——以林权改革为例》，载《开放时代》2009 年第 6 期。

③ 详见第五章。

④ 朱冬亮：《集体林权制度改革中的社会排斥机制分析》，载《厦门大学学报（哲学社会科学版）》2007 年第 3 期。

三、村落共同体与林权的地方建构

林权的法律实践没有按照法律文本意义上的"私人化""物权化"方向发展，而是深深嵌入宗族社区之中，成为一种地方性建构的知识。在林权制度保持"集体化"的背景下，林权本身就成为基层治理的重要资源，有力地促进社区秩序与规范的生成，从而维系了村落共同体的运作。

土地不仅是农民赖以生存的经济资源，同时也是一项重要的治理资源。基层组织对于土地利益的控制和调配能力在很大程度上决定了基层治理的能力，尤其是公共品供给方面。在高村的土地制度中，国家权力对于耕地的权属改造是非常彻底的，村民小组在名义上和实质上都是耕地的所有权者，可以通过土地利益的调控来完成相关的治理活动。然而，在国家政策规定"承包经营权三十年不变"甚至"承包关系长久不变"之后，当地的土地调整基本上都停顿下来，[①]基层组织对于土地资源的支配权力弱化。再加上税费改革使得基层组织不能够再获得农业提留，基层治理资源丧失殆尽，这给农田水利等公益事业的开展造成了不利影响。实际上，在当前绝大多数的农村，基层治理已经陷入瘫痪的境地。[②]

在这种物权化的法律背景下，集体性质的林地以及以其为中心的集

① 由于南方村庄存在较强的地方性共识与地方性规范，对于土地政策私权化变革的法律敏感性要比北方村庄来得弱，倾向于以一种规避法律政策的态度来回应基层治理的内在诉求。因此，即使《物权法》颁布之后，南方村庄的土地调整的现象要比北方村庄保留得更多。参见贺雪峰：《土地调整的南北差异》，载《古今农业》2008 年第 3 期；陈柏峰：《地方性共识与农地承包的法律实践》，载《中外法学》2008 年第 2 期。

② 贺雪峰：《税费改革的政治逻辑与治理逻辑》，载《中国农业大学学报（社会科学版）》2008 年第 1 期。

体林权就成为一项尤其重要的治理资源。虽然在名义上它是归属于村民小组的，但宗族社区却是实质上的所有者。由于宗族社区内部存在强大的地方性共识与集体行动能力，能够内生出一套自我管理的治理体系，构成了基层治理的重要组成部分。因为基层组织与宗族社区在很大程度上是互构的，当宗族社区利用集体林权的资源较好地完成公共品供给和地方秩序的维系时，基层治理在某种意义上就获得了实现。尤其是在基层组织已经丧失各种治理资源的背景下，林权的社区所有以及统一经营而不是彻底的"分林到户"，为基层治理保留了最后的一笔资源。

在南方宗族村庄，国家权力在很长一段时间都是鞭长莫及的，只能通过宗族实现自身的治理，因此宗族社区的自我管理在当地是一个传统。[①]在传统社会中，宗族社区的治理是全方位的，包括经济、政治、文化等，甚至拥有生杀予夺的权力。[②]而且，宗族社区也拥有充足的治理资源，尤其是族田和族山。[③]实际上长期以来，山林能够变现的货币价值并不大，一般都是作为坟山、风景林和柴火林供全族人享用，基本上是一种伦理性的功能。作为治理资源用以提供祠堂、水利、道路等公共品的主要是族田，利用族田的收入，宗族可以为整个社区提供较好的规范和秩序。随着新中国对土地的改造，宗族对于族田的所有权被彻底打破了，而山林由于

① 贺雪峰认为在传统中国社会，因为国家权力难以直达乡村社会，为解决与农民生产、生活和娱乐密切相关的公共事务，创造了超于家庭的功能型组织，从而在乡村社会形成了一个双层的基本认同与行动单位，其中的第一层是家庭，第二层是宗族或者以宗族为基础的村庄认同（即宗族社区）。参见贺雪峰：《村治的逻辑——农民行动单位的视角》，中国社会科学出版社，2009，第59页。

② 邓河：《中国近代宗族组织的内在结构》，载《山西大学学报（哲学社会科学版）》1991年第2期。

③ 张研：《清代族田与基层社会结构》，中国人民大学出版社，1991。

经济利用价值相对较低，国家和农民对于林权改造的内在冲动也不强烈。于是宗族就在林权中找到了自己的生长空间。在国家推行退耕还林、建设生态林的政策下，国家投入大量资源用以补偿对农户从山林中获得收益的限制所带来的损失，这就使得原本价值不大的林权可以变现为经济收益从而成为一项可以为宗族社区所用的治理资源。

林权的社区所有之所以能够变现为治理资源，主要归功于国家有关森林生态效益补偿政策的出台。1981 年，国务院在《关于保护森林发展林业若干问题的决定》中提出了要建立林业基金制度。随着国家对森林生态效益的重视，到 1998 年《森林法》修正案就明确规定："国家设立森林生态效益补偿基金，用于提供生态效益的防护林和特种用途林的森林资源、林木的营造、抚育、保护和管理"，从而将森林生态效益补偿制度上升到法律的层面。在地方政策立法中，较为系统的生态公益林补偿政策与立法首创于广东，其自 1994 年以来先后颁布了将有关生态公益林工程建设纳入各级财政预算安排的一系列政策法规文件，对生态公益林补偿的范围、核定标准、补偿对象、补偿标准、补偿条件等均有明确规定。[①]1999 年广东生态公益林效益补偿标准为每亩每年 2.5 元，2007 年提高到每亩每年 8 元。2008 年以来，补偿标准每亩每年递增 2 元，2010 年已达到每亩每年 14 元。根据 2003 年《广东省生态公益林效益补偿资金管理办法》规定，生态公益林效益补偿资金分为损失性补偿和管护经费两部分，其中损失性补偿占补偿总额的 75%，主要补偿因划定为省级生态公益林而禁止采伐林木造成经济损失的林地经营者或林木所有者；管护经费占补偿总额的 25%，主要

① 参见 1994 年的《广东省森林保护条例》，1998 年的《广东省生态公益林的建设管理和效益补偿办法》，2000 年的《广东省生态公益林的建设管理和效益补偿办法实施意见》，2003 年的《广东省生态公益林效益补偿资金管理办法》。

支付给实施省级生态公益林管理或协调的有关单位或个人。因此，2010 年高村能够实际获得的生态公益林补偿（即损失性补偿）为每亩每年 10.5 元。当然，并非所有的山林都被划入生态公益林的范围，在高村的 7387 亩林地中，除了刘屋将 212 亩分给农户之外，剩余的都归各宗族社区享有。其中桂田、村塘、大福林、瑶子雷和麻竹坳的山林被划为生态公益林，共有 3390 亩，其余的都以承包的方式租给别人种经济林，承包的租金与生态公益林补偿资金相同。（见表 2）

表 2　高村宗族社区林权收入情况（2010 年）

宗族社区（小组）	山林	收入方式	面积（亩）	收入标准	收入（元）
桂田（1 组）	桂田山	生态林	521	10.5 元 / 亩、年	5470.5
村塘（2 组） 大福林（6 组）	羊角尖	生态林	1030	10.5 元 / 亩、年	10815
瑶子雷（3 组）	桂田山	生态林	513	10.5 元 / 亩、年	5386.5
水潳张（4 组） 水潳张（5 组）	张屋山	经济林	2566	10.5 元 / 亩、年	26943
圳背围（7 组）	甘屋山	经济林	140	10.5 元 / 亩、年	1470
清湖围（8 组）	甘屋山	经济林	57	10.5 元 / 亩、年	598.5
永昌围（9 组）	甘屋山	经济林	65	10.5 元 / 亩、年	682.5
中心围（10 组）	甘屋山	经济林	247	10.5 元 / 亩、年	370.5
古稀堂（11 组）	甘屋山	经济林	52	10.5 元 / 亩、年	546
新兴围（12 组）	甘屋山	经济林	55	10.5 元 / 亩、年	577.5
黄屋（13 组）	黄屋山	经济林	181	10.5 元 / 亩、年	1900.5
徐屋（14 组）	徐屋山	经济林	187	10.5 元 / 亩、年	1963.5
刘屋（15 组）	刘屋山	经济林	235	10.5 元 / 亩、年	2467.5
麻竹坳（16 组） 麻竹坳（17 组）	麻竹山	生态林	1326	10.5 元 / 亩、年	13923
合计			7175		73114.5

通过生态林的补偿和经济林的租金，整个高村每年可以获得 7 万多元的收入，而且这笔钱是由宗族社区集体管理的，对于税费改革之后陷入资源匮乏的基层治理而言，无异于雪中送炭。由于获得村民的集体同意，林权收入的使用具有非常强的公益性和公开性。所有的资金一律用于提供生产和生活上的公共品，而且由宗族理事会每年召集户长大会，商议资金的具体使用、公布年度资金报表。实际上，几乎在所有的宗族理事会中，小组长和会计（较大小组依然保留了会计的设置）都是必须参加的成员，而且在宗族理事会的事务中发挥重要作用。从这个意义上讲，宗族社区通过林权收入所完成的自我管理本身就是基层治理的重要组成部分。

通过宗族社区的基层治理来维系村落共同体的运作，主要是在两个层面上进行的：一方面是维持宗族社区的身份认同，另一方面是协助村民小组完成生活和生产上的公共品供给。社区所有的林权在维持身份认同上所起的作用是通过提供祭祖费用和祠堂修缮费用来强化宗族社区的内部团结和一致行动的能力。身份认同的核心在于宗族认同，即对于自身血缘起点与延承的确认。这种认同作为一种集体意识是通过不断的集体活动得到强化的，其中最为重要的是每年一度的祖先祭祀。祖先祭祀是整个宗族对于共同祖先的崇拜，在高村，每年春分，宗族社区都要出钱组织族人去扫墓；大年初一，全族列队到祠堂向列祖列宗拜年。这些宗族仪式的经费都是由宗族社区的林权收入来承担的，包括人工费用、车费、烟火炮竹费用等。通过这些宗族仪式，将后人与逝去的祖先连接在一起。所有参加仪式的人都是从同一个源头生发出来的，人们通过追溯共同的祖先寻找血缘的边界，并以此作为自己人的划分标准，从而获得身份认同。祠堂是供奉祖先的场所，是连接今人与古人的中介；同时也是举行和见证各种重大生命仪式的场所，比如结婚、丧事、添丁等。可以说，祠堂是一个宗族社区最大的象征。因此，除了祭祀祖先之外，宗族社区从林权获得的收入还要用于修建和维护祠堂。在高村，凡是较大的姓氏都修有祠堂。

通过宗族社区的基层治理在第二个层面上主要是协助村民小组完成生活和生产上的公共品供给。修路建桥是宗族社区的一种传统，虽然国家已经将这项公共品纳入农村基础设施建设的治理体系当中，但是面对广大农村的巨大需求，国家显然力不从心，往往需要借助社区自身的力量。应该说，修路建桥本身具有双重属性，一方面是作为社区生活的公共品，在很大程度上甚至是勾连祖先的通道。尤其是通往祠堂和通往祖坟的道路，即使户口不在本地，也有责任解囊捐款，毕竟每年祭祖的时候他都要走这条路。另一方面，修路建桥也是生产建设的公共品，是基层治理的重要任务。因此，在大多数的时候，是国家与社区合力完成这一公共品建设。以水湄张为例，1996 年 2 月宗族理事会将山林的收入与募捐的收入共 13 万元用于修建清水桥，解决了过河难的历史问题。2009 年下半年，水湄张宗族理事会利用山林收入与募捐收入共 10 万多元，相继把乡村道路铺设为水泥硬底路。社区的经济基础越充足，社区自我管理的能力就越强，对于基层治理的反馈和支持就越多。尤其是在税费改革之后，为了实现基层治理，多数的宗族社区与基层组织已经合为一体，共同使用林权的收入。比如水湄张的两个小组共同使用一条水圳，社区认为可以算作整个宗族的公益事业，就由宗族理事会出资维修。再比如徐屋，2000 年把队里的田都分给了农户，一定 30 年，小组集体失去了原本可以从机动地获得的收入。现在它唯一的收入是 100 多亩的山林，这些收入一般都先用来修水圳，保障生产性的公共品供给。然后再用剩余的钱来组织拜山，钱不够的再向群众收取。

林权制度的地方建构保障了林权的集体属性，而正是以集体林权作为治理资源，村庄生活与生产所需的公共品才得到有效的供给，从而维系了村民对社区的认同感。由于拥有共同的经济基础，各种集体活动能够保留下来，在频繁的社区交往中，村民之间形成了密切的利益关联网络；而宗族社区与基层组织相互借力，共同完成了基层治理的任务，有效地生成了地方社会的秩序与规范，维持了村落共同体的运作。

四、本章小结

林权制度是农地制度的重要组成部分，在法律文本上，它主要包含村组集体对于林地的所有权以及农户对于林地的承包经营权。新一轮的林权改革以“物权化、市场化”为指导思想，鼓励彻底的“分林到户”，强化农户的承包经营权。然而在宗族村庄，私权化的林权法律并没有获得认可。在当地人的观念中，林权是一种祖业权，由血缘性的宗族社区共同享有，个体农户没有单独的权利。因此，林权制度的法律实践并没有按照文本上的思路展开，而是受到宗族社区的改造，成为一种地方性建构的知识。林权制度的地方建构来源于人们对宗族社区的强烈认同，它深深嵌入基层治理之中，推动地方社会秩序与规范的生成和维系。从这个意义上讲，法律现代化应该较好地接应基层治理的内在需求，而不是盲目地推行格式化的文本规范，这样一种实践的法律制度正是处于大转型的中国农村社会所需要的。

法治现代化的一个强烈冲动在于推行格式化的法律规范，从而简化社会治理的分类成本和执行成本。这种法治现代化的诉求是将社会生活和社会问题看成完全规则化和模式化的“方格子”，而法律是可以批量化生产和适用的“棋子”，只要愿意就可以完美地契入这些“方格子”。然而，基层治理的实践证明，从来就不存在这种类型的“方格子”，社会生活和社会问题是纷繁复杂且变动不居的，没有一种批量化生产和适用的法律可以接应社会治理的内在需求。尤其是在基层治理的过程中，它所面对的客观现实具有极强的乡土性和社区性，这意味着基层治理在不同的区域社会中具有不同的治理任务和运作逻辑，可能需要多样化的而不是格式化的治理资源。因此，格式化的法律在基层治理的实践中往往要碰壁。

法治现代化不可能脱离基层治理而获得实现，只有将法律与基层治理的任务有效结合起来，法治现代化才具有真实的意义。农村基层治理的根本任务在于实现公共品的供给，宪法规定的“统分结合的双层经营体制”赋予集体对于农村土地的支配权力，使得水利规划等公共事务能够在超越于个体农户的层面上达成，从而有效地激励农民生产的积极性。

在这种格式化的法律语境下，集体实际上丧失了调配土地资源的能力，更丧失了从土地中获取集体收益的合法性，使得整个基层治理陷入巨大的困境之中。从法律的表达来看，高村的林权实践至少在两个层面上不具有合法性：1. 林权的真实主体是血缘性的宗族社区而不是政治性的村集体或组集体；2. 林权没有实现彻底的“分林到户”，至少农户没有获得类似于耕地上的承包经营权。然而，这种看似背离“现代法治”的林权制度却为基层治理提供了极大的资源，有效地维系了地方社会的认同，实现了一种社区意义上的善治，而这实际上正是基层治理的内在诉求。法治现代化的根本意义在于推进社会的善治，这是法治本身获得合法性的基础。正是从这个意义上讲，法治现代化必须为基层治理提供更多的可资利用的资源，而不是相反。

当前的中国社会正处于巨大的转型过程，基层治理能否有效开展关系到整个农村社会的稳定与发展，从而决定了中国现代化转型的成败。在这种现实条件下，法治现代化的本质不是为社会输入更多格式化的文本规范，而是结合基层治理的内在需求，倡导一种“实践的法律社会学”。“实践的法律社会学”建立在对于地方社会的既有传统和地方性共识的深度认同之上，是一种开放性的、包容性的、可以发展的指导性规范。基层治理的善治不仅需要文本上的法律支持，更需要依托于地方性的认同与规范。“实践的法律社会学”是对各种可资利用的社会资源的深度整合，在尊重历史和现实的情况下，以一种相对合理的制度规范为基层治理和村落共同体的维持提供可靠的支持。通过基层善治的实现，中国法治现代化也达到了自身的目标。

第三章
嵌入家产制的农地产权

从“实践的法律社会学”出发，我们可以进一步挖掘中国农地产权的集体属性。这种集体属性不仅仅体现在宗族社区的嵌入效应，而且表现在更为微观的家庭产权制度上。换言之，虽然农地产权逐渐呈现物权化甚至变现私有化的趋势，但是其基本载体依然是具有集体属性的家庭而不是个体。以地权为核心的家产制作为一种习惯法，与中国的家庭法律及其社会适应性存在着密切关联。本章将从家产制的角度，探讨集体地权对于家庭稳定与发展的意义。

一、家产制与“实践的法律社会学”

在所有中国研究的问题意识中，家文化和家制度也许是最具特色也最具挑战性的领域之一。传统中国法律的架构是围绕“家”展开的，[①] 近代的民主革命议题中至为关键的一项是如何打破“家族”、建立“国族”，[②] 而共产党在革命最初的时候就意识到“族权”是压迫农民的主要势力之一。[③] 可以说，近百年来的中国革命和社会改造都离不开对家文化与家制度的反思；而其中最为核心的内容则是作为经济基础的以土地为核心的家产制度。由于一个庞大家产的存在[④]，中国的社会秩序和法律秩序在很长的历史时期中一直建立在以家族为核心的儒家道德教化的体系之上，它构成了传统中国人最重要的精神家园，同时也被认为是中国民主革命的最大阻碍。随着新中国的成立与土地改革的完成，作为政治经济学意义上的家产制宣告破灭；而作为法律社会学意义上的家产制则遁入民间生活之中，成为一

---

① 最初产生于家庭伦理规范的“礼”通过法律的儒家化过程成为古代法律的指导思想，公元653年《唐律》的制定、颁布，标志着礼法结合的最终完成。参见［美］布迪·莫里斯：《中华帝国的法律》，朱勇译，江苏，江苏人民出版社，1995，第21页；瞿同祖：《中国法律与中国社会》，北京，中华书局，1996，第303-325页。

② 孙中山认为中国人之所以是一片散沙，就在于一般人民只有家族主义和宗族主义，没有国族主义。所谓国族主义就是民族主义。参见孙中山：《三民主义》，载《孙中山全集》（第九卷），北京，中华书局，1986，第185页。

③ 毛泽东在考察湖南农民运动时指出，中国的男子普遍受到政权、族权、神权的支配。妇女则还要受夫权的支配。参见毛泽东：《湖南农民运动考察报告》，载《毛泽东选集》（第一卷），北京，人民出版社，1967年版，第31页。

④ 经济最发达、生存竞争最激烈的长江三角洲，清末族田公产的建置出现了高潮，以致出现了族田“几遍天下”、“几遍宇内”的记载。沿海两广等地更出现了宗族内部以房支、家庭为单位认股建置、集体经营族田公产的现象。（参见张研：《对清代徽州分家文书书写程式的考察与分析》，《清史研究》2002年第4期。）关于族田的研究还可参考张研：《清代族田与基层社会结构》，北京，中国人民大学出版社，1991。

种习惯法，与中国当前的家庭法律及其社会适应性存在着某种隐秘关联，这构成了本章研究的基本问题。

作为习惯法的家产制研究，它的基本关怀主要有两点：一是传统家产制的观念是否依然散落在后革命时代的家庭生活之中；二是家产制作为家庭财产分配制度是否依然具有法律意义。后者显然是以前者为基础的，这决定了社会实然层面的研究要先于法律应然层面的研究。其中，对于分家的研究被认为是阐释中国家产制的最好切入口，因为分家制度将家产制的机理透过动态的过程完整而公开地展现出来；而在大多数时候，家产制是处于静止的状态从而隐匿于法学研究者的视线之外。①

对于分家及家产制在法律应然层面的研究，其核心问题在于回答“应该怎么样”。这一研究进路是以所有权制度作为基本前提的，尝试将分家制度纳入物权法对物的配置范畴中。学者们论及包括分家析产在内的习惯法，总是简单地视之为今人所谓民法的对应物。② 在民法学的视野中，从身份到契约是一个法学进化论意义上的基本规律，标志着民法的研究从传统模式步入近代模式。因此，作为私法精神的内核，意思自治天然地强调家产制内部所具有的身份关系和财产关系的彻底分离，或者将身份关系转化为财产关系从而实现家庭关系的去伦理化和契约化。③ 现实生活的需求显得无关紧要，关键的是私法中的所有权理想能否在法律文本中得到实现。这种所有权实现被认为可以在更大的意义上完成财产交易的市场任

① 甚至由于同居共财的原因，子代对家产的承继也是一个天然的过程而往往不被视为法律事件。参见［日］滋贺秀三：《中国家族法原理》，张建国、李力译，北京，法律出版社，2002，第93页。

② 参见杨鸿烈：《中国法律发达史》，北京，商务印书馆，1988。

③ 强世功：《司法能动下的中国家庭——从最高法院关于“婚姻法”的司法解释谈起》，《文化纵横》2011年第1期。

务，它满足的是“物”而不是“人”的目的。[①] 那么在所有权的理论框架中，家产制并不是习惯法等经验研究意义中具有本土特色的制度资源，而仅仅是一种财产共有制度。[②] 与此相对应，分家仅仅是一种很不健全的个人财产的提前继承或者父母对子女的赠与行为，[③]虽然无论是继承还是赠与都很难在民法体系中为自己找到强有力的证据，只能被认为是对家产制在法律应然层面的想象。

与法律的应然研究持相反理念的是对分家和家产制的实然研究，强调通过历史和现实的经验分析，总结出作为习惯法的家产制所具有的独特品性。该研究进路在于回答“是什么”和“怎么样”的问题，强调阐释与理解，对于运用现代法律框架来硬套传统习惯法抱持谨慎的态度。家产、家业的传递通过分家析产这一基本制度得以进行，从纵向看是家产的代际传递，从横向看是家产在兄弟间的分割。[④] 滋贺秀三根据华北的满铁调查资料，通过论述在土地、房屋等不动产分家析产等关系中父亲的权力，证明中国的父亲可以任意处置家庭财产，从而形成了他关于中国古代家产制的核心观点，即家父享有家庭财产的所有权。[⑤] 俞江认为，滋贺秀三所援引的资料并不能恰当地推演出（甚至是反对）他的最终结论，只是为了维护中国家长的家产所有权的观点，他没有追随自己引证的诸多材料。在批评

① 赵晓力：《中国家庭资本主义化的号角》，《文化纵横》2011 年第 1 期。

② 彭万林：《民法学》，北京，中国政法大学出版社，1994，第 257 页；于大水：《家庭财产的共有制及立法建议》，《烟台师范学院学报（哲学社会科学版）》2002 年第 1 期。

③ 王利明、郭明瑞、吴汉东：《民法新论》（下册），北京，中国政法大学出版社，1988，第 115—119 页；杨立新：《论家庭共同财产》，《政法学报》1994 年第 4 期。

④ 张佩国：《制度与话语——近代江南乡村的分家析产》，《福建论坛·人文社会科学版》2002 年第 2 期。

⑤ ［日］滋贺秀三：《中国家族法原理》，张建国、李力译，北京，法律出版社，2002，第 123—152 页。

滋贺秀三的基础上，俞江认为“中国社会中的财产归属状况主要表现为以小家庭所有和家户共有的形式”。[①] 张佩国也认为“家产的主体是模糊的‘家’而非个人”。[②]

无论是应然层面还是实然层面的法律研究，对于我们理解中国的家产制都有一定的启发。但是从整体上讲，这种二元对立的研究方法却存在明显的缺陷。如果说法律史的研究走上了经验研究的一个极端，回答“是什么”和“怎么样”的问题，那么民法学的研究则走上理论研究的另一个极端，仅仅试图去回答“应该怎么样”的问题。前者在方法论上采取的是归纳总结法，往往陷入经验现实而无法自拔；而后者采取的则是演绎推理法，容易脱离经验而远离生活。

一方面，对于分家制度的实践规则如何指导现实立法的研究不具有方法论上的合法性，因为从“是什么”和“怎么样”并无法顺当地推出“应该怎么样”的结论；另一方面，仅仅通过一个被标榜为具有普世意义的“所有权”理论来建构很难与生活相脱离的家庭产权法律，这往往会被现实生活内在的需求所规避从而导致法律无效，或者对现实生活的合理逻辑造成严重破坏从而导致法律专制。问题意识的对立与局限性决定了这两种研究方法很难实现真正的对接，而法学研究对相关立法的指导作为一种重要的理论追求恰恰又需要这两种方法的合作。

因此，对分家制度和家庭法律的研究应该采取一种“实践的法律社会学”态度，通过经验研究来充分展示转型社会对家庭本身的内在需求，从

---

① 俞江：《论分家习惯与家的整体性——对滋贺秀三〈中国家族法原理〉的批评》，《政法论坛（中国政法大学学报）》2006 年第 1 期。

② 张佩国：《近代江南乡村地权的历史人类学研究》，上海，上海人民出版社，2002，第 311 页。

而在法律制度上对这种社会需求给予正确的回应。遗憾的是，现有法律社会学的研究方法往往沉迷于具体的经验之中，走上法律史和人类学的理论套路，强调对法律现象的“理解”和“反思”，很难揭示出现实生活的需求从而对法律制度造成应有的影响。[①]这样一种重在“理解”和“反思”的研究，在法学研究“法条化”成风的背景下呼唤对现实经验的关注，显然具有重要的意义，我们可以称之为“理解的法律社会学”或“反思的法律社会学”研究。然而“理解”和“反思”并不是法学研究的最终目标，因为它发挥的法律指导意义远远低于应有的期待。当我们继续坚持对法律经验的“理解”和“反思”的同时，有必要推动法律社会学的研究走向“实

---

① 作为中国法律社会学研究的领头人，苏力对于强调政府运用强制力规制经济和社会的法制建设模式持批判态度，认为“中国的法治之路必须注重利用中国本土的资源，注重中国法律文化的传统和实际”。（参见苏力：《法治及其本土资源》，北京，中国政法大学出版社2004年版，第3-13页。）在“本土资源”理论的指导下，苏力对“中国基层司法的实际状况予以系统的研究和分析”，因为“许多关于法官的印象都是从书面来的，很少经验性研究”，在这种情况下，对“基层法官在解决纠纷上所体现出来的种种知识和智慧”认真研究，并且“以学术的语言来予以总结”，对于法治的建设或许可以有推动作用。（参见苏力：《送法下乡：中国基层司法制度研究》，北京，中国政法大学出版社，2000，第14-19页。）遵循苏力的脚步，强世功通过研究“中国法律新传统的法律治理化问题”，认为只有在法律的新传统中才能理解中国法治建设在当下所面临的种种问题。（参见强世功：《权力的组织网络与法律的治理化——马锡五审判方式与中国法律的新传统》，载强世功主编：《调解、法治与现代性：中国调解制度研究》，北京，中国法制出版社，2001，第238页。）深受苏力、强世功等主导的“北京学派”和贺雪峰领衔的“华中学派”的深刻影响，陈柏峰认为“当前中国法律社会学研究关注个案比较多，缺乏全局的田野经验”，“试图从地方性共识的视角，在村庄层面讨论农地调整的集体行动得以达成的原因，以此来理解农地承包的法律实践”，“进而丰富我们的法学理论”。（参见陈柏峰：《地方性共识与农地承包的法律实践》，《中外法学》2008年第2期。）综论之，现有法律社会学研究的关怀在于“跳出书斋，回到经验”，而其法学理论的基本抱负在于“理解”和“反思”中国法律在现实生活中的适应或不适应。

践”的道路。“实践的法律社会学”采取的是“从实践中来，到实践中去”的方法论，关注生活实践内在的规律和要求，并且将这种规律和要求提炼成为具有指导性的理论，再把这种理论置于生活之中进行检验。[①] 法律研究作为认识和改造中国的进路之一，应该“走向从实践出发的社会科学”，[②] 既不脱离于生活之外，醉心于理论的建构，也不沉溺于经验之中，满足于法律现象的“理解”，只有这样才能对中国法治的发展起到有益的指导作用。

二、以地权为核心的家产制及其分配

在农村家庭中，最主要的家产是土地及其附着物，包括耕地、宅基

---

① 提出“实践的法律社会学”主要是受到毛泽东实践论的影响。在分析理论与实践的关系时，毛泽东指出：“认识从实践始，经过实践得到了理论的认识，还需再回到实践去。……抓着了世界的规律性的认识，必须把它再回到改造世界的实践中去，再用到生产的实践、革命的阶级斗争和民族斗争的实践以及科学实验的实践中去。”（参见毛泽东：《实践论》，载《毛泽东选集》（第一卷），北京，人民出版社，1967，第 269 页。）

② 黄宗智认为中国革命在大革命失败之后所形成的独特的认识方法，即“实践论”，接近于现代人类学的参与式观察。正是这个传统为我们指出了一个方向：走向从实践出发的社会科学和理论。（参见黄宗智：“认识中国——走向从实践出发的社会科学”，《中国社会科学》2005 年第 1 期。）陈柏峰认为黄宗智的《过去和现在》就是一种“迈向实践”的法学研究，“这种研究有可能摆脱西方社会科学主流的主客二分法，成就真正理解中国法律实践的法治和法学理论”。陈柏峰指出：“源自西方实践的固有理论理解中国会有困难，自由主义法治理论对中国法律实践的解释有其非常明显的限度。解释中国法律需要从历史—现实的实践出发，要能沟通历史与现实、过去和现在，要有足够的历史感。”（参见陈柏峰：《“迈向实践”的法学——读黄宗智〈过去和现在〉》，《学术界》2010 年第 3 期。）显然，两位学者所呼吁的“实践的社会科学”，其主要关怀在于反思用西方理论解释中国问题的困境。从这个意义上讲，他们所主张的“实践”依然偏重于“理解”和“反思”，与笔者所主张的“回应社会生活的实践要求”有所不同。

地和房屋，可以说，农地产权正是家产制的核心。本章对农村家产制的讨论，主要就集中在土地财富的分配上。需要明确的是，土地财富的分配强调的并不是所有权意义上的产权分配，而是附着在土地利益之上的财富分配。本节主要探讨“农村分家模式的变迁是否改变以地权为核心的家产制的实践选择”这一基本问题。

（一）农村分家模式的变迁

在土地集体化之前，尤其是新中国成立以前，土地实行的是私有制度。这里所讲的私有制，主要是作为政治经济学意义上的概念，即不同业主之间可以对土地进行买卖交易。实际上从事交易的主体是两个家庭，而不是现代私有产权意义上的两个自然人之间。因为土地一旦进入家产的范畴，任何家庭成员（包括家父）都不能擅自处分。[①] 只有把家庭[②] 看成一个权利主体，才能够真正理解中国的土地制度。以华北为例，传统社会中的分家模式主要是多次性分家，即儿子结婚一个分出去一个。[③] 分家出去的儿子可以分得与其他兄弟均等的土地和房屋。均等的分配被认为是最基

---

① 张佩国：《私产的发育和共有的习惯——改革以来长江三角洲农民家庭财产关系的实践形态》，《东方论坛》2004 年第 1 期；俞江：《论分家习惯与家的整体性——对滋贺秀三〈中国家族法原理〉的批评》，《政法论坛（中国政法大学学报）》2006 年第 1 期。

② 家庭的概念具有很大的弹性，可以包括人口学意义上的户（即核心家庭），也可以包括社区意义上的家庭（即具有参与社区公共生活资格的成熟家庭，可能是核心家庭，也可能是联合家庭），也可以包括人类学意义上的家（即由祖先、我、后人共同构成的族）。本文所讲的家产可以在这几种不同的家庭概念中并用，因为家产制的根本属性是同居共财，只要符合此特征，都可以称为家产。因此，核心家庭、联合家庭、家族都可以有共享的家产。

③ 王跃生：《20 世纪三四十年代冀南农村分家行为研究》，《近代史研究》2002 年第 4 期。

本的原则，因为每个儿子都是家产潜在的管理者，家父作为现实中的管理者除了促进家产的增值之外，并没有更多自由支配的权利。家产只分给儿子，不分给女儿，因为女儿早晚是要出嫁的，不需要履行与其兄弟一样的家庭责任。①相对于集体时代而言，传统时代的家父在土地上的支配能力要高得多，他可以在分家之前名正言顺地为自己留一块养老地，并且在年老的时候将养老地交给某个儿子从而换取该儿子的赡养。②笔者在山东调研时，当地老人回忆新中国成立前的分家模式时指出，在一般情况下父母会选择与小儿子一起过，并且与其不分家，而养老地则与小儿子的土地混合在一起，共同耕作；在老人有劳动能力时，依然可以掌握小儿子家庭的“财政大权”，丧失劳动力之后，就由小儿子独立当家，并且履行赡养老人的责任。③总而言之，这个时期的分家模式是：多次性分家为主，父母与小儿不分家，养老地归小儿，小儿独立赡养老人。

到了集体时代，土地收归集体所有，并且由集体统一经营。因为耕地和宅基地都是由集体来支配，家庭财产只剩下极少的部分，因而给分家带来极大的便利。研究表明，这个时期的分家频率增大，尤其是多次性分

① 朱凡：《论我国家庭财产关系的立法缺陷及其完善——习惯法与现代法的冲突与协调》，《西南民族大学学报（人文社科版）》2004年第4期。

② 养老田是各地都存在的习惯，它的主要功能是帮助父母分家之后，仍可依赖此项田产生存。汪辉祖在劝父母留养老田时说：“顾余尝见衰老之人，尽将产业分授诸男。遇有所需，向诸男索一文钱不可得。仰屋咨嗟，束手饮泣。而不肖子孙且曰：‘老人已日受膳奉，何有用钱之处？’茹苦莫诉。故既分产，必须自留公项。生则为膳，死则为祭，庶可不致看儿孙眉眼。”（参见汪辉祖：《双节堂庸训》，天津，天津古籍出版社，1995，第102页。）另参考［美］马若孟：《中国农民经济：河北和山东的农业发展，1890-1949》，江苏，江苏人民出版社，1999，第89、105-106页；肖倩：《制度再生产：中国农民的分家实践》，上海，上海大学博士论文，2006年。

③ 林辉煌：《山东马村访谈笔记SD-WF-CL-YQ-MC-2011-10-4》，第34-37页。

家更加普遍。[①] 笔者在山东农村调研发现：集体时代的分家模式基本延续了前中国成立前的模式，父母仍然倾向于不和小儿子分家，但是由于老人已经失去了分配养老地的权利，因此在分家的时候往往强调所有儿子共同赡养；然而集体时代的工分制度和集体养老制度使得儿子的责任主要体现在对老人的护理上，而父母与小儿子不分家显然使护理任务基本上都落在小儿子身上，即使此前对其他儿子的养老责任有所约定；在小儿子看来，兄长“拒不履行养老职责”的行为伤害了自己的利益；而在其他儿子看来，老人在小儿子家里住，能给其带孩子、照料家务，理应由其承担养老责任。[②] 因此，儿子之间往往因为养老责任不平衡而产生矛盾，并且很容易通过婆媳矛盾和妯娌矛盾释放出来。化解这一家庭矛盾的机制，主要是来自集体的教育和家庭自身的调试。集体为了保证生产效率，经常会主动介入家庭纠纷的调解，并且以“婆婆学习班”和“媳妇学习班”等方式对农民进行道德教育。家庭自身的调试，主要是通过越来越多的全面分家来平衡养老责任。所谓全面分家，是指父母与所有儿子依次分家，包括小儿子。分家之后老人独自居住、与儿子分灶吃饭，直到丧失劳动力之后，由所有儿子共同赡养。简言之，这个时期的分家模式是多次性分家增多，但可分配家产减少，并且开始出现全面分家，老人没有养老地。

在后集体时代，即分户经营之后，土地依然是集体所有，但是家庭享有承包经营权，是土地利益的基本单位。与传统时代相比，这个时期的家产制度是被强化了。虽然农民家庭不能买卖土地，但是两个方面的政策使得当下家庭的财富可能进一步增长（不考虑税费因素的话）：一是农民家

---

① 王跃生：《集体经济时代农民分家行为研究——以冀南农村为中心的考察》，《中国历史》2003 年第 2 期。

② 林辉煌：《山东马村访谈笔记 SD-WF-CL-YQ-MC-2011-10-1》，第 22-24 页。

庭有从集体那里承包土地的法定权利，这决定了农民不会面临失地的风险；二是农民家庭可以相互之间进行可逆的土地流转，这将使得农民经营的土地可以扩大化。由于农民从土地上获得的收益主要在于耕作，而不在于买卖，因此后集体时代的农民家庭从承包地上可以获得的收益只会增加而不会减少。然而由于市场经济导致的家庭财富积累方式的变化，家庭财富日益向子代集中，父代对家庭财富的贡献越来越低，因而被不断地边缘化。[①] 另一方面，集体时代的养老模式不复存在，老人的赡养突然成为小家庭的一项大负担。在这种情况下，全面分家成为主导性的分家模式，甚至即使只有一个儿子也要进行分家。[②] 这里讲的独子分家，主要是在分爨独食的意义上，父母从家里分出去单过，在动弹不得时再由儿子料理。这种现象以前很少出现，而现在却比较普遍，它反映了市场冲击下代际关系的理性化。[③] 简言之，这个时期的分家模式是全面分家，独子分家，共同养老。

（二）家产制的实践选择

考察自传统社会以来的农村分家模式，虽然每个时期都有自己的特点，但是作为家产分配制度，其核心要素并没有改变，虽然有强弱之分。这个核心要素就是对同居共财的信念，即使这个信念在表现形式（多次性分家还是一次性分家）和程度（可供分配的家产总量差异）上已经有

---

① 阎云翔：《家庭政治中的金钱与道义——北方农村分家模式的人类学分析》，《社会学研究》1998 年第 6 期。

② 林辉煌：《山东马村访谈笔记 SD-WF-CL-YQ-MC-2011-10-2》，第 25-27 页。

③ 贺雪峰：《农村代际关系论：兼论代际关系的价值基础》，《社会科学研究》2009 年第 5 期。

所变化。同居，是指在分家前后，子代往往都会与父代居住在一起；分家前，同居一般意味着共食，分家后虽然不共食，但是房屋产权却没有彻底的分离[①]。共财，是指分家前后，家庭的财产保持着“模模糊糊的共有状态”；[②]即使分家后，也是“分中有继也有合”。[③]我们把这种以同居共财为核心所确立起来的家产分配制度称作家产制，以此区别于所有权意义上的继承制。

家产制的范围不是固定的，随着同居共财的程度而伸缩，大的可以发展为族产，中等的可以是联合家产，小的可以是核心家产。范围的大小并不影响家产制的性质，它的弹性使得不同区域、不同条件下的人群可以演化出不同的家产规模和家庭规模。这种衍化的差异不是弱化而是强化了家产制的意义，从而使得不同区域类型的家庭都可以有自己的社会适应能力。在这一点上，所有权制完全不同，因为它将所有家产的支配权利都赋予个人，只能形成以个体为中心的核心家庭。

家产制涉及三大家庭关系，首先最核心的是夫妻关系，尤其在现代社会，家产的创造和现实管理主要是由夫妻关系体现出来的；其次是代际关系，可以说家产制最本质也最重要的特征就在于代际之间对家产的共享性，分家前家长履行管理职能时不能损害子代对家产的“期待权”，分家时家长不能损害子代对家产的“均分权”，分家后子代不能损害父代基于赡养而享有的家产分配权利；最后是兄弟关系，这是家产制范围伸缩的关键，分家前兄弟共同享有均等的家产分配权，分家后兄弟家产往往因为互

① 林辉煌：《山东马村访谈笔记 SD-WF-CL-YQ-MC-2011-10-4》，第 34-37 页。

② [美]明恩溥：《中国乡村生活》，午晴、唐军译，时事出版社 1998 年版，第 322 页。

③ 麻国庆：《分家：分中有继也有合——中国分家制度研究》，《中国社会科学》1999 年第 1 期。

助并且在赡养老人时达成一定的联合。兄弟对家产的共享程度在不同的区域有不同的表现，相对而言，华南农村的共享程度高些，有较多的世家大族，而华北农村的家族规模偏小，华中农村的家族则尚未发育成熟。[①]可以说，家产的夫妻共享是婚姻稳定和个体家庭安全的基础，家产的代际共享是家庭纵向延续与再生产的保障，家产的兄弟共享是家庭规模横向扩展的条件。

通过对分家模式的考察，可以发现家产制是处理中国家庭财产分配的根本制度选择。分家这种看似财产分离的行为，并没有从根本上斩断夫妻之间、代际之间、兄弟之间对家产的不同程度的共享关系。人们在对待家产的观念和处理家产的行为模式上，并没有采取被认为具有现代性的所有权制度，而是保持传统社会以来的“模模糊糊的共有状态”。从经验上来讲，家产制的普遍存在因为具有保障多数家庭安全的功能，显示出极大的社会适应性。

但是问题到此并没有终结，而仅仅是开始。从“实践的法律社会学”视角分析，至少还有两个问题需要回答：1. 为什么家产制具有适应性？它是一种文化惯性还是社会生活实践的内在要求？ 2. 如果家产制是社会生活实践的内在需求，那么家庭法律应该如何面对这种社会需求？是遵从社会生活的内在需求，还是膜拜于西方的“现代”法律理念而继续生搬硬套？要回答这两个问题，我们首先必须弄清楚家产制的产权结构及其与所有权的区别。

---

① 陶自祥、桂华：《论家庭继替——兼论中国农村家庭区域类型》《思想战线》，2014年40（03）：59-68。

三、家产制的产权结构

（一）所有权与家产制

在西方的社会语境中，家庭财产作为一种所有权具有其合理性。这种合理性包括农耕文化的弱后、商品经济的早熟以及由于战乱而导致的长期社会不稳定，这些因素使得个体化的财产制度更有利于当地人的生活。[①]所有权制度可以保持家庭的核心化从而使其具有更好的流动性和灵活性，西方的家庭研究表明，核心家庭是西方社会一直以来的传统，其联合家庭的比例要远远低于同时代的中国。[②]

与所有权不同的是，家产制的本质在于家庭共同财产的配置结构，它在中国人的生活实践中具有深远的历史根基。[③]家产制的内核在于同居共财，不是个体而是作为整体的家庭共同分享财产。在制度的变迁与延续过程中，同居共财的家产制理想完成了三个层面的转化：首先是经济社会的内在需求转化成同居共财的实践，尤其是农耕文化的早熟与人多地少的基本格局造成资源的相对稀缺，从而使得同居共财具有现实的适应性；[④]其次是同居共财的生活实践转化成国家法律层面的制度要求，从而使家产制对于财产在家庭微观层面的配置具有普遍的约束力；[⑤]最后是家产制的法律实

---

① 汪兵：《诸子均分与遗产继承——中西古代家产继承制起源与性质比较》，《天津师范大学学报（社会科学版）》2005年第6期。

② 俞金尧：《欧洲历史上家庭概念的演变及其特征》，《世界历史》2004年第4期；舒晓昀：《英国工业革命时期的家庭类型分析》，《青海师范大学学报（哲学社会科学版）》2000年第2期。

③ 俞江：《家产制视野下的遗嘱》，《法学》2010年第7期。

④ 朱凡：《论我国家庭财产关系的立法缺陷及其完善——习惯法与现代法的冲突与协调》，《西南民族大学学报（人文社科版）》2004年第4期。

⑤ 马新、齐涛：《略论中国古代的家产继承制度》，《人文杂志》1987年第5期。

践转化为基本的家庭伦理文化，从而使得同居共财具有超越法律的道德自律，并且即使在法律否弃了家产制度之后依然能够成为约束家庭关系的伦理自觉。

由此可以建构家产制在实践上的三重结构，即社会需求意义上的家产制、法律文本意义上的家产制、伦理观念意义上的家产制。在这三重结构中，最容易变迁的是法律文本意义上的家产制，因为立法往往在反映生活需求与立法者理想之间摇摆，而立法者的理想与现实生活的需求又往往难以契合。伦理学意义上的家产制作为一种意识形态，一方面具有自身衍化的历史，有时候甚至能够将传统的触角延伸到现代生活之中，促成人们的无意识行为。然而意识形态终归是一种上层建筑，一旦脱离了社会生活的要求，它本身就可能只是浪漫的理想。从这个角度讲，社会需求意义上的家产制构成我们思考的起点和经验调查的基本诉求。

（二）家产制的基本结构

具体到产权结构上，历史和现实的经验展现了家产制的三个基本要素：

首先，家产具有公有性。公有性是指物的归属和使用是在一个集体的范畴内公共实现的，而不是个体性和共有性的。实际上，无论是个体性还是共有性，在本质上都是私有性质，共有仅仅是个体私有的加总。可见，公有是与私有相对立的，它强调家庭作为整体对家产的支配能力。公有性是对家产作为客体的规定性，它表明了家产的基本性质，即本质上的不可分、“分中有继也有合”和家庭伦理属性。本质上的不可分表现在同居共财的理想上，肆意地分割和出卖家产被认为是严重不孝的行为。“分中有合也有继”表现为即使分家，家产也不是彻底割裂，既有联合也有延承。

家庭伦理属性表现在家产具有传宗接代的宗教功能，[①]保持家产的完整性甚至成为一种道德要求。

与家产制不同的是，所有权客体具有私有性，强调个体对物的专有支配权。因此，所有权具有绝对的支配性和排他性。所谓支配性，表现为所有权人对物享有完整的占有、使用、收益和处分权能；排他性则表现为所有权人对物的支配具有排除他人干涉的权能。所有权客体的私有性确立了权属之间的清晰界限，但是并不排除两种特殊情况：一是私有权的集合，主要体现在共有制度上；二是私有权的残缺，及对特定物或对物的特定使用进行限制，此种限制往往以社会公共利益为其基础。[②]但是无论是私有权的集合还是残缺，并没有从根本上改变其“私有”性质。

其次，家产具有多主体性。多主体性是指同一个物上可以存在多个不同的权利主体，从而区别于物权法意义上的一物一权。历史和现实的经验告诉我们，家产制中的权利主体具有双重结构：一是现实生活中的具体主体，包括家长的直接管理权能、老人的基于赡养而产生的间接管理权能、子女基于抚养而产生的期待管理权能；二是时空序列中的抽象主体，包括现实家庭的直接管理权能、祖先的基于祭祀而产生的间接管理权能、后代子孙基于血脉延承而产生的期待管理权能。[③]这双重结构是一体两面，两者的结合共同构成家产制的复合主体。

与家产制不同的是，所有权主体具有一元性，即一个物上只能有一个

---

① 传宗接代作为一种价值理念植根于农民心中，它意在使农民把有限的生命寓于血脉的无限传递之中。参见杨华：《隐藏的世界：农村妇女的人生归属与生命意义》，华中科技大学博士论文，2010 年，第 236 页。

② 周其仁：《中国农村改革：国家和所有权关系的变化（上）——一个经济制度变迁史的回顾》，《管理世界》1995 年第 3 期。

③ 俞江：《家产制视野下的遗嘱》，《法学》2010 年第 7 期。

绝对的支配者，这就是所谓的“一物一权”。当然，这里也可能出现两种特殊情况：一是由所有权派生出不同的权能，而这些权能分别由不同的主体享有，例如用益物权人、担保物权人。这些析分出来的权能仅仅是次级的权利，并没有与所有权主体的唯一性构成冲突。二是所有权主体可以由不同的个体共同组成，作为整体成为一个所有权人。这个整体在本质上是可分的，即每个人都对自己所享有的份额享有独立的所有权，因此与所有权主体的一元性也不冲突。

最后，家产制具有身份性。身份强调的是由血缘或权威等力量构成的依附关系，在家产制中体现为家产的归属和利用是基于血缘依附关系而产生的。在家庭关系中，主要包括伦理关系和财产关系。财产关系不是独立而是依附于伦理关系，家产配置的根本依据在于血缘共同体，而不仅仅是取决于贡献能力。①

与家产制不同的是，所有权主体对客体的利用具有契约性。所谓契约，是指人对物的利用不是基于身份的依附，而是依据意思自治所达成的合约。从本质上讲，契约是对人与人之间关于物的利用的合意，它被认为是民法现代化的最重要标志，是私法自治的基本体现。②由此，所有权人只要愿意，可以对归属于自己的物进行任意的处分，而不受到包括血缘、权威在内的身份关联的限制。在家庭关系中，伦理关系与财产关系被明确割离开来，亲情归亲情，财产归财产，家庭财产法是物权法的构成部分，而不归属于伦理性极强的婚姻法或亲属法。

---

① 差序格局的家族伦理与家族共财观念是不可分割地纠合在一起的。参见张佩国：《私产的发育和共有的习惯——改革以来长江三角洲农民家庭财产关系的实践形态》，《东方论坛》2004年第1期。

② 参见朱勇：《私法原则与中国民法近代化》，《法学研究》2005年第6期。

值得指出的是，家产制对家庭财产公有性的强调并没有否认其对于产权明晰的相应追求。学界对家产制的研究常常存在某种程度的误解，认为家产制从根本上就反对产权明晰，这是对论述对象的混淆。家产制是一种家庭财产的分配制度，而产权明晰是强调对财产支配的独立程度，两者表述的范畴并不相同。因此，问题仅仅在于家产制和所有权制在对财产支配的独立程度上存在何种差异。经验表明，中国家产制并非完全的模糊不清，而是具有一定程度的产权明晰性，在特定情况下，这种明晰性甚至与所有权制不相上下。那么，家产制的产权明晰起于何处，又终于何处呢？作为一种财产配置方式，家产制在家庭内部是相对模糊的，这是本文多数时候所强调的；而在不同家庭之间，这种产权的清晰程度随着血缘关系的淡化而不断强化，直至毫无关系的家庭之间，其产权明晰程度与所有权制相等，正是在这里产权交易得以发生。从这个意义上讲，本文所展现的家产制与所有权制在产权结构上的差异主要是在家庭内部；而随着家庭的成熟和分裂，家产制度呈现出差序格局的复杂形态。

（三）家产制的实践形态

通过考察家产制在客体上的公有性、主体上的多元性以及主体作用于客体的身份性，我们可以建构出家产制的基本产权结构。它不具有现代民法的基本特性，而类似于传统“物权”对家产的支配规则。其在日常生活中的具体实践形态主要表现为分家制度。

分家是家产制对家产的配置过程，它不是对家产所有权的明细分割，而是对家产管理权能的再分配。在传统社会中，所有家产可以称为“业”，祖遗的家产则称为“祖业”（实际上所有家产都是要传递给子孙后代的，从这个意义上讲，所有家产都是祖业），家庭对家产的管理支配则为“管业”。

因此，家产制度也可以说是“管业”制度，它的本质不是所有权，而是管理权能。[①] 正因如此，家产制视野中的分家从根本上并没有否定家业的统一性，人们因为拥有共同的父亲或祖先，依然可以实现家产的联合，包括日常生活中的祭祀与互助。[②]

因为家产的属性，分家的本质在于分配管理权能，因此分家可以在父母去世前进行。研究表明，虽然传统法律倡导“父母在，不别居异财”，然而历史上的多数分家都是父母在世时完成的。[③] 父母为了防止老年时儿子出现赡养纷争，往往会提前对家产进行分配，并对老人的家产份额予以规定。在很多地方，分家时还会单独留出“长孙田”和不可分的族田，[④] 这实际上是家产主体多元性的具体体现。家产的公有性在分家时表现为诸子均分，父母并不能依据自己的意愿推行不均等的分家模式。家产的身份性在分家时则体现为传男不传女以及不许赠与外人。女儿不处于传宗接代的伦理序列中，在身份规定上仅仅是个寄居者，因此没有分享家产的资格。父母不能将家产赠送给不具有血缘关系的外人，因为父母终究不是家产的

① 在民间意识中，土地被看作“业”，正如寺田浩明分析过的，中国民间的土地秩序是以契约为基础的管业秩序，土地的典卖顶退批流推等等交易均未涉及所有权的转移，交易的对象是“管业地位”。如此说来，分家也仅仅是“管业地位”的交易。参见［日］寺田浩明：“权利与冤抑”，载滋贺秀三等：《明清时期的民事审判与民间契约》，北京，法律出版社，1998，第198—199页。

② 李飞龙：《1950-80年代中国农村分家析户的历史考察》，《古今农业》2011年第2期。

③ 根据王跃生对18世纪中国家庭的研究，有一定数量的分家是父母在世时发生的，占调查个案总数45.70%。参见王跃生：《20世纪三四十年代冀南农村分家行为研究》，《近代史研究》2002年第4期。

④ 俞江：《继承领域内冲突格局的形成——近代中国的分家习惯与继承法移植》，《中国社会科学》2005年第5期；谭同学：《乡村社会转型中的道德、权力与社会结构》，华中科技大学博士论文，2007年，第39—40页。

“所有权人”，而仅仅是家产的管理者，他的管理行为不能损害家产的完整性。

与家产制不同的是，所有权制度对物的分配在家庭中主要体现为继承制度。继承是所有权人将自己的产权转让给特定亲属的财产制度，它是所有权中的处分权能。既然所有权人对物具有排他的支配权，因此继承是所有权人意思自治的体现（遗嘱继承优先于法定继承）。被继承人可以根据自己的偏好来分配财产份额，儿子之间可以继承不同的份额；配偶、父母、女儿等家属也可能从被继承人的遗嘱中得到财产份额；被继承人也可以将自己的财产遗赠给外人。

弄清楚家产制作为一种特殊的家产配置制度所具有的产权结构及其实践形态之后，接下来就要考察“实践的法律社会学”对家产制所提出的第一个问题：为什么家产制具有社会适应性？

四、嵌入转型社会的家产制

当下中国正处于“千年未有之变局”，整个社会生活正在发生着巨大的转型。与西方社会有所不同的是，中国的社会转型与现代化建设同处于一个过程，如何在实现现代化建设的同时确保社会转型的顺利完成，对于中国将是一个巨大的挑战。研究发现，转型社会的稳定对于家产制有着强烈的需求。这种需求并不仅仅体现在农村社会，非常重要但却经常被忽视的是，城市生活以及现代国家发展对家产制也有强烈的内在需求。

家庭财产的分配被认为在城乡之间存在差异，即现代化的城市家庭采取所有权为基础的个人财产制具有较大的合理性，而农村家庭由于各方面的原因还存在家产制的残留，因此只要农村快速实现城市化，中国家庭法律的私有化就可以达成。[①] 要打破这种观点，本文的论证就必须从两个层面入手：1. 中国农村真正的城市化应该是长期的过程，而在这个过程中家产制有利于维护家庭的稳定从而有助于城市化的顺利进行；2. 城市家庭由于财富积累方式的个体化使得个人私有财产具有存在的合理性，但是家产制有利于补充国家养老能力的不足从而确保城市家庭的稳定和再生产，提升国家的整体竞争力。

（一）小农经济、城市化与家产制的适应性

农村的城市化在理论上和事实上都将是一个长期的过程。我们不必讨论“城市化率”仅仅是在统计数据上实现了城市化，这方面的证据很多；[②] 应该关注的是城市化在理论上应该呈现什么样态，即我们应该追求什么样的城市化以及这种追求对于中国整体社会发展的利弊。对于当前的发展中国家而言，城市化的道路无非两种：一是激进的“城市化＋贫民窟”，二是温和的“城市化＋农村”。南美和印度所采取的激进城市化道路，将大

---

① 现代化理论认为，随着工业化、现代化的进程，家庭会逐渐趋于核心化、非亲属化。“扩大的亲属关系网减弱，血缘联结方式瓦解……核心家庭成为更独立的亲属单位”（参见 Good, William S., World Revolution and Family Patterns, The Free Press of Glencoe, Cllier-Macmillan Limited, London, 1963:6）。现代化理论还认为，随着现代经济的全面发展，生产活动从家庭走向工厂。新的工业系统需要灵活的、适合流动的家庭形式——核心家庭；……由此导致现代化与亲属系统在许多方面的对立，扩大的亲属关系事实上不能适应现代工业社会，于是亲属关系结构就成为现代化进程中的一个牺牲品或曰障碍。（参见边馥琴、约翰·罗根：《中美家庭代际关系比较研究》，《社会学研究》2001 年第 2 期。）

② 贺雪峰、董磊明：《农民外出务工的逻辑与中国的城市化道路》，《中国农村观察》2009 年第 2 期。

量的农民赶到城市，但是国家经济总量的限制导致了这些进城农民并无法真正分享城市化的福利，反而造成更多的贫困、暴力等社会问题。中国作为一个人口大国和农业大国，走南美和印度的道路会引发各种更严重的社会动荡，对中国整体的经济发展也极其不利。[①] 因此，从理论上讲，一个温和稳重的城市化道路才是中国所应当追求的。从实践上讲，中国的经济发展根本无法在短期内将所有农民都吸纳到城市中并且过上有尊严的生活。虽然有些政策、有些区域的城市化显得过于激进，但是作为整体的中国城市化进程实际上是相对稳健的，这种温和的城市化实践的优越性正在被不断证实。

在长期的城市化进程中，处于转型农村社会的家庭经济模式对家产制有内在需求。当前农村家庭的经济模式主要是由小农经济和半工半农共同构成的。经历了集体时代的水利基础设施建设，以及在市场经济冲击下所形成的农民外出务工潮，当前的小农经济不再是能否解决温饱的问题，而是能否过上有尊严的农民生活的问题。[②] 根据我们的调查经验，当前全家留在农村的农民，很多都可以一家耕种二十亩左右的田，形成新的“中农”阶层。[③] 这个阶层的土地耕种量虽然有所增加，但是在本质上依然是小农经济，具体体现在其农业经营主要是靠强化“自我剥削”而不是采取资本化的模式。[④] 这就决定了农民收入主要依赖全家人的劳力合作以及对家产的统一支配。这种模糊的家产制有利于维持小农家庭的安全和再生产，而

① 贺雪峰：《反对积极城市化战略》，《南方周末》2008 年 5 月 14 日。

② 贺雪峰：《让农民过上有尊严感的生活》，《农民日报》2009 年 11 月 18 日。

③ 贺雪峰：《取消农业税后农村的阶层及其分析》，《社会科学》2011 年第 3 期；杨华：《农村土地流转与社会阶层的重构》，《重庆社会科学》2011 年第 5 期；林辉煌：《江汉平原的农民流动与阶层分化：1981—2010》，《开放时代》2012 年第 3 期。

④ 参见［俄］恰亚诺夫：《农民经济组织》，萧正洪译，北京，中央编译出版社，1996。

且从本质上讲，其家庭财产本身就不具有可分割性。

半工半农的经济模式是在市场经济的推动下形成的，其本质特点在于城乡之间的夫妻分工或代际分工。年轻人在外打工，老人和妇女在农村种田，表面看起来财产收入来源已经分开了，但是他们在家庭财产的支配上却是统一的。首先，外出务工者大多会按时向农村的家里汇款，[①] 务工或者务农依情况仅被视为一种兼业；其次，在教育、建房、结婚、看病等大宗开支上，所有家庭财产都是统一支配的；最后但也是最重要的，务工和务农的收入只有联合起来才能发挥作用，分割开来只会让家庭生活陷入困境。从这个意义上讲，半工半农仅仅是小农经济的另一个版本。由此可见，转型农村家庭的经济模式并没有改变对家产制的内在需求。

一方面家产制是转型农村社会的内在需求，另一方面家产制也是农村城市化顺利进行的产权基础。社会转型是在两个相反相成的过程中开展的，首先是社会转型必然会伴随着各种不稳定因素，其次是社会转型的顺利实现又需要一个相对稳定的环境。从产权的角度讲，社会转型会造成一定的产权重组，而产权重组的渐序发生又必须建立在一个相对稳定的产权结构上，从而保障农民在市场化失败的时候可以有后路可退。农村土地的家庭承包经营作为产权制度史上的一个创举，既保障了每个家庭可获得的土地利益（法律保障的承包经营权与土地的集体所有制度），又使得单独的个人无权处分土地利益，从而确保了家庭作为一个最基本的土地单位和财产单位的稳定性。这种强化的家产制使农民在市场经济中“进可攻、退

① 李实：《中国农村劳动力流动与收入增长和分配》，《中国社会科学》1999 年第 2 期。

可守”。[1]由此可见，坚持农地家庭承包经营的集体属性，就是坚持家产制的最主要方式，它构成了中国良性城市化的产权基础。

（二）养老模式与国家发展战略

即使城市化完成了，国家社会的稳定与发展依然对家产制有着内在需求。就现有中国城市家庭的研究来看，虽然个体私有财产有所增长，但是富有弹性的家产制并没有被打破。尤其是在城市房价飙升的背景下，模糊的家产分享制度有利于维护而不是破坏家庭的稳定。实际上，多数刚结婚的城市年轻人根本没有能力置办新房，一般都是由小两口和双方父母共同努力来完成的。[2]父母为子女置办新房，一方面是家庭伦理上的自觉行为，另一方面也是家产公有观念使然；父母年老之后，子女也会给予各种物质和精神上的赡养。[3]就目前而言，国家并没有能力完全负担家庭养老的责任，有很大一部分还需要靠家庭支持。[4]需要澄清的是，笔者并非认为只有家产制才能够成为家庭养老的基础，而是认为家产制具有更大的社会适应性：1. 家产制是中国传统的家庭财产分配制度，在相同的情况下制度的延续要比变革更有利；2. 家产制的相对模糊性强化了产权合作的便利性，因为家产的基本性质在于团结而不是分裂；3. 实践证明，家产制有利于维

---

① 贺雪峰：《取消农业税后农村的阶层及其分析》，《社会科学》2011 年第 3 期。

② 按照农村风俗，男方父母是在儿子婚前将其婚房盖好；在城市，也有相当多的父母是在儿子婚前将其婚房买好。参见李福路、马立飞：《关于分家析产、继承纠纷案件的调查报告》，《山东审判》2010 年第 4 期。另参见赵晓力：《中国家庭资本主义化的号角》，《文化纵横》2011 年第 1 期。

③ 边馥琴、约翰·罗根：《中美家庭代际关系比较研究》，《社会学研究》2001 年第 2 期。

④ 参见丁士军：《经济转型时期的中国农村家庭养老问题研究》，华中农业大学博士论文，2000 年。

护城市家庭的稳定性，减少家庭破裂的发生。[1]

由国家承担起所有家庭的责任，尤其是养老责任，不是一种可持续发展的战略。一方面，随着国家经济总量的发展，有必要投入更多的资源来发展各种公益事业，包括建立完善的养老制度、医疗保险制度；另一方面，过度的福利化对于国家的财政将构成极大的压力，不利于国家的发展与竞争力的提升。欧洲债务危机的发生显然是多种因素造成的，但是一个重要的原因就在于家庭养老的国家化使得国家财政不堪重负。[2] 在这种危机下，很多发达国家都开始反思家庭养老的重要意义。国家竞争力在很大程度上取决于国家财政是否能够实现优化配置，以较小的负担发展优势产业。从某种程度上可以讲，中国近年来的快速发展采取的正是一种较低成本的战略思路，家庭在其中积极承载了各种责任，作出了巨大贡献。这也许是中国现代化道路上的法宝之一。

由此可见，转型社会对家产制的需求不仅没有减弱，反而不断提升。是否能够维持和强化家产制的地位，抵御个体私权的过度侵蚀，这成为转型社会是否能够保障其基本的家庭经济模式从而推动现代化进程的核心命题。

然而，一方面转型社会对家产制的内在需求越来越高，另一方面市场经济对家产制也造成了重大的冲击。首先，老人从市场获得收益的能力很

---

① 参见潘允康：《试论中国核心家庭和西方核心家庭的异同》，《天津社会科学》1985年第2期；陈璇：《当代西方家庭模式变迁的理论探讨——世纪末美国家庭论战再思考》，《湖北社会科学》2008年第1期。

② 造成此次欧债危机的原因固然是多重的，……然而，从深层原因来看，过度慷慨的福利已使福利国家不堪重负，老龄化的加剧更使财务隐患日益显现，债务货币化正使福利国家走向债务国家。参见郑秉文：《从福利国家走向债务国家——欧债危机对中国养老金制度提出的改革清单》，《战略与管理》2011年第9期、第10期合编本。

低，务农收入在家庭经济禀赋中的比重越来越低，[①]严重影响老年人参与家产分配的话语权。[②]据我们调查，近年来由于赡养不足以及孤独而自杀的农村老年人日益增多，[③]这本质上是家产在代际之间分配失衡所导致的。其次，夫妻在市场经济中各自获得财产收益，这使得两口子在家产的分配中开始有了个体意识。近年来农村离婚率的上涨，[④]实际上与家产在夫妻之间的日益明晰化有关。最后，市场经济所推崇的自由主义激发了年轻人个体私权的想象，严重伤害了家产制的地位。显然，市场经济对“去家产制”(即私有权化)是有所需求的，而这种需求是以多数人利益受损为代价的。[⑤]

① 1978年只有4%的农民家庭收入来自于非农业收入，到1985年非农业收入占农民家庭总收入的比例增加到了31%，1998年这个比例进一步增加到了43%。1985年和1998年财产及财产转移收入大约占农民总收入的6%。如果忽略财产及财产转移收入，那么可以说在过去的20年里超过一半（大约为55%）的农民收入增加来自于非农业收入的增加。（参见D（美）.盖尔·约翰逊：《中国能否通过在农村创造非农工作职位来转移大部分农业劳动力》，载D.盖尔·约翰逊：《经济发展中的农业、农村、农民问题》，林毅夫、赵耀辉编译，北京，商务印书馆，2005，第134页。）另参见栾敬东：《“民工潮”的成因及社会经济影响深层分析》，《安徽农业大学学报》2004年第1期。

② 如果主要家产都通过继承而来，父亲的权威就会较大，因为他代表着整个世系的权威。反之，如果家产是由父亲与几个儿子共同创造而来，父亲的权威便会大大削弱。参见Sung, Lung-shen, “Property and Family Division” In Emily Ahern and Hill Gates, (eds.) The Anthropology of Taiwanese Society, pp. 361-378.Stanford: Stanford University Press, 1981:337。

③ 陈柏峰：《代际关系变动与老年人自杀——对湖北京山农村的实证研究》，《社会学研究》2009年第4期；杨华、范芳旭：《自杀秩序与湖北京山农村老年人自杀》，《开放时代》2009年第5期。

④ 参见贺雪峰：《动荡的婚姻与家庭——以川西平原农村调查为例》，《江西师范大学学报（哲学社会科学版）》2008年第2期。

⑤ 参见舒晓昀：《英国工业革命时期的家庭类型分析》，《青海师范大学学报（哲学社会科学版）》2000年第2期；张永健：《家庭与社会变迁——当代西方家庭史研究的新动向》，《社会学研究》1993年第2期。

转型社会对家产制的需求与市场经济对私有权的需求，这两者的冲突构成当下家庭政治经济学的根本命题。所谓转型社会对家产制的需求，是从最大多数人受益的角度出发的，因为一个稳定的有产家庭和有秩序的社会是多数人的根本利益所在；所谓市场经济对私有权的需求，是从资本（少数人）受益的角度出发的，因为一个以私权为基础的产权结构有利于劳动力和财富的自由转移和积累。问题的本质在于，资本的扩张总是给少数人带来福利，而多数人往往成为牺牲品。所以，家产制的问题就不仅仅是一个人类学或社会学问题，更是关系国家发展战略的政法学问题。这就有必要反思中国家庭法律在处理家产制问题上的基本理路，从而回答“实践的法律社会学”所提出的第二个问题。

五、围绕土地产权的家产法

法律的产生不应该是空想的结果，而要满足社会发展的内在需求。一切脱离现实生活的立法都将被束之高阁，从一开始就丧失法律效力。然而社会生活的需求是多样化的，法律反映的是社会生活的主要需求，即符合最广大人民利益的社会需求，这是法律的生命力与合法性之所在。[①] 当我们评判立法的正确性或合法性时，社会发展的主要需求是我们

① 法律行动的能动主义者认为，法律实践应当积极回应社会的需求，不仅要救济法律化了的道德权利，而且也要维护应被法律化但却未被法律化的道德权利。因为制度的实践必须要与伦理、道德甚至是人心相匹配，一旦法律与道德、伦理之间的联系被割断了，那么不仅正式的社会控制（法治）因此失去了非正式的社会控制（德治）在结构上所给予的支撑，进而使得法律治理无法发挥应有的效果；而且也会导致整个社会控制系统的不稳定，进而造成社会秩序的混乱。参见方乐：《法律实践如何面对“家庭”》，《法制与社会发展》2011 年第 4 期。

基本的判断标准。

(一)家产法的社会适应

传统社会中的法律对家产制有明确的规定，极力提倡和保护，并且要求对违背者予以惩罚。入东汉后，父母在世时与诸子别居异财的现象，遭到统治阶级的否定与社会舆论的谴责。到曹魏时代，法律明文规定:“除异子之料，使父子无异财也。”[①] 至唐朝则更严格地规定:“诸祖父母、父母在而子孙别籍者徒三年。”[②] 宋代皇帝亦屡屡下令，“祖父母、父母在者，子孙不得别财异居”，甚至规定:“察民有父母在而别籍异财者论死。”[③] 清律规定:“祖父母、父母在者，子孙不许分财异居。(小注:此谓分财异居，尚未别立户籍者，有犯亦坐满杖。)其父母许令分析者，听。”[④]

从清末修律开始，大陆法系的民法体系逐渐从日本引进，开始了对家产制的所有权改造。其中，最重要的就是以“继承制”取代“分家制”。导致中国法学统一使用“继承”概念的文本是《大清民律草案》。《大清民律草案》第五编第一次明确而统一地使用“继承”，并且在该草案继承编“定名”中阐明了学习西法的决心。[⑤]《大清民律草案》虽未承认分家习惯，但从第1463条中却可看到分家习惯的影子。民国大理院时期，即1912年至1928年这段时间内，《现行律民事有效部分》关于分家析产的规定，已经形成较为完善的体系。1930年12月26日，国民政府公布《民国民法典》

① 参见《晋书·刑法志》引《魏律序略》。
② 参见《唐律疏议》卷12。
③ 参见《宋刑统》卷12。
④ 参见《大清律例·户律·户役》“别籍异财”律下“条例”。
⑤ 参见《中华民国暂行民律草案》第五编“定名”，法政学社印行，1912年。

“继承编”，彻底抛弃了大理院时期采用的分家制。分家制退出国家法后，至今以民间习惯的形态保留在中国农村。[①]

新中国成立以来，法律对形式上的家产制依然没有规定，但是实质上的家产制却一直活跃在法律体系中，并且经历了从虚化，到强化，再到弱化的变迁过程。

新中国成立后的前三十年，由于特殊的国际国内形势，打破家产制、实行集体化是当时实现工业化和农田基础设施建设的根本需求。[②]为了适应这种社会需求，1954年、1975年《宪法》和1950年《婚姻法》以及有关人民公社的政策对家产制进行了虚化，为集体制创造法律条件。由于土地集体所有、集体经营，从根本上虚化了家庭作为一个产权主体的地位。生产队基本取代了家庭的功能，成为一个独立的产权单位。而家庭所剩的大宗财产只有房屋和少量自留地。

20世纪80年代之后，工业已经取得的发展缓解了其对农业的提取力度，再加上集体制所需的监督成本过大，中央决定从新确立家庭的产权地位。实践证明，家产制对于调动农民的生产积极性具有天然的优越性，这也许是长期存在的小农经济结构所决定的。然而实践也证明，建立在私有产权基础上的家产制并不具有稳定性，由于各方面的原因，家庭之间的土地买卖总是会导致地权严重的分配不均，大量农民丧失土地而导致破产。[③]另外，建立在私有产权基础上的家产制也不利于公益事业特别是水利建设

① 俞江：《继承领域内冲突格局的形成——近代中国的分家习惯与继承法移植》，《中国社会科学》2005年第5期。

② 周其仁：《中国农村改革：国家和所有权关系的变化（上）——一个经济制度变迁史的回顾》，《管理世界》1995年第3期。

③ 土改后农村普遍的中农化就是一个明证。参见王瑞芳：《新中农的崛起：土改后农村社会结构的新变动》，《史学月刊》2003年第7期。

的达成。土地公有制下的家庭联产承包制，既可以发挥传统家产制在调动生产积极性上的优点，又可以避免传统家产制的困境，无疑是社会主义土地制度的一大创举。对“实质的家产制”的规定集中在《婚姻法》，与1950年的版本不同，1980年《婚姻法》使用的概念是“夫妻共同财产”。但由于《婚姻法》又规定夫妻之间、代际之间的扶助、赡养、抚养义务，可以认为“夫妻共同财产不过是‘家庭财产制’的一种（蹩脚的）法律表述”。[①]

关于家庭财产的具体内容散落在其他法律政策中。1986年《土地管理法》规定了“土地的承包经营权受法律保护”，确定了家庭作为土地承包利益的基本单位；1998年《土地管理法》规定“农村村民一户只能拥有一处宅基地”，且“村民出卖、出租住房后，再申请宅基地的，不予批准”，从而确定了家庭作为宅基地使用的基本单位；《民法通则》确定了房屋属于公民个人财产，在实际生活中尤其是在农村，这个规定转化为“房屋属于家庭公有财产”。1993年最高人民法院《关于人民法院审理离婚案件处理财产分割问题的若干具体意见》中视“夫妻共同财产”（实质上的家产制）的共有性（实质上的公有性）为家产的默认属性，并且个人财产往往被家庭财产所吸纳。由此可见，虽然法律的形式文本倡导“私有权制”，但是在一些重要的规定上却导致“强化版的家产制”呼之欲出。

可以认为，围绕着土地产权的家庭财产法一直延续了古代家产制。家庭承包的集体土地不会因为结婚或离婚而立即发生法律变更；家庭人口的不断变动导致村庄要经过一段时间之后重新在家庭之间进行“调地”；宅基地划分也是按照家庭来进行的，离婚不可能导致宅基地的分割；城市的房屋产权虽然登记在家庭成员一方的名下，但在法律上也属于家庭财产，

---

① 赵晓力：《中国家庭资本主义化的号角》，《文化纵横》2011年第1期。

以至于房屋购买合同要求夫妻双方签字。[1] 从“实践的法律社会学”视角看，中国家产法一直努力维持了对现实生活内在需求的回应。

容易引发争论的是，家产制作为一种复杂的产权结构（而不是简单地私权结构）往往被认为是中国经济发展的绊脚石。著名的美国法学家埃里克森在最近的一篇文章中指出，中国的传统法律和习俗禁止土地权利的完全转让。1949 年以前广泛存在的典这一习俗给予出卖人及其后裔以原始价格赎回出卖土地的权利。他认为，典的存在不利于土壤的保存和土地的改良；尤其是在 1600 年以后，这成为中国落后于英国的重要原因。而在 1951 年到 1978 年间大规模的土地集体化实验之后，中国政府于 1981 年批准授予私人土地使用权（实际上是家庭土地使用权）。但政府并没有批准土地的完全买卖，相反，它只允许固定期限的土地使用权，比如 50 年的城市工业用地使用权。埃里克森认为，这种将地权复杂化的法律政策会导致对土地的不合理利用和减少对土地改良的投资。因此，这项政策除非被改革，将会如典一样削弱中国维持非凡的经济发展速度的能力。[2]

这样一种观点代表了当前主流的产权私有化话语，然而这种话语是建立在美国已经现代化的大农场基础之上的，完全脱离了中国社会的现实和需求。首先，对于一个超级人口大国，中国农业的根本使命首先在于解决多数人温饱的安全问题，而家产制（包括典权 [3] 和承包经营权在内）的核

① 强世功：《司法能动下的中国家庭——从最高法院关于〈婚姻法〉的司法解释谈起》，《文化纵横》2011 年第 1 期。

② 埃里克森：《复杂地权的代价——以中国的两个制度为例》，《清华法学》2012 年第 1 期 。

③ 可以说，典权制度的产生是中国人在面对原始生存欲望和根深蒂固的家族名誉之间的尖锐冲突时所迸发的民族智慧。参见林辉煌：《典权习惯与民族精神》，《财经政法资讯》2008 年第 2 期。

心功能就在于保障多数人的安全，它是智慧的中国人民在实践中摸索出来的经验。整体社会的安全显然要比以资本集聚为代表的经济发展要来得重要。其次，私权化所导致的规模经营虽然造福了少数人，但是却致多数农民陷于无产化的苦痛之中，这不仅无法推动经济的良性发展，反而造成更大的社会动荡。[①] 再次，从笔者在中国十余省份的农村调研经验来看，影响农民种田积极性（包括土地投资和规划）的因素不是家产制主义的承包经营权，而是私权化改革所带来的农业生产合作上的瓦解，尤其是在农田水利上的合作。[②] 最后，以土地承包经营权为典型的家产制（小农经营）被证明要比规模经营具有更高的效益，而不是相反，这就从根本上否定了"私权化 = 高效益"的神话。[③] 令人担忧的是，私权化的主张在近年来的讨论中日益占据上风，对家产制度造成巨大的冲击。

（二）家产法的私权化

进入 21 世纪之后，立法和司法在家产法体系中推行私有权的意图与行动不仅坚决，而且来势汹汹。2001 年全国人大对《婚姻法》作出了全面修改，明确划分了"夫妻共有财产"与"个人拥有的财产"，同时 2001 年《最高人民法院关于适用〈中华人民共和国婚姻法〉若干问题的解释（一）》

---

① 契约自由被延伸到了土地，这对于广大农民而言是一种侵害。从 19 世纪 70 年代开始，西欧国家就开始通过立法对这种肆无忌惮的私权化进行限制，以此来保护社会的安全。参见（英）波兰尼：《大转型：我们时代的政治与经济起源》，冯钢、刘阳译，浙江人民出版社，2007，第 155 页。

② 林辉煌：《水利的依附性：水土关系视阈下的中国农田水利》，《中国农业大学学报（社会科学版）》2011 年第 2 期。

③ 贺雪峰：《论农地经营的规模——以安徽繁昌调研为基础的讨论》，《南京农业大学学报（社会科学版）》2011 年第 2 期。

（即司法解释一）特别强调，个人财产不因婚姻关系而转化为夫妻共同财产，由此引发了“婚前财产登记”的浪潮。从 1980 年《婚姻法》到 2001 年修订《婚姻法》，遵循的是以不断扩大公民个人自由权利、保障意思自治为立法理念的。例如，夫妻财产制度从单一的法定共同财产制到法定财产制与约定财产制并立，再到约定财产制的完善与个人特有财产制度的确立，这一变化的进程表现为不断地扩大夫妻个人决定其财产状况的自由权利。①

正如前文所言，最重要的家产是围绕土地利益形成的耕地承包经营权、宅基地使用权和房屋产权。除了宅基地之外，法律在耕地承包经营权和房屋产权的“私权化”努力已经逐渐成为一种实践，对每个人都将产生深刻的影响。

耕地承包经营权的“物权化”是从二轮延包开始的。随着 2007 年《物权法》的颁布，作为最重要的家产，耕地的承包经营权实现物权化。2008 年党的十七届三中全会《决定》提出“现有土地承包关系要保持稳定并长久不变”的要求。表面看来，耕地承包经营权的物权化和长久不变强化了家庭的土地利益，法律文本的表述也是如此。结果可能是，一方面土地利益的固化弱化了家庭承包经营的制度优势，削弱了集体组织的统筹能力从而极大地增加公共品供给的成本，给农民的土地耕作造成了极大的不便，削弱而不是强化农民家庭的利益。②虽然法律文本依然将家庭作为土地承包主体，但是从对出嫁女承包经营权进行保护的强调

---

① 马忆南：《婚姻家庭法领域的个人自由与国家干预》，《文化纵横》2011 年第 1 期。

② 林辉煌：《水利的依附性：水土关系视阈下的中国农田水利》，《中国农业大学学报（社会科学版）》2011 年第 2 期。

上，[①] 可以自然地推演出土地承包经营权的个人化倾向。[②] 于是，土地利益的家庭公有性被打破了。

房屋家产制的瓦解，是从 2003 年最高人民法院关于《婚姻法》的“司法解释二”开始的。“司法解释二”不仅明确了房产分割按照市价进行分割，而且特别规定：双方都主张房屋所有权的，采取市场竞价的方式来确定产权。这种市场竞价的方式表面上体现了公平，而实质上只有利于家庭中货币化经济能力较强的一方。[③] 在 2010 年最高法院关于《婚姻法》的司法解释的征求意见稿中，进一步强化了家庭财产分割的市场逻辑，集中体现在该意见稿第 11 条的规定：用“个别财产制”逐步取代“家庭财产制”，把家庭变成是分别拥有个人情感和财产的两个人组合在一起的合伙生意。[④] 该条略作修改后成为 2011 年正式出台的“解释三”的第 10 条。

近三十年来的《家产法》可以说是沿着“家产制所有权化”的路线在发展，从而不断远离转型社会对家产制的内在需求。在产权客体上，大宗家产中除了宅基地之外，耕地经营权和房屋产权都已经“私权化”了，不再具有公有性。在产权主体上，个人逐渐取代家庭成为法律上的产权主体，无论是夫妻共同财产还是家庭财产，其主体都是所有权者的联合，因此家产主体的多元性被所有权主体的一元性所取代。在产权的配置上，分

---

① 对于妇女土地利益的保护并没有问题，关键是赋予权利的同时要规定相应的义务；如果相应的义务在现实生活中并没有履行的可能，纯粹地赋予权利只会带来更多的问题。

② 陈端洪：《排他性与他者化——中国农村“外嫁女”案件的财产权分析》，《北大法律评论》2003 年第 2 辑。

③ 强世功：《司法能动下的中国家庭——从最高法院关于“婚姻法”的司法解释谈起》，《文化纵横》2011 年第 1 期。

④ 方乐：《法律实践如何面对“家庭”》，《法制与社会发展》2011 年第 4 期。

家被解释为提前继承或者赠与行为，子女具有同等的财产的权利，显然家产配置的身份性已经被契约性所取代。至此，家产制的所有权化在法律上基本确立起来。家产制的所有权化在本质上是将家产的身份关系彻底转化为契约关系，显然这将极大地减轻了司法机关处理家庭财产纠纷的麻烦。

考察家产法律的变迁，可以发现中国家庭法律发展的三大趋势：第一个趋势是家庭法律的物权化，即原本身份性极强的家庭法律日益转变为物权化的契约关系。《民法通则》创造性地将人身关系确定为其调整对象，这就使得作为独立部门法的《婚姻法》找到了进入民法体系的接口。不仅家庭财产的身份性被否弃，而且家庭关系也不断地契约化，整个婚姻法就像物权法的一个分支。第二个趋势是家庭法律的资本化，即家庭法律日益回应资本扩张的需求而不断为其创造条件。这个趋势是建立在第一个趋势之上的，家庭财产的契约化为资本扩张所必需的个体自由和财产交易自由建立了法律平台。第三个趋势是司法机关的自利化，即家庭法律的制定与修改日益满足于司法机关自身的利益。将家庭财产私权化、人身关系契约化之后，很多财产纠纷就可以通过当事人的意思自治来避免，即使真有纠纷发生，法官也可以按图索骥，非常便利地将家事纠纷解决掉。[①]

综观家庭法律的发展，尤其是《婚姻法》解释三的出台，似乎有意将《婚姻法》变成一部《物权法》和《离婚法》，多数的条款都是为了离婚和财产争夺的便利而设定的。实际上，按照婚姻法对家产公有的否弃与对离婚条件的简约化设置，中国人的结婚以及对婚姻的维持将越来越难，而离婚则越来越容易。接下来的问题就是：到底家庭法律是要促进家庭的稳定，还是要促进家庭的破裂？很显然，家庭的稳定是多数人的根本利益所在，是

① 顾骏：《司法解释与生活逻辑的背离》，《文化纵横》2011 年第 1 期。

维持社会秩序的根本利益所在，是保障国家发展的根本利益所在。如果现实生活存在不利于家庭稳定的因素，那么家庭法律应当是抑制而不是助长这些消极因素的发挥。

六、本章小结

对家产制和家庭法律的研究应该采取“实践的法律社会学”态度，通过经验研究来充分展示转型社会对家庭本身的内在需求，从而在法律制度上对这种社会需求给予正确的回应。考察分家模式的历史变迁，可以发现家产制是处理中国家庭财产分配的一种重要的制度选择。在产权结构上，家产制具有客体上的公有性、主体上的多元性以及主体作用于客体的身份性等三大特征，从而区别于西方所有权制度。这种特殊的家产制度是中国转型社会的内在需求，因为中国农村的城市化是一个长期的过程，而在这个过程中家产制有利于维护家庭的稳定从而有助于城市化的顺利进行；另外一方面，家产制有利于补充国家养老能力的不足从而确保城市家庭的稳定和再生产，提升国家的整体竞争力。

家庭法律“去家产制”的发展趋势与转型社会对家产制的内在需求完全背离，一方面使家庭法律面临“合法性危机”，另一方面也助长了破坏家庭稳定的消极因素。发达国家对家庭功能发挥的重新重视可以给我们提个醒：作为发展中国家的我们应该发挥家庭原本所具有的优势，尤其是在维护社会稳定上的作用。如果此判断准确的话，那么中国的家庭立法应该有所转向，回归新的家产制，并以其为中心确立起“发展型家庭法律”体系。

家庭在市场资本化和法律私权化的双重挤压下面临破产的危机，这将对社会稳定造成巨大的破坏。社会的发展对家庭的稳定有着根本需求，而市场的资本化则在客观上弱化家产制进而影响家庭的稳定；在这种情况下，家庭法律不仅没有给予支持，反而在法律上彻底否定家产制，从而导致家产制在现实生活与法律制度上的双重困境。一旦家庭大量破产（农村的自杀潮和离婚潮是重要的标志），社会稳定就丧失了内在的保障，从而引发一系列的社会问题。这将极大地影响中国现代化建设的进程。

20 世纪 90 年代以来，为应对经济全球化的挑战，西方福利国家开始重新强调家庭的责任，现代社会显然并没有取消家庭的重要性。① 现代化理论认为家庭核心化是西方工业化的重要原因和重要结果，随着现代化的完成家庭功能将逐渐被国家所取代。然而研究表明，西方家庭的核心化在工业革命之前就一直如此。说家庭核心化的历史条件促进了西方工业革命的发生也许有道理，②但是工业革命必然引发家庭的核心化并且取消家庭的功能则很难站得住脚。③ 事实上，在家文化具有传统渊源的东方发达国家中，日本就一直强调家庭功能的重要性。日本作为亚洲较早进入老龄化同时经济较发达的国家，也正在为社会养老保障的高成本担心，政府将

① 张秀兰、徐月宾：《建构中国的发展型家庭政策》，《中国社会科学》2003 年第 6 期。

② 王跃生：《中世纪中西财产继承的差异对人口发展的影响》，《史学理论研究》1999 年第 2 期；舒晓昀：《英国工业革命时期的家庭类型分析》，《青海师范大学学报（哲学社会科学版）》2000 年第 2 期。

③ 现代化可能仅仅是缓慢地改变家庭代际成员间共同居住的形式。在具有几千年家族传统文化的中国，家庭关系不可能随经济社会的现代化而旋即瓦解。更有可能发生的变化是，代际之间的同住关系随经济的发展、生活水平的提高、住房制度的改革、住房条件的改善、社会保障制度的改革，相对弱化。但如同美国的家庭关系一样，即使中国已经实现了现代化，中国家庭代际之间的紧密联系、家庭的社会保障功能也不会消失。参见边馥琴、（美）约翰·罗根：《中美家庭代际关系比较研究》，《社会学研究》2001 年第 2 期。

老年人与成年子女共同居住看成是独特的资产，这种共同居住有助于将社会养老保障的成本转移到家庭。[①]多数研究认为，发展中国家不必走西方国家所走过的建立正规的老年人社会保障的道路，因为各个国家在社会、经济、文化背景上有很大的差别，设计一个新的正规的老年人社会保障制度也将是十分昂贵的。因此改革传统的家庭养老保障体系以适应现代化的要求应是许多发展中国家的首要选择。[②]可见，在中国现代化建设的道路上，要破除"家庭必须核心化及去功能化"的误解——这种误解具有巨大的危险性——遵循社会生活的内在需求，并且将这种需求通过法律予以明确和保护。

中国的家文化源远流长，家产制也拥有极长的发展历史，虽然近年来遭到某种程度的破坏，但是作为一种习惯法依然在广大家庭中发挥作用，并且构成转型社会的基本需求。家产制作为一种制度，承载有三种不同的历史资源。如果我们准备重建家产制，它应该是吸取了三种历史资源的新家产制。新家产制要继承的第一种历史资源是传统社会家产制的公有性和伦理性，要保持家产尤其是大宗家产的公有性（不是共有），并且赋予家产一定的伦理色彩，毕竟它的主要功能是维持家庭的稳定而不是进行市场交易。公有性和伦理性可以确保家产的完整性，提高家产分割的成本。第二种历史资源是新中国成立以来家产制所特有的集体性和统筹性，主要是在土地产权方面。集体性可以保证每个家庭都能分享土地利益并且不至于

① Ogawa, Naohiro and R. Retherford, 1997, Shifting Costs of Caring for the Elderly Back to Families in Japan: Will it Work? Population and Development Review 23(1):59-94.

② 丁士军：《经济转型时期的中国农村家庭养老问题研究》，华中农业大学博士论文，2000年，第14页。

造成地权分配不均，而统筹性是要发挥统分结合的双层经营制度中“统”的功能，促进公益事业的达成。第二种历史资源有点类似于传统族产的“集体加强版”。第三种历史资源是当前家庭法律中对于主要用于参与市场交易的财产的私有性，因为市场经济的发展已经在很大程度上改变了家庭财产的积累方式，只要在确保大宗家产公有性的前提下，可以适当地回应市场本身的需求。毕竟要完全避免市场和资本不仅不可能，而且也没有必要。关键是如何通过具有战略性的法律政策设计，保护家庭稳定的同时用好市场的资源。

战略性的家庭法律设计应该围绕着家庭的稳定和发展来展开，我们可以将其称为“发展型家庭法律”。“发展型家庭法律”的基本理念是：家庭对人们的生存质量和发展机遇都具有决定意义，政府用于增强家庭功能的投入实际上是对社会未来的投入。[①]“发展型家庭法律”包含三层概念：首先，这是一个有关家庭的法律群，而不是一个单独的法律。同时这个家庭法律群应该自成体系，有自己的精神品质和法理追求，而不应该依附于民法甚至物权法。要明确家庭法的身份属性和伦理属性，努力构造和保护家庭作为精神世界的家园，而不是彼此算计的资本市场。其次，“发展型家庭法律”以家庭稳定为基本追求，使家庭法律在维护家庭的安全而不是破裂上发挥作用。强调家庭的稳定并不是要否定离婚自由和个人的权利，而是在整个家庭法律的设计理念上强调稳定，不去推动家庭的破产。这其中非常关键的是坚持新家产制作为家庭产权的基础。

① Department of Family and Community Services, Commonwealth of Australia, Stronger Families and Communities Strategy, 1999, www. facs. gov. au. The Stationery Office, U. K. Supporting families, 1998, www. homeoffice. gov. uk.

最后，“发展型家庭法律”是具有发展性的，即家庭法律随着社会主要需求的变化而不断发展。这意味着家庭法律应该具有推动社会发展的功能，同时也有自我进化的空间。任何法律都不应该是死的，而应该成为一种“活法”。

根据“发展型家庭法律”的三层要求，我们可以尝试建构出一套完整的家庭法律体系：

首先是家庭财产法。“发展型家庭法律”的核心是新家产制，可以制定单独的家庭财产法，从而区别于家庭财产之外的财产法律。家庭财产法规范的主要内容是大宗家产，包括耕地承包利益、宅基地利益和房屋利益。可以对继承法进行修改，对分家制度给予确认和规范。

其次是家庭身份法。除了家产之外，家庭关系也是家庭法律规范的重点，应该包括婚姻关系的确立和解除、夫妻关系、抚养关系、赡养关系等。该法律要明确其身份性和伦理性，反对所谓的“契约化”倾向。

再次是弱势群体保护法。包含现有的《中华人民共和国老年人权益保障法》《中华人民共和国妇女权益保障法》《中华人民共和国未成年人权益保护法》《中华人民共和国反家庭暴力法》，并且强化其对违法者的惩罚功能，进一步维护家庭的稳定与安全。

最后是建立家事法庭。因为家庭矛盾的特殊性，设立专门的家事法庭可以更有针对性地处理有关家事纠纷的案件。家事法庭的法官设置、程序设置等应该适应于家事纠纷的解决，司法机关不应当为了自身的便利而将所有矛盾都转移给当事人。

第四章

土地流转与阶层分化

改革开放三十年来，经济社会的巨大变迁激活和重组了农村的各种利益关系，最为明显的是土地自发流转的日益频繁。伴随着土地流转的大量发生，村庄出现明显的经济社会分层，主要包括富裕阶层、“中农”阶层、半工半农阶层和贫弱阶层。这里的阶层分化不仅仅是职业意义上的，而且与乡村治理主体直接相关。

一、阶层分析的视角

阶层分析是认识和改造社会的重要武器，从政治经济学的意义上讲，它是要回答国家建设“依靠谁、团结谁、打击谁”的战略问题[①]。对于中国社会而言，占绝大多数的农村地域和农村人口构成了思考中国阶层问题的根本起点。作为中国现代转型过程中的“稳定器”和“蓄水池”，农村的稳定和发展直接决定了整个现代化事业的成败；作为国家政权体系的最末端，农村的阶层格局构成了接应国家力量的基本框架。

从改革开放开始尤其是税费改革之后，农户从有关土地的法律政策中获得越来越多的利好资源，而税费的免除使得农民可以更容易地摆脱土地的束缚；另一方面，市场经济的发展对廉价劳动力有着内在的需求偏好，由此引发了近年来大规模的农民进城务工现象。伴随着人财物大量外流的城市化进程，农村利益开始重组，尤其明显的是土地流转的加速以及由此形成的新的阶层分化，这对新时期的乡村治理将产生重大影响。

关于土地流转与农村阶层分化的研究主要有两个面向：第一个面向强调农民分化对于土地流转的影响，认为农村社会阶层的土地流转意愿、行为选择各不相同[②]；因为不同的农民阶层由于其职业、文化程度、收入来源等阶层构成特征的不同，必然对土地价值的认识产生差异，而这种差异，具体表现在不同阶层对土地的依赖程度上，在农村土地流转中，也就是对

---

① 毛泽东同志在新中国成立前就深入农村，在调查研究的基础上，写了《中国社会各阶级的分析》一文，解决了“依靠谁、团结谁、打击谁”这一“革命的首要问题”，成为党在民主主义革命时期分析阶级阶层结构的基本出发点。参见毛泽东：《毛泽东选集》(合订本)，人民出版社，1973，第3-11页。

② 陈成、、赵锦山：《农村社会阶层的土地流转意愿与行为选择研究》，载《湖北社会科学》，2008年第10期。

不同土地产权制度的偏好[①]；对于以农业收入为主要来源的阶层，他们更看重承包权的稳定性、继承权等，而对于以非农收入为主要来源的阶层，则比较看重土地的转让权和抵押权[②]；在资本和权力共同推动的大规模土地流转中，在外经商的农民和常年在外务工者是极力的赞成方，而依靠土地为生的纯务农农民和对土地有较强依赖的半工半农农民则是坚决的反对者[③]。

第二个面向强调土地流转对于农民分化的影响，认为土地流转是发生在农村中的一次利益关系和社会关系调整过程，因此，土地流转必然影响着农村的阶层分化[④]；土地流转已经或正在成为农民实现流动的特殊社会阶梯，其重构的农村社会阶层结构亦开始呈现日渐定型化等新的特点和趋势[⑤]；在土地流转的推动下，农村逐渐形成五个阶层：外出经商阶层、半工半农阶层、小农兼业阶层、举家务工阶层、村庄贫弱阶层，且不同阶层之间存在着转化的可能性[⑥]；随着土地流转的进一步发展，占有土地增多的农户可以轻松成为半工半农阶层或小农兼业阶层，进入村庄的"中农阶层"，而占有土地减少的农户只能成为举家务工阶层，如果境遇恶化，则可能落

---

① 许恒周、郭忠兴：《农村土地流转影响因素的理论与实证研究——基于农民阶层分化与产权偏好的视角》，载《中国人口·资源与环境》2011 年第 3 期。

② 许恒周：《农民阶层分化与农村土地流转中的产权偏好》，载《中州学刊》2011 年第 4 期。

③ 孙新华：《什么是农民，什么是土地——农民分化视野下的土地问题》，载《古今农业》2011 年第 1 期。

④ 陈成文：《土地流转对农村阶层分化的影响研究》，载《湖南师范大学社会科学学报》2007 年第 3 期。

⑤ 陈成文、罗忠勇：《土地流转：一个农村阶层结构再构过程》，载《湖南师范大学社会科学学报》2006 年第 4 期。

⑥ 陈柏峰：《土地流转对农民阶层分化的影响——基于湖北省京山县调研的分析》，载《中国农村观察》2009 年第 4 期。

入村庄贫穷阶层[①]。

这两个面向的研究对于我们了解土地流转与农村阶层分化之间的互动关联有一定的启发，但是还有更重要的问题没有被涉及。农村阶层不仅仅是职业上的分化，而且带有强烈的治理性。从这个意义上讲，探讨当前农村阶层分化必须回到传统政治经济学。对于这个话题的讨论才刚刚开始：

杨华[②]发现农民在土地流转的过程中形成四大阶层：中上阶层、中间阶层、中下阶层、贫弱底层，认为“中间阶层是农村地方性规范的集大成者和道德中心”，“在维持和再生产农村社会稳定、活跃农村社会生活上扮演着极为重要的角色”。杨华明确地将“中间阶层”作为当前农村治理主体来考察，触及了阶层分化的治理属性；但是对于阶层分化的内在机制以及各阶层治理能力缺乏有力的论述。

贺雪峰[③]依据农户与土地的关系将农村阶层划分为脱离土地的农民阶层、半工半农阶层、在乡兼业农民阶层、普通农业经营者阶层、农村贫弱阶层。他发现，进入21世纪以来，农村人财物快速流向城市的同时，他们的耕地以极低价格非正规地流转给了仍在农村从事农业的邻里亲友，从而形成一个耕种20亩左右土地的新兴“中农”阶层；而“正是这个新崛起的‘中农’阶层填补了21世纪以来农村人财物外流后的农村社会真空，并成为维护农村秩序的基本力量”。贺雪峰明确地将新兴“中农阶层”作为当前农村治理主体并且对其合理性进行了论证，然而遗憾的是这个新兴阶层并没有体现在作者的阶层划分体系之中，这显然是因为作者以土地主

---

① 印子、樊思琪、冯清清、娄伟：《农村土地流转与农民阶层分化调研报告——以湖北龚湾村为例》，《学术论丛》2009年第14期。

② 杨华：《农村土地流转与社会阶层的重构》，载《重庆社会科学》2011年第5期。

③ 贺雪峰：《取消农业税后农村的阶层及其分析》，载《社会科学》2011年第3期。

体而不是以治理主体作为阶层划分标准所导致的。

在已有研究的基础上，本章将以江汉平原的曙光村为考察对象，展现当前土地流转与新时期乡村治理的阶层基础之间的关联，从而揭示中国农村在城市化背景下的发展进路。

二、农民流动背景下的土地流转

（一）村庄概况

江汉平原是由长江与汉江冲击而成的平原，处于长江中游，湖北省中南部，西起枝江，东迄武汉，北至钟祥，南与洞庭湖平原相连，面积 3 万余平方公里。曙光村位于江汉平原北部，境内地势平坦，石门干渠贯穿全村，钟长路和罗长路在村中心交汇，形成了一个小型的集贸市场。曙光村的居民多是清朝年间从江西迁徙而来，延承至今已有 10 代。新中国成立前，当地的村落呈现出散居的状态，户与户往往相隔甚远，老死不相往来。从 1958 年开始，曙光大队开展了声势浩大的集中居住运动，在这个过程中形成了 6 个生产队的政权结构。

曙光村的总人口在近 30 年内并没有明显的变化，在绝对数量上比 30 年前略有减少[①]（见表 3）。调查发现，当地人口减少主要取决于当地人的生育观念。年轻人在 25 岁之后结婚的现象非常普遍，且生儿欲望不强。

① 实际上，曙光村所在的县连续多年都以人口负增长为主要特征，被评为湖北省甚至全国的计划生育先进县。

表 3　曙光村人口变化

时间	1983 年	1990 年	2002 年	2010 年
户数	423	547	560	561
人口	2373	2231	2370	2275

曙光村的计税耕地面积为 3816 亩，其中水田面积约为 1019 亩（见表 4）。当时为了规避沉重的税费，每个村都少报了田亩面积。实际上，根据 2008 年农业经济普查结果显示，曙光村共有 5428 亩土地，其中水田 1447 亩。因此，曙光村的实际人均耕地面积为 2.386 亩，户均耕地面积为 9.676 亩。

表 4　曙光村各组人口、计税耕地面积

小组	1	2	3	4	5	6	总计
户数①	134	114	95	62	75	80	560
人口	531	457	368	267	316	336	2275
计税面积	887 亩	808 亩	691 亩	414 亩	467 亩	549 亩②	3816 亩

曙光村地处亚热带季风气候区，四季分明，雨热同季，日照充足，全年降水主要集中在 3—7 月，4、5 两月降水量较大。当地的水田一年种两季，一季水稻，一季油菜；旱地除了种植棉花之外，也种植黄豆、小麦、玉米、花生、芝麻等杂粮作物。由于较好的气候条件和土地条件，当地一直以来都是国家重要的商品粮基地。

① 以本村户口为统计对象，实际上还有一些外来户没有上本村户口，例如 6 组的实际户数为 90 户。

② 实有面积为 770.71 亩。

（二）职业分化与农民流动

中国城市化的进程是在城乡二元结构的背景下展开的，它对农村变迁的影响集中体现在人口的频繁流动上。伴随着农民的大量流动①，农村的职业出现了剧烈的分化。以曙光村为例，主要的职业类型包括加固②（包括加固老板和加固工人）、进厂打工、本地商贩、本地零工、养殖、种田等。以曙光6组为例（见表5），当地人从事的职业除了传统农业之外，很多人都加入到加固产业和其他职业的行列。

表5　曙光村6组的职业分化

职业	本地个体户③	本地老板④	本地零工	加固工人⑤	加固老板⑥	外地服务业	外地生意	职工	纯种田户	养殖业
户数	8户	2户	4户	18户	17户	1户	5户	6户⑦	22户	5户
比例	8.9%	2.2%	4.4%	20%	18.9%	1.1%	5.6%	6.7%	24.4%	5.6%

① 农民流动是指农民在社会范畴的空间由某个社会位置向其他社会位置的移动。具体地说就是农民在社会分层结构、职业结构和空间结构等方面的位置变动。阶级阶层结构是构成要素在量的比例关系和质的水平的统一。农民流动引起阶级阶层结构的变迁，阶级阶层结构的变迁推动农民流动。参见吕世辰、吴华英：《新时期我国农民在流动中的阶级阶层结构变迁》，载《山西师大学报（社会科学版）》1998年第4期。

② 加固是随着房地产业的发展而出现的一种新兴产业，指对可靠性不足或业主要求提高可靠度的承重结构、构件及其相关部分采取增强、局部更换或调整其内力等措施，使其具有现行设计规范及业主所要求的安全性、耐久性和适用性。工业上主要进行的加固有粘钢加固、碳纤维加固、压力注浆加固等。

③ 本地个体户包括小作坊、小店、短途运输、小商贩等。

④ 本地老板主要是在村里经营饭店，年收入超过十万的。

⑤ 加固工人的年收入在2万元左右。

⑥ 加固老板的年收入在10万元以上。

⑦ 其中含有3户是进厂打工的。

实际上职业分化本身在很大程度上就是农村人口流动的一个过程和农村阶层分化的基础[①]，没有充分的职业分化，人口流动就缺乏存在的载体。在江汉平原，我们可以观察到两种不同的人口流动模式，一是农民的内向流动，二是农民的外向流动。

农民的内向流动是指农民在不脱离村庄的范围内从事传统农业之外的职业所产生的空间变动。曙光村和周边的几个村庄都是围绕着一个集贸市场分布的，两条马路的交汇使得这里成为一个“商业中心”具有天然的优越性。在曙光村的2300多人中，劳动力有1100多人，其中有100多人在集贸市场或者经商、或者搬运、或者跑车等，即我们所说的农民内向流动。以曙光村6组为例，本地老板有2户，一户开了宾馆，资产已过50万，另一户开了大型的麻将店，年收入在4万元以上；本地个体户8户，其中有3户开小作坊，1户开小店，2户跑车的，2户是鱼贩子；养殖业有5户，有4户养鱼，1户养猪；本地零工4户。总共有19户，占总户数的21.1%。农民的内向流动可以方便农民同时进行农业生产，这两个层面的经济收入基本上就可以满足一个体面农民的生活所需。

农民的外向流动是指农民在脱离村庄的范围从事传统农业之外的职业所产生的空间变动。这就是我们常说的进城农民工。与内向流动相比，农民的外向流动是农民在更长的时间和更广的空间中所完成的职业转变。在曙光村，外出人员600多人，包括500多人从事加固产业，100多人进厂打工。加固产业是在20世纪90年代开始发展起来的，它已经成为曙光村及周边几个村的特色产业。以6组为例，在农民的外向流动中，加固老

① 樊平：《社会流动与社会资本——当代中国社会阶层分化的路径分析》，载《江苏社会科学》2004年第1期。

板 17 户，其中 1 户资产过千万，1 户资产过百万，基本上都买了小车，逢年过节村里的那条马路总要停满了各地牌号的车子；加固工人 18 户；外地做生意的 5 户；职工 6 户；外地服务业 1 户；总计 45 户，占总户数的 50%。扣除职业重叠的部分，6 组的农民在职业上的内向流动和外向流动共涉及 64 户，占总数的 71.1%。

（三）农民流动与土地流转

很多农户正是因为职业发生了永久性的转变，不再从事传统农业，因此就在新职业的地方安家落户，从而出现了房屋买卖的现象。以曙光村 6 组为例，近年来涉及房屋买卖或者外出买房的共有 16 个案例。这些案例都是发生在 20 世纪 90 年代之后，尤其是 2000 年之后（11 例，占 68.8%）。其中涉及本村房屋买卖的有 12 个案例，20 世纪 90 年代发生 5 例，2000 年之后发生 7 例。农民流动以及由此产生的职业分化和居住结构变迁，使得农民对土地的利益需求开始出现分化，从而导致土地自发流转的频繁发生。对于在城市获得稳定工作或者常年在外打工的农民而言，耕种土地的比较效益不高，他们倾向于将土地流转给在村的亲戚或朋友；而出不去的农民也愿意接受更多的闲置土地，从而提高务农的经济效益。

对于种田大户而言，他们是伴随着人口流动所产生的土地流转而形成的，主要集中在 20 世纪 90 年代尤其是 2000 年之后。当越来越多的人外出打工而无法耕种土地，这些土地就会流转到那些留在村庄中的农民，使其可耕种面积有可能扩大到足以支撑起一个体面家庭的程度。考察曙光 6 组种植 20 亩以上的农户，他们在二轮延包时的总耕地面积为 175.34 亩，而在土地没有调整的情况下，当前他们的总耕地面积变成 270.85 亩，这其中增加的 95.51 亩正是通过流转其他农民的土地得来的。下面我们来专门考察一下曙光6组土地流转的特征和机制（见表6）。

表6 曙光6组土地流转统计

年代	本组转到外组		本组转到村外		组外转到组内		本组转到本组		本组转给小组	合计	
	数量	亲戚	数量	亲戚	数量	亲戚	数量	亲戚		数量	亲戚
1980S	0	0	0	0	0	0	6	3	0	6	3
1990S	0	0	2	1	1	1	9	3	2	14	5
2000S	4	1	5	1	2	1	32	10	0	43	13
合计	4	1	7	2	3	2	47	16	2	63	21

从表中可以看出，近30年来曙光6组的土地流转共发生63次（以现有土地格局为统计对象，二次流转统计在内）。从流转时间来看，20世纪80年代6次，流转给亲戚的占50%；20世纪90年代14次，流转给亲戚的占35.7%；21世纪00年代43次，流转给亲戚占30.2%。可见，随着人口不断流动，土地流转呈现出不断增长的趋势，而流转给亲戚的比例则不断下降。一方面可能因为血缘和姻缘的容量不足以接纳大量增长的土地流转，另一方面则可能是因为人口流动已经开始稀释血缘和姻缘的社会关联建构能力，社区对亲戚的依赖程度正在弱化。

从土地流转的方向来看，本组转到外组（本村）4次，流转给亲戚的占25%；本组转到村外7次，流转给亲戚的占28.6%；组外转到组内3次，流转给亲戚占66.7%；本组转到本组47次，流转给亲戚的占34%。可见，土地在本组之内的流转占绝大多数，占到74.6%。6组原有耕地面积770.71亩，流转之后，由本组人耕种的面积为710.5亩，共有60.21亩流转到组外。结合时空因素来看，只有到了20世纪90年代之后，组际或村际之间的土地流转才有发生，因此在某种程度上可以讲，人口流动对于地权的社区溢出具有激化作用。

从流转的主体来看，在总户数90户中，涉及土地流转的共有62户，占到总户数的68.9%。其中总转入方有27户，总转出方有43户，既有转入又有转出的8户，因此，纯转入方19户，纯转出方35户。这意味着随着人口的不断流动，农村耕地有可能不断向少数人集中。对于一个农户来说，转入一户人家耕地的有14户，转入两户的有9户，转入三户的有2户，转入六户的有2户。这意味着土地的集中需要一个比较漫长的时间，因为地权流转总是分散性的。把一户人家的土地转给一户的有31户，转给两户的有9户，转给三户的有2户，转给四户的有1户。这意味着从总体上看，土地流转倾向于导致地权的集中而不是分散。

三、农村阶层分化

随着土地的自发流转日益普遍，村庄出现了明显的经济社会分层，主要包括富裕阶层、“中农”阶层、半工半农阶层和贫弱阶层。它们的形成机制各有不同，对村庄的稳定与发展具有不同的影响。

（一）富裕阶层

所谓富裕阶层是指年收入超过10万，在村庄中处于上层水平的人群。以曙光6组为例，富裕阶层主要是由本地老板（2.2%）、加固老板（18.9%）和外地生意人（5.6%）构成的，三者共占26.7%。这个阶层主要有以下几个特点：

第一，这个阶层的平均年龄在50岁左右，正值中壮年，而全组户主的平均年龄为53岁。

第二，这个阶层的人数相对比较少，但是积累的财富却相当大，远远超过其他阶层的财富数量。其中有一户加固老板，资产已经过千万。这个阶层对于村庄社区的影响是非常大的，虽然很多方面是消极的。

第三，这个阶层基本都与土地脱离了关系，只有四户兼业种田的。20世纪80年代甚至更早就有3户脱离了土地，开始从事其他的事业，有两户是分到土地之后马上就转给别人的，有一户甚至就没有参与土地分配；20世纪90年代有两户脱离了土地，都是在20世纪90年代末；2000年之后，有10户脱离了土地，成了加固老板。

第四，这个阶层正不断地迁居外地，脱离村庄社会。目前为止，已有6户人迁出村庄，占40%。其中两户迁到街上，两户迁到县里，1户迁到重庆，1户迁到北京。

第五，这个阶层并没有成为有效支援家乡建设的“第三种力量”[①]，或者已经外迁，或者常年不在家，对于村庄公共事务漠不关心。

这个阶层的兴起依赖于市场经济的发展，城市化建设为他们提供了极好的机遇，使他们能够脱离传统的农业种植，将劳动力、资本、技术等资源投入到利润回报更高的生产领域。就本地而言，城市房地产业的迅猛发展直接推动了加固产业的兴起，并且由于本地人进入这个行业相对较早，占据了极大的市场份额。在这个产业的带动下，曙光村迅速地走出一条劳务输出的道路，使得一小部分人迅速地进入富裕阶层。因此可以说，当前农村富裕阶层的形成是中国经济结构转型的一个附带产品。

值得提出的是，随着富裕阶层的出现及其不断流向城市，他们的土地就留下来给其他需要的人耕种，这对于在村的农民而言具有极大的意义。因为土地流转都支付了租金，富裕阶层也愿意将其流转出去。

---

① 罗兴佐：《第三种力量》，载《浙江学刊》2002年第1期。

（二）“中农”阶层

政治经济学意义上的“中农”主要是中国共产党在领导人民进行土地改革的过程中形成的一个阶层概念。关于“中农”的含义，1933 年中央工农民主政府公布的两个文件——《怎样分析农村阶级》和《中华苏维埃共和国中央政府 关于土地斗争中一些问题的决定》中有详细的界定：“中农许多都占有土地。有些中农只占有一部分土地，另租入一部分土地。有些中农并无土地，全部土地都是租入的。中农自己都有相当的工具。中农的生活来源全靠自己劳动，或主要靠自己劳动。中农一般不剥削别人，许多中农还要受别人小部分地租债利等剥削。但中农一般不出卖劳动力。另一部分中农（富裕中农）则对别人有轻微的剥削，但非经常的和主要的。这些都是中农。”[①] 在后集体时代，包括“中农”在内的阶级话语体系已经很少有人提了，似乎再提起的话就有不符“政治正确”的嫌疑。当然，笔者在这里将“中农阶层”作为当下农村阶层体系的一个主要环节，并非想要重提阶级话语，而是希望从农村经济社会分化的背景中探讨基层治理可以依赖的阶层基础。通过长期的农村调研，笔者对“中农”阶层的出现抱持一种理性而乐观的态度，“可以说，正是这个阶层构成了农村社会秩序的基础力量”。[②]

“中农”阶层的形成是土地流动给村庄社会带来的最为积极的影响之一，有可能成为中国农村发展的阶层基础。与传统阶级话语体系中的定义不同，笔者所谓的“中农”阶层，是指常年在村，依靠土地种植（种植 20 亩以上）、兼业养殖或本地零工，或者是本地个体户、养殖大户，年收入

① 毛泽东：《毛泽东选集》第一卷，北京：人民出版社，1991，第 128 页。
② 贺雪峰：《取消农业税后农村的阶层及其分析》，载《社会科学》2011 年第 3 期。

在 5 万元左右的、处于农村经济社会中上层的人群。以曙光村 6 组为例，这个阶层共有 16 户，其中有 7 户是种植 20 亩以上耕地的（有 1 户兼业本地零工，有 1 户兼业养鱼），本地个体户有 8 户，养殖大户有 1 户。“中农”阶层具有以下几个特征：

第一，“中农”阶层的平均年龄在 53 岁左右，比富裕阶层的平均年龄大 3 岁。或许在市场经济兴起之时，这个群体因为年龄的原因更倾向于不外出。实际上外出打工对年轻人是比较有利的。

第二，“中农”阶层都是常年在家的，即使有流动也只是在集贸市场周边。这构成了“中农”阶层主要的特征，因为常年在村，且多数人都耕种土地，他们对于社区的事务要比别人清楚得多，往往也表现出更大的敏感性。这是因为他们在社区内部的利益关联度是最大的。

第三，“中农”阶层不仅多数耕种土地，而且平均耕种土地量要大于整个社区水平。“中农”阶层平均每户耕种土地 16.928 亩，远远超过社区的户均水平 7.894 亩。因此可以说，“中农”是当前农村土地的主要耕种者，至少我们在江汉平原的几个地方所见如此，或许将来会有更多的土地流入这个阶层。

第四，“中农”阶层不仅户均耕种田地多，而且种植棉花的内在冲动也较高。“中农”阶层平均每户种植棉花的面积为 2.25 亩，而整个社区的户均棉花亩数仅为 1.178 亩。棉花作为重要的经济作物，对于“中农”的意义非常明显，尤其是在田少地多的情况之下。反过来也可以理解，只有常年在家的“中农”才有可能有时间去种植极费劳力的棉花。但是“中农”不可能无限地扩大棉花的种植规模，即使他拥有足够的土地，因为对于两个主要劳动力的“中农”家庭，15 亩棉花已经是上限，再多就必须雇工。

第五，“中农”阶层除了耕种土地，往往还会同时从事养殖、零工、个体户等职业，尽量将劳动力分散在不同的领域。我们发现，一个“中农”家庭基本上都会从事 3 种以上的职业，并且根据职业的效益分析，不断调整在几个领域的劳动力和资金分布。比如养殖业萧条，“中农”就会想方设法增加土地流入，或者增加本地务工的时间；如果“中农”耕种土地面积极大，超过 50 亩，他基本上就会减少甚至避免在其他领域的劳动投入。

第六，“中农”阶层尽量避免雇佣劳力，而是希望通过强化“自我剥削”、以更多的劳力投入来换取经济收益。因此，“中农”阶层家庭都必须有两个以上的壮劳力在家，尤其是棉花种植面积较多的。这种对资本、市场的排斥是由于“中农”可获得土地总面积的有限性无法支撑起额外的资本与市场成本。所以在曙光 6 组，很多农民都形容“中农”阶层为“机器人”，反映他们夜以继日不断干活的状态。

“中农”阶层根据其不同的组成部分具有不同的生成机制。对于其中的个体户、养殖大户而言，集贸市场的地缘条件使得人口的内向流动可以存在并且催发出特定的产业。例如个体户正是借助集贸市场的人口频繁流动来销售自己的副食产品、鱼、肉等农产品，并且这种销售所得可以支撑起一个中等水平的家庭生活；集贸市场作为货物的集散中心，也给“中农”提供了大量本地零工的机会，只要愿意吃苦，总是可以接到活干。因此，这部分“中农”甚至在 20 世纪 80 年代就出现了。然而，在一个市场容量基本稳定的情况下，这种类型的“中农”总是有限的，不可能再继续扩大。在当前的形势下，基于集贸市场的“中农”已经基本处于饱和状态，唯一可以扩大“中农”阶层力量的是基于土地流转的种田大户。

（三）半工半农阶层

半工半农阶层[①]的兴起与城市化背景下的人口流动具有直接的关联，市场经济对劳动力的需求导致了一部分农村富余劳动力流入其他产业之中。但是由于这种劳动力的流动往往不具有稳定性，农民倾向于不放弃农村的土地，于是就形成了一边种田一边打工的劳动阶层。这个阶层与富裕阶层的不同在于后者已经基本上可以脱离农村土地而获得稳定的生活来源，而他们与中农阶层的不同在于后者并不进城打工，而是常年在村耕种更多的土地。以曙光村 6 组为例，半工半农阶层共有 42 户，他们具有以下几个特征：

第一，这个阶层的平均年龄在 53 岁左右，与中农阶层相当。或许对于这个年龄段的人来说，如果在村里可以流入大量的土地，就成为“中农”；如果无法流入大量土地，就只能外出务工，成为半工半农阶层。

第二，这个阶层会投入不少的劳动力在农村土地上，从而分散外出务工的市场风险。他们持有的耕地面积为 349.41 亩，户均 8.319 亩，略高于全组的平均水平，但远低于中农的水平。显然，外出务工要占据整个家庭劳力的大部分，他们不可能再耕种更多的土地。但是值得注意的是，这个阶层往往会随着年龄、健康、家庭变故、市场行情等各种因素的变化而不断调整家庭劳动力在土地耕种和外出务工上的分布，甚至在某些年份也有可能暂时不种田地，举家外出打工，或者相反，从市场中全身而退，全家在村里种田。因此这个阶层能够较好地适应市场经济的风险，它构成了当

① 黄宗智认为过去的“男耕女织”是个非常牢固的经济体，而今日的农村已经形成一个可能同样牢固的半工半耕的经济体；他把这个状态称为“制度化了的过密型农业”。参见黄宗智：《制度化了的“半工半耕”过密型农业》（上），载《读书》2006 年第 2 期。

前农村的主体。

第三，这个阶层对于种植棉花等经济作物不具有很强的动力。他们共种植棉花面积 58.5 亩，户均 1.393 亩，略高于全组的平均水平，但是明显低于中农阶层。显然，这与棉花对劳动力的大量需求有关，半工半农阶层无法支出更多的劳动力。

第四，这个阶层不倾向于从事更多的本地兼业，没有一户进行养殖、本地零工等，他们在农村仅仅进行最简单的土地耕种。

第五，这个阶层在市场中主要从事的职业是加固，有 25 户，占到 59.5%，显然这与当地的人口流动特征有关。另外，还有 12 户是职工，主要是进厂打工；1 户跑运输；其他职业有 4 户。外出务工的年收入一般在两三万元左右，再加上种田的收入，这个阶层的收入水平相当于中农阶层。

第六，这个阶层往往是在农忙的时候回村干活，农闲的时候又出去打工，尤其是从事加固工人的行业，相对比较自由；另外一方面，这个阶层往往也采取夫妻之间的劳动分工，男在外打工，女在家种田，这种情况有 7 户，主要是集中在加固产业；其他的则是夫妻同时外出打工，农忙的时候又回来。还有 14 户是采取代际分工的方式，父母在家种田，子女在外务工。

半工半农阶层是市场经济不断发展，内在地需求廉价劳动力从而将广大农村闲散的劳动力集中到其他产业中。从这个意义上讲，这是市场对劳动力的重新整合，使得土地较少的农民可以从市场中获得另外的经济收入。另外一方面，中国农地制度的集体所有也确保了农民即使在外出务工失败之后，依然可以全身而退，回到农村种田。毕竟中国的城市化进程无法在短时间内将庞大的农村人口消化掉。

（四）贫弱阶层

贫弱阶层是指常年在村种田，但是种田规模低于 20 亩，且极少从事其他本地职业，经济收入处于农村下等水平的人群。与“中农”阶层不同的是，他们在村所拥有的资源极少，不足以支撑起一个体面的农村生活；与半工半农阶层不同的是，他们并不外出务工，仅仅是靠种田为生。以曙光村 6 组为例，贫弱阶层共有 5 户，他们具有以下几个特征：

第一，这个阶层的平均年龄在 53 岁左右，主要是由于家庭变故，比如有老人需要照顾或者身体有病等，无法接受更多的田地，也无法外出务工。

第二，这个阶层主要依靠在家种田，但是耕种面积并不多，总共有 55.53 亩，户均 11.106 亩，比半工半农阶层要多一些，但是比中农少得多。仅仅依靠这些土地的收入，贫弱阶层的生活往往比较拮据。

第三，这个阶层种植棉花的积极性也不高，也许是劳力不足的原因，总共种了 4.5 亩，户均 0.9 亩，低于全组平均水平。这样的种植结构只能提供一个糊口的基本收入。

第四，这个阶层从事本地兼业的并不多，只有一户从事本地零工，一年的收入也只在 2000 元左右，对家庭收入贡献不大。

第五，这个阶层没有能力开展夫妻分工或者代际分工，或者因为丧偶，或者因为子女上大学等，使得这个阶层往往处于贫困的状态。

贫弱阶层的比例是比较低的，这个阶层的形成原因首先主要是个体性的。有 1 户是因为儿女未婚，父母已亡，劳动力不足；有 3 户是因为丈夫去世，家里欠缺劳动力，而子女又无法提供足够支持的；还有 1 户是低保户，丈夫重病，无法干活，还有两个孩子在读大学。市场经济的兴起对这个群体而言，所起的负面作用更大一些，因为家庭消费模式已经改变，全部依赖于现金，这使得原本只能依靠季节性的土地收入的贫弱阶层顿时陷入了困境。从这个意义上讲，城市化与市场化也推动了贫弱阶层的形成。

除了富裕阶层、中农阶层、半工半农阶层和贫弱阶层之外，全组还有3户举家外迁。

下面将通过表格对当前农村四大阶层进行总结（见表7）：

表7 曙光6组阶层分化

阶层类型	富裕阶层	中农阶层	半工半农阶层	贫弱阶层
职业类型	老板	种田大户；个体户	务工；种田	种田
年均收入	10万以上	5万元左右	5万元左右	1万元以下
阶层户数	24户；26.7%	16户；17.8%	42户；46.7%	5户；5.6%
平均年龄	50	53	53	53
原有耕地（总）	152.07亩	175.34亩	373.61亩	49.71亩
现有耕地（总）	34.71亩	270.85亩	349.41亩	55.53亩
流转情况①	转出117.36亩	转入95.51亩	转出24.2亩	转入5.58亩
现在户均耕地	1.446亩	16.928亩	8.319亩	11.106亩
现在户均棉花	0.292亩	2.25亩	1.393亩	0.9亩
兼业情况	种田4户	养殖4户	本地零工2户	本地零工1户
夫妻分工②	无分工	无分工	7户	无分工
代际分工③	4户	4户	14户	无分工

四、新时期乡村治理的阶层基础

随着城市化的不断推进，市场经济对于劳动力的需求使得越来越多的

① 从土地的阶层流转来看，主要是富裕阶层的土地流向中农阶层；人口流动对于半工半农阶层和贫弱阶层的土地流转影响不大。

② 夫妻分工主要指丈夫在外工作，妻子在家种田。

③ 代际分工主要指儿女在外工作，父母在家种田。

农民将自己的闲散劳动力转移到非传统农业的其他产业之中。由于通过市场的劳动价值变现在很大程度上要比传统农业更有效率，很多人甚至愿意舍弃农村的土地到市场中奋力一搏。在人口流动的大潮中，作为村庄精英的村组干部和党员群体不断外流。尤其是基层组织的后备干部问题，在很大程度上决定了中国农村的政治走向。由于人口流动挖空了基层组织的人力资源，再加上伴随着人口流动而生产出来的“金钱决定论”蛊惑了绝大多数的农民群众从而更进一步打破基层组织的权威资源。农民本身的利益分化，又使得即使是基于多数农民利益的公共品供给也难以达成合作，最终导致农田水利和村组公路等公益事业处于无人过问的尴尬境地。因此，有必要深入考察不同阶层的性质及其治理能力，从而为新时期的乡村治理找到可以依赖的阶层基础。

富裕阶层的出现，对于村庄社会产生了重要的影响。首先，它带动了一大批人加入非农产业，推动了农村家庭经济结构的转变；其次，它将城市生活的形式和态度引入农村，推动了消费主义的风气；再次，它提高了人情进入的门槛，将很多穷人排斥出人情的网络，从而切割了村庄的社会关联；最后，它对于村庄社区公共事务的冷漠削弱了基层治理中的社区动员能力。以曙光村为例，有一年村里准备修路，村干部在村节期间宴请了十几个富裕阶层的人吃饭，当时每个人都说好要给 10 万、5 万的，最后却一分钱都没给。群众认为有钱的人都不愿意交钱，自己就更不愿意交了。因为资金筹集困难，这条路推迟了好多年才修成，而且是靠国家的补助资金。

对于村庄社会而言，贫弱阶层所起的影响似乎并不大，因为他们的人数极少，且处于边缘地位。这使得他们往往不愿意参与到村庄公共事务中，而这种不参与则因为数量的原因很容易被忽略掉。然而在国家资源不断下乡的背景下，这个阶层却可能影响到基层工作的开展，尤其是出现资源分配不公时，这个群体的不满情绪就会产生，并且在社区中弥散开来。在我们调查的过程中，很多人（包括贫弱阶层和非贫弱阶层）都义愤填膺地向我们表达他们对低保分配的不满，并最终归结于基层组织的不公。如果发生这种情况而没有得到及时有效的解释和解决，必然会极大地影响到基层组织日后的工作能力。另外，虽然贫弱阶层户数少，但是如果我们把贫弱人口计算在内的话，这个阶层的规模就会扩大许多。由于年轻人的大量外流，老年人丧失劳动力而生活陷入贫困，这个情况越来越普遍。但是因为老年人没有单列户口，所以个体老人的贫困往往被儿女的不贫困所隐匿了。像这样的贫困老人，包括其他类似的贫困人口，都构成当前农村社会的一大问题。

半工半农阶层由于根在农村，外出打工在很大程度上只是一种兼业，因此相对于基本脱离村庄的富裕阶层而言，半工半农阶层在村庄社会中拥有更大的利益关联。这种利益关联集中体现在外出务工失败之后农民可以全身而退回到农村种地，所以他们往往会努力维持与社区的人情往来，即使外出打工也要托人先垫上人情费用。从这个意义上讲，这个阶层也是维系农村社会稳定的主要力量，他们耕种的土地并不会比打工之前少多少，对于国家的粮食安全也起到了重要作用。同时，他们的外出务工使得市场经济中的资源可以在某种程度上流入农村，并且使得更多的农村资源可以集中到“中农”阶层。但是相对于“中农”阶层而言，半工半农阶层具有天然的不稳定性，他们就像“两栖动物”在城乡之间来回跳动。因此，对于村庄社会而言，他们是处于游离状态。在这种情况下，他们就很难像“中农”阶层一样全方位地参与到社区生活之中，对于社区的很多信息他们也是不知晓的。半工半农阶层不能成为中国农村发展的接应力量，更关键的原因在于他们无法适应基层治理的需要，甚至在很大程度上影响基层治理的开展。村干部对这部分人往往是比较头疼的，无论是过去的收取税费还是现在的计划生育，这些人因为常年不在村，根本就不好管理。

由此可见，唯一有希望成为新时期乡村治理主体的阶层是“中农”阶层，因为他们在村庄社会中具有最大的利益关联，对村庄社会的稳定和发展起到直接的作用。首先，“中农”阶层是常年在村的，即这个阶层是逆人口流动的，这就保证了农村总有人在，土地总有人耕种，而不至于出现空巢村的悲剧。其次，“中农”阶层是村庄事务的主要参与者，他们要比其他阶层的人更有动力去关心村庄发展，更有可能去维系村庄社区的稳定。再次，“中农”阶层是土地的最主要耕种者，也是土地的最主要的流入方，这些更多的土地使得在村务农可以超越糊口经济的限制，实现一定的规模经营，从而支撑起一个中等收入水平的家庭生活。正是依赖于“中农”阶层种田的积极性，国家的粮食安全才有了稳固的保障。最后，“中农”阶层可以较好地接应基层治理的需要。经济基础决定上层建筑，作为农村经济社会的最大利益关联者，“中农”阶层有更大的动力去参与村庄公共管理，依赖、扶持他们作为基层治理的后备力量，这也许是中国农村政治未来的发展方向。

“中农”阶层的形成在很大程度上是建立在土地自发流转的基础之上的，这是中国市场经济发展与城市化建设过程中的重要组成部分。非常重要的是，“中农”阶层是村庄本身在遭遇市场的风险时自发生长出来的，具有天然的适应性和灵活性。可以说，在市场经济背景下，中国农村的问题主要是在发展与安全之间的博弈展开的。放弃市场的机遇，抱守传统农业显然是不明智的，进行适度的劳动力整合和规模化经营可以在很大程度上推动农村经济结构的升级；然而一味地强调和推动劳动力的集中和大规模经营，否定劳动力的适度分散，这也是不理智的，因为整个中国经济结构（包括农村经济结构）升级的过程是非常缓慢的，而这种缓慢性与市场本身的风险性对于完全暴露在市场竞争中的小农家庭而言是非常不安全的。劳动力的集中化与分散化如何相接应，并且通过这种相反相成的关系实现农村发展的安全性，这是一个至关重要的问题。实际上，农村家庭在与市场经济的博弈中已经演化出了一套极具弹性的应对策略，国家政策在这方面不宜采取过激的做法，例如倡导和推动资本下乡，以及强制推行大规模土地流转等可能引发严重政治社会后果的政策。① 在很多情况下，“大资本打着统筹城乡发展、建设社会主义新农村，或者发展现代农业、进行农业集约化经营等幌子，进入农业领域后，进行‘圈地’活动，然后把土地用作非农业建设。这实际上是权力与资本结盟下的共同谋利行为。”②

更为要害的是，盲目推行大规模土地流转，将大量的土地集中在少数人手上从而形成经营大户，不仅无法成为乡村治理的可靠主体，而且破坏了“中农”阶层的形成机制。从安徽繁昌县调研村的情况来看，经营大户的共同特点是形成了以利润为中心的经营思路。他们到农村来租种土地，是一种投资，投资是要赢利的，是要以赢利为目的的。因为外来经营大户的进入，构成村庄骨干力量的“中农”因土地流出而消失了。这样一来，因为土地大规模向经营大户流转，留在村中的耕作小农勉力维持，大部分农民外出务工，但他们很难真正城市化。

---

① 王德福、桂华：《大规模农地流转的经济与社会后果分析——基于皖南林村的考察》，载《华南农业大学学报（社会科学版）》2011 年第 2 期。

② 钟庆君：《规范农业大资本》，载《改革内参》2011 年第 37 期。

五、本章小结

通过考察江汉平原的村庄社会变迁，分析土地流转对于村庄经济、社会、政治层面的深刻影响，我们可以总结出土地流转、阶层分化与基层治理之间的内在关联，从而指出中国农村发展的可能方向及其阶层基础。

新阶层结构的兴起是当前农村在应对人口流动与土地流转的新形势下出现的一种自适应机制，尤其是通过半工半农阶层与中农阶层的形成和互补，使得农村的发展既能够吸取市场中的资源，而且可以将农村内部的资源进行优化配置。半工半农阶层是一种两栖式的经济社会结构，一只手伸向市场将闲散劳动力有效率地变现出来，另一只手伸向农村从而保障大后方的稳定。“两只手策略”的有效性在于它能够在城乡之间进行迅速的调整和转化，哪个领域资源丰富些，就把手往哪边多伸一点，哪个领域风险过大，就干脆把那只手挪回来。这种极富弹性的经济结构很好地适应了市场经济与小农经济的性质，因此多数农村家庭都加入了这个阶层。这个阶层的适应性还体现在它能够有效地在夫妻之间、代际之间进行劳动分工，随时调整劳动力、资本在产业之间、性别之间、代际之间的分布，从而最大限度地提高经济收益，减少经济风险。另外一方面，由于半工半农阶层能够从市场中获取资源，相对而言，它在农村资源的再分配中就可以给“中农”阶层留下更大的空间。当然，半工半农阶层在必要的时候也很容易转化为“中农”阶层。

“中农”阶层是在人口流动尤其是富裕阶层开始在市场中获得稳定生活来源的背景下产生的，它的形成在很大程度上依赖于富裕阶层的土地流转以及半工半农阶层对这部分流转出来的土地的不敏感。由于土地规模的扩大，“中农”阶层不仅是养活家庭，而且可以过上一个中等收入水平的体面生活。这样一个在村的新兴阶层，能够供得起一套两层半的楼房、一辆拖拉机、一两个大学生和一年三五千的人情消费，使得他们能够产生足够的自信心，并且愿意长期留在农村。从很大程度上讲，这个阶层将会成为中国农村发展的最主要力量。因为他们的生产、生活、理想都直接与村庄脱离不了关系，一个以“中农”阶层为核心的村庄利益关联正在形成。在这个利益关联网络中，“中农”阶层具有最大的敏感性，也最有维护它的积极性。就目前而言，“中农”阶层还不具有稳定性，因为半工半农阶层甚至富裕阶层都有可能随时回来将土地要回去。这是否说明“中农”阶层本身的脆弱性呢？实际上这种变动性是当前市场经济与农村社会博弈的一个过程，它是以多数人甚至所有人的安全为最后底线的，因此，不稳定的“中农”阶层从这个意义上讲反而是最稳定的。这种稳定不是土地权利的固化，不是个体私权的膨胀和不可侵犯——实际上私权的集中与固化只会损害整个社区的利益，而是多数人都可能成为“中农”，也都可能成为半工半农阶层。当前阶层的流动性对于中国农村的经济转型是有利而不是有弊。

半工半农阶层与“中农”阶层的形成和互补，构成了当前农村经济社会发展的阶层基础。通过这两个阶层的流动性与互补性，并且最终以“中农”阶层为载体，中国农村的发展就找到了最有力的支持力量。作为在村的最大利益主体，“中农”阶层将直接引导整个社区的发展方向，建构起以其为核心的村庄社会关联，从而有可能把整个社区整合在一起。最重要的是，这个阶层可以成为接应国家政策和基层治理的载体，可以由他们中的精英来重构基层组织网络。在人口流动的大背景下，谁可以引领中国农村的发展方向，这是关涉整个基层政权从而也关涉整个中国稳定与发展的根本命题。从现有的和正在兴起的农村阶层来看，富裕阶层已经基本脱离村庄社区，甚至其本人已经在外买房定居，它注定不可能真正关心农村的发展；贫弱阶层首先在于人数的稀少，其次或许更重要的是它本身不具有能力来引导整个村庄的发展，无论是从阶层的自信心还是阶层的资源网络来看都是如此；半工半农阶层因为两栖式的经济结构，与村庄的利益关联具有不稳定性，这种不稳定性对于这个阶层本身甚至对于推动农村经济发展而言是必要的，但是对于作为农村发展的基本载体而言则是不充足的。因此，只有“中农”阶层有可能成为中国农村发展的阶层基础。如果这个判断有道理的话，那么国家在未来的农村发展政策上就必须充分考虑这个阶层的存在，在不影响农村社会整体稳定的前提下通过各种途径扶持、培育和保护“中农”阶层，使它慢慢地成长为具有较强的经济能力、社会能力和政治能力的中国农村阶层，从而支撑起整个中国农村的稳定与发展。

第五章

土地流转与社会保护

上一章讲到，在土地自发流转的影响下，中国农村形成了“中农”阶层与半工半农阶层的互补效应，构成新时期乡村治理的主要支持力量。本章将以林地为例，讨论另外一种土地流转方式，即大规模土地流转。这种流转方式往往带有强制性，并且产生严重的社会破坏效果，频繁引发农民的抗议。

一、农村的第二次革命？

新一轮的集体林权制度改革（以下简称“林权改革”）从2003年开始试点，2008年全面推行，到现在已经接近尾声。这场规模浩大的产权改革深深触及广大农民的生活和生产，引起人们的普遍关注。

中央对此次改革赋予极高的政治意义。2007年4月20日，国务院负责人在江西省武宁县调研时指出：“林业产权制度改革是继家庭联产承包改革后农村的第二次革命，它的意义不亚于当年小岗村的分田到户。”[①]从这个意义上讲，林权改革不是一项孤立的政策变革，而是作为自改革开放以来我国农村土地经营制度改革的一个重要组成部分，被认为是“对改革开放30周年最好的纪念，是在新的历史起点上继续推进改革开放最好的体现”[②]。

山林的保护和发展对于每个人来说都有重要的切身利益，它构成了我们赖以生存的生态环境的重要组成部分。事实上，新一轮的林权改革也将生态文明建设作为改革最重要的目标之一。生态文明是人类文明的一种形式，它以尊重和维护生态环境为主旨，以可持续发展为根据，以未来人类的继续发展为着眼点。20世纪七八十年代，随着各种全球性问题的加剧以及“能源危机”的冲击，世界各地开始了有关“增长极限”的讨论，各种环保运动逐渐兴起。正是在这种背景下，1972年6月，联合国在斯德哥尔摩召开了有史以来第一次“人类与环境会议”，讨论并通过了著名的《人类环境宣言》，从而揭开了全人类共同保护环境的序幕。1983年11月，联合

① 彭宏松：《山定权　树定根　人定心——江西林业产权制度改革纪实》，中国共产党新闻网，2013年9月9日访问。

②《关于学习〈集体林权制度改革的意见〉的通知》，林改发〔2008〕142号。

国成立了世界环境与发展委员会，1987 年该委员会在其长篇报告《我们共同的未来》中，正式提出了可持续发展的模式。1992 年联合国环境与发展大会通过的《21 世纪议程》，高度体现了当代人对可持续发展理论的认识。

在中国，有关生态文明建设和可持续发展的理念也日益得到党和国家的重视。党的十五大报告明确提出实施可持续发展战略；党的十七大报告明确提出了建设生态文明的新要求，并将到 2020 年成为生态环境良好的国家作为全面建设小康社会的重要要求之一；“十二五”规划将“绿色发展”明确写入并独立成篇；党的十八大报告首次单篇论述生态文明，提出“给自然留下更多修复空间，给农业留下更多良田，给子孙后代留下天蓝、地绿、水净的美好家园”，“把生态文明建设放在突出地位，融入经济建设、政治建设、文化建设、社会建设各方面和全过程，努力建设美丽中国，实现中华民族永续发展”；党的十八届三中全会通过了《中共中央关于全面深化改革若干重大问题的决定》，在第一节的“指导思想”中明确提出“紧紧围绕建设美丽中国深化生态文明体制改革，加快建立生态文明制度，健全国土空间开发、资源节约利用、生态环境保护的体制机制，推动形成人与自然和谐发展现代化建设新格局”，并且在第十四节“加快生态文明制度建设”专门阐述了生态建设的意义和举措，明确要求“健全国有林区经营管理体制，完善集体林权制度改革”。

在实现生态文明和可持续发展的进程中，林业具有不可替代的作用。2009 年中央首次召开了林业工作会议，指出：“在贯彻可持续发展战略中林业具有重要地位，在生态建设中林业具有首要地位，在西部大开发中林业具有基础地位，在应对气候变化中林业具有特殊地位”，“实现科学发展必须把发展林业作为重大举措，建设生态文明必须把发展林业作为首要任务，应对气候变化必须把发展林业作为战略选择，解决‘三农’问题必须把发展林业作为重要途径”。除了实现生态效应之外，林权改革还试图通过“分林到户”来提升农民的收入，从而推动“三农”问题的解决。很多人认为，林权改革已经实现了“山定权、树定根、人定心”，极大地调动了农民发展林业的积极性，解放了林业生产力；集体林区开始呈现森林资源增加、农民群众增收和生活改善、林业经济增长、林区社会和谐稳定的良好局面。[①]然而，据笔者及所在团队在全国多个省市的实地调研来看，实际效果并非如此。以“分林到户”为核心的林权再造工程不仅没有达到改革之初所设想的“农民增收”和“保护生态”的目标，反而造成一些意想不到的后果。这些困局的产生与林权改革所倡导的新自由主义思路密切相关。在很大程度上，林权改革几乎照搬了农地改革的方案，而两者在性质上存在巨大的差异，一味强调山林的私权化而没有充分考虑到山林的特殊性，最终将改革引向了死胡同。本文的研究表明，新自由主义的思路在林权改革上是行不通的，它不仅无法实现生态文明建设的理想，反而严重破坏了山林的生态效应；同时，新自由主义的林权改革也无助于“三农”问题的解决，反而进一步强化了农村社会的分裂。

需要指出的是，当前的山林产权并非毫无问题，林权改革具有重要的意义。特别是集体林权之间的界限冲突以及林权分布不均的历史问题，都需要进行深入的改革。否则，因为林权问题而引发的社会冲突将不利于农村的发展，也不利于中国生态文明的建设。

---

①《林业发展“十二五”规划》，2011 年。

二、改革目标与地方实践

（一）林权现状与改革目标

1949年中华人民共和国成立以来，我国先后开展了七次全国森林资源清查。第七次全国森林资源清查（2004–2008年）结果显示，全国森林面积19545.22万公顷，活立木总蓄积149.13亿立方米，森林蓄积137.21亿立方米，森林覆盖率[①] 20.36%，比1949年的8.6%净增11.76个百分点[②]。（见表8）我国森林蓄积主要分布在西南高山林区和东北、内蒙古林区，其中西藏、四川、云南、黑龙江、内蒙古、吉林等省（自治区）森林蓄积较多，6省（自治区）合计占全国的66.88%[③]。

表8　全国森林资源概况

森林面积（万公顷）	活立木总蓄积（亿立方米）	森林蓄积(亿立方米）	森林覆盖率
19545.22	149.13	137.21	20.36%

我国林地面积共30378.19万公顷，其中：有林地18138.09万公顷，疏林地482.22万公顷，灌木林地5365.34万公顷，未成林造林地1046.18万公顷，苗圃地45.40万公顷，无立木林地709.61万公顷，宜林地4403.54万公顷，其他林地187.81万公顷。（见图1）有林地面积中，黑龙江、内

① 森林覆盖指有林地和国家特别规定的灌木林面积的覆盖，森林覆盖率是指两者面积与国土面积的比率。有林地是林地分类中的概念，包括乔木林地、竹林地和红树林地。国家特别规定的灌木林指年降水量小于400mm地区生长的灌木林。参见曹迎春:《解析森林、林木与林地》,《河北林业科技》2009年第1期。

②《2011中国林业基本情况》，国家林业局网站，2013年9月9日访问。

③ 贾治邦主编:《中国森林资源报告：第七次全国森林资源清查》，北京：中国林业出版社，2009，第3页。

蒙古、云南、四川、广西、江西、湖南等省（自治区）面积较大，7 省（自治区）合计 9544.32 万公顷，占全国的 52.62%[①]。

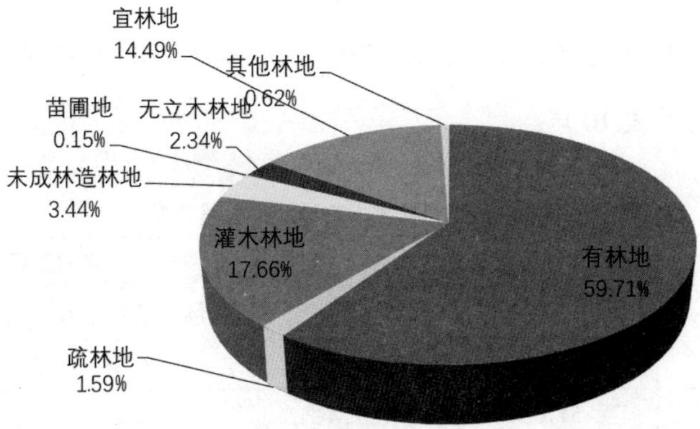

图 1　全国林地构成

从林地权属来看，在林地面积中，国有 12131.58 万公顷，占 39.94%；集体所有 18246.61 万公顷，占 60.06%。有林地面积中，国有 7246.77 万公顷，占 39.95%；集体所有 10891.32 万公顷，占 60.05%。由此可见，我国林地权属中集体所有的比例高于国有，不论是林地还是有林地面积，国有与集体所有之比均为 4∶6[②]。（见表 9）

表 9　我国林地权属分布

	林地（万公顷）		有林地（万公顷）	
	面积（万公顷）	比例	面积（万公顷）	比例
国家所有	12131.58	39.94%	7246.77	39.95%
集体所有	18246.61	60.06%	10891.32	60.05%

① 贾治邦主编：《中国森林资源报告：第七次全国森林资源清查》，北京：中国林业出版社，2009，第 2 页。

② 贾治邦主编：《中国森林资源报告：第七次全国森林资源清查》，北京：中国林业出版社，2009，第 8 页。

从林木权属来看，在有林地面积中，国有的7143.58万公顷，占39.38%；集体经营的5176.99万公顷，占28.54%；个体经营的5817.52万公顷，占32.08%。森林蓄积中，国有的8.79亿立方米，占65.77%；集体所有的2.90亿立方米，占21.73%；个体所有的1.67亿立方米，占12.50%[①]。（见表10）

表10　我国林木（有林地）权属分布

	有林地林木		森林蓄积	
	面积（万公顷）	比例	总量（亿立方米）	比例
国家所有	7143.58	39.38%	8.79	65.77%
集体所有	5176.99	28.54%	2.90	21.73%
个体所有	5817.52	32.08%	1.67	12.50%

从以上数据可以看出，我国集体林地和林木占有极大的比重；而且，涉及农民的数量多达4亿[②]，集体林权改革的意义可见一斑。中央在推动林权改革的过程中一直倡导林业的两大价值：一是经济价值，二是生态价值。林业的经济价值是指基于林木及其附属产品所带来的市场收益，对于集体林权而言，其经济价值主要体现在通过林产品的买卖所带来的农民增收；林业的生态价值是指林木对于水源涵养、水土保持、空气净化等方面的重要作用。因此，“解决‘三农’问题必须把发展林业作为重要途径”、“建设生态文明必须把发展林业作为首要任务”成为2009年召开的中央林业工作会议的基本共识。

① 贾治邦主编：《中国森林资源报告：第七次全国森林资源清查》，中国林业出版社2009年版，第9页。

② 国家林业局政策法规司：《林权制度改革如何让农民受益》，载《人民日报》，2008年7月17日。

然而农民守着庞大的山林却一直没有致富，人们在植树造林、改善生态环境方面的意识和行动都显得不够积极，这两个问题一直困扰着中央和地方的决策者，对此的思考和解决也就成为林权改革的内在动力。原国家林业局局长贾治邦反复思考一个问题：18 亿亩耕地解决了 13 亿人口的吃饭问题和农民的温饱问题，为什么 43 亿亩林地没有解决 13 亿人的木材问题和生态问题？他认为，这都是林业体制不顺、机制不活造成的；林业要又好又快发展，林改是一道必须跨过的“坎”。而所谓林改，在贾治邦看来就是在坚持集体林地所有权不变的前提下，将林地的承包经营权、林木的所有权分到一家一户。[①] 从这个意义上讲，林权改革的核心就在于明晰产权、分林到户，逐步建立“产权归属清晰、经营主体落实、责权划分明确、利益保障严格、流转顺畅规范、监管服务到位”的现代林业产权制度。中央认为，实行集体林权制度改革，培育林业发展的市场主体，发挥市场在林业生产要素配置中的基础性作用，对于调动广大农民造林育林的积极性，增加森林资源，改善生态状况，实现增收致富具有重要作用；对于破解“三农”难题，促进人与自然和谐，建设生态文明，推动经济社会可持续发展具有重要意义。[②]

综上可知，新一轮的林权改革给自己设定的目标是：通过明晰产权、分林到户和林权流转，实现农民增收致富，同时调动农民植树造林的积极性，改善生态环境。

---

① 徐楠、朱红军：《林改已拿下“半壁江山”——专访国家林业局局长、全国绿化委员会副主任贾治邦》，《南方周末》2009 年 8 月 13 日。

② 国家林业局：《关于学习〈集体林权制度改革的意见〉的通知》，林改发〔2008〕142 号。

（二）林权制度的模式转换

新中国成立以来，我国的林权制度经历了三种模式的转换：第一种模式是 1949 年—1955 年间的家庭所有、家庭经营，这一时期制度安排的基本特征是在指向所有权均等化的过程中实现了所有权的私有化。新中国成立后，共产党向农民兑现了土地改革的诺言，通过“打土豪、分田地”使得广大的贫下中农能够拥有属于自己的一份土地和山林，从而激发农民进行农业生产的积极性。当然，土地私有化政策在耕地上推行得比较彻底，而在林地方面则没有那么彻底，尤其在南方农村，很多山林依然保留在宗族手上。然而人们很快就发现，以一家一户为生产单位的分散的个体经营，力量相当薄弱，积累率很低，有的地方甚至连简单的再生产都难以维持，根本无法抵御农林业生产过程中遭遇的突如其来的各种自然灾害的侵扰，更没有能力采用先进的农业生产工具和技术，以及进行必要的大规模农田水利基础设施建设[①]。

正是为了克服家庭所有、家庭经营模式的不足，林权制度进入了第二种模式，即 1956—1980 年间的集体所有、集体经营。农村的公社化实现了劳动力和生产资料的规模化整合，一方面有利于先进技术的采用和农田水利基础设施的建设，另一方面有利于国家自下而上的资源汲取用于国家的现代化建设。当然，土地的集体所有、集体经营也有其弊端，它容易造成搭便车、磨洋工等消极现象，难以持续激发农民生产的积极性。这一点在耕地方面表现得尤为明显。需要指出的是，由于林地的经济价值在当时远远低于耕地，因此人们对于林权的集体化模式并未过多在意。这实际上

① 郑风田等：《南方集体林区林权制度改革回顾与分析》，《中国人口：资源与环境》2009 年第 1 期。

正是林权制度变革向来要比耕地制度变革来得缓慢的重要原因。

20 世纪 80 年代以来，中国的农地制度发生了重大的变革，在耕地上确立了集体所有、家庭经营的模式。这种农地制度实际上整合了“家庭所有、家庭经营”模式和“集体所有、集体经营”模式的优势，同时较好地克服了各自的缺陷，被认为是中国农村产权改革的重要创举。很快，政府也试图将耕地制度的变革复制到林业领域，使所有权与经营权分开，由此开启了改革开放以来第一轮的林权改革。1981 年 3 月，中共中央、国务院发布《关于保护森林发展林业若干问题的决定》，将“分田到户”翻版到集体林区形成“均山到户”的“林业三定”，即稳定林权、划定自留山、确定林业生产责任制。1984 年，“林业三定”集体林权改革在全国正式启动。意想不到的是，“林业三定”政策并没有取得像分田到户那样的成功，反而引发了大范围乱砍滥伐的现象，山林资源遭到严重破坏，以至于中央政府不得不叫停林权改革。1987 年 6 月 30 日，中共中央、国务院发布《关于加强南方集体林区森林资源管理，坚决制止乱砍滥伐的指示》（中发［1987］20 号文件），指出要“严格执行年森林限额采伐制度；集体林中凡未分配到户不得分配；重点木材产区由林业部门统一管理，进山收购”。由此，“集体所有、家庭经营”的林权模式陷于夭折。在广大农村，大部分的集体林权依然归集体统一经营。

进入 20 世纪 90 年代之后，中国农地制度又出现了许多新的变化，最为重要的是允许土地使用权的流转。虽然“林业三定”政策已经被叫停，但是基层的林业产权交易流转却时有发生。然而由于林农限于自身投资能力弱和缺乏融资渠道，大都“一卖了事”地将自有林地转给当地投资能力较强的大户经营；而处于贫困状态的基层政府组织也乐于出面，将林地集中，以相对低廉的成本长期交由外来公司或当地政府成立的公司经营，由此形成“大户林”、“大款林”。[①]

到了20世纪90年代末期，有关农民负担的问题越来越受到关注。21世纪初期的中国“三农”政策，主要就围绕着减轻农民负担、促进农民致富这一主题展开。农业税费日益削减直至取消，农业补贴则日益增长，各种利好政策不断向农村倾斜。为了进一步向农民赋权，强化农民致富能力，提高农民植树造林的积极性，从2003年开始中央政府展开了新一轮的林权改革（《中共中央　国务院关于加快林业发展的决定》），并以福建、江西等地为改革试点。2008年，中央将林权改革推向全国，并提出用5年左右时间，基本完成明晰产权、承包到户的改革任务（《中共中央　国务院关于全面推进集体林权制度改革的意见》）。新林改可以看作是20世纪80年代“林业三定”政策的延续和推进，只是这次改革的决心更大，步子更激进。新林改的核心理念是将林权物权化，改革的内容主要包括以下几个方面：

第一，将原来由集体经营的山林确权到户，使农户真正享有山林的承包经营权。中央认为通过林权登记发证，明晰和落实森林资源所有权、使用权，对调动社会各方面造林、育林、护林的积极性，依法保护林权权利人的合法权益，维护林业生产经营秩序，推进森林、林木和林地使用权的合理流转，加强森林资源保护和发展具有十分重要的意义。[②]中央要求到2013年左右，全国基本完成明晰产权、承包到户的改革任务，实现产权到户、林权证发放到户和确立以农民为主的经营主体地位；做到确权率和林权证发放率均达到90%以上，集体林地家庭承包经营率山区不低于70%，

---

① 温铁军等：《中国林权制度改革：困境与出路》，武汉：华中科技大学出版社，2010，第145页。

② 《关于进一步加快林权登记发证工作的通知》，2003年。

丘陵地区不低于60%，平原区不低于50% 。[①]

第二，推动森林、林木和林地使用权的流转。在明确权属的基础上，国家鼓励森林、林木和林地使用权的合理流转，各种社会主体都可通过承包、租赁、转让、拍卖、协商、划拨等形式参与流转，以此来调动经营者投资开发的积极性。[②]

第三，中央也逐渐意识到，分散的家庭经营实际上并不利于林业的发展，无论是在经济方面还是生态方面。因此，在林权物权化的基础上，中央也倡导发展农民林业专业合作社。中央认为，建立农民林业专业合作社，能够有效解决千家万户的小生产与千变万化的大市场连接的交易费用大和风险成本高的问题；林业生产周期长，适度规模经营有利于按照自然规律和经济规律，实现良性循环；有利于完善乡村治理结构，促进基层民主建设和乡风文明。[③] 为了推动林业合作社的发展，中央还组织开展创建农民林业专业合作社示范县活动，试图以此提高林业生产经营组织化程度。[④] 同时，中央财政造林补贴将林业合作组织作为补贴对象，以此来催生林业合作组织。[⑤]

第四，与林权改革相伴随的是林业投融资改革，鼓励金融机构开发适合林业特点的信贷产品，拓宽林业融资渠道。[⑥] 中央要求在已实行集体林权制度改革的地区，各银行业金融机构要积极开办林权抵押贷款、林农小

①《林业发展“十二五”规划》，2011年。

②《中共中央国务院关于加快林业发展的决定》，2003年。

③《关于促进农民林业专业合作社发展的指导意见》，2009年。

④《国家林业局关于组织开展创建农民林业专业合作社示范县活动的通知》，2011年。

⑤《国家林业局办公室关于2010年中央财政造林补贴试点国家级核查结果的通报》，2013年。

⑥《中共中央 国务院关于全面推进集体林权制度改革的意见》，2008年。

额信用贷款和林农联保贷款等业务；鼓励把对林业专业合作组织法人授信和对合作组织成员授信结合起来，探索创新“林业专业合作组织 + 担保机构”信贷管理模式与林农小额信用贷款的结合，促进提高林业生产发展的组织化程度以及借款人的信用等级和融资能力；鼓励林区外的各类经济组织以多种形式投资基础性林业项目。①

（三）林权改革的地方实践

在中央的倡导下，各地的林权改革如火如荼地开展起来。按照“林权物权化、市场化”的指导思想，地方的林权改革围绕着“产权明晰”和“产权流转”探索各自的改革模式。虽然各地的林改都有自己的特色，但基本上可以归纳为两大模式：一是“分林到户”，二是“分股到户”。

“分林到户”是中央倡导的基本模式，强调将山林的承包经营权直接分到各家各户，就像在耕地上所做的一样。通过分林到户，农民可以像种菜一样在自己的承包山上种树。福建省的林权改革主要就是采用这种模式。作为新林改最早的试点，福建省的林权改革从一开始就备受关注。2004 年出台的《福建省林业厅关于集体林权制度改革若干问题的指导意见》（闽林综〔2004〕148 号）明确指出，林改的目标是通过集体林权的分解、分配，实现“均山、均权、均利”，从而达至“耕者有其山”。从 2003 年开始，不到三年的时间福建省就基本上完成了产权明晰的任务；至 2006 年 10 月，福建全省已完成明晰林地产权面积 7549 万亩，占应改革面积的 97%；集体商品林地产权已登记面积 7511.7 万亩，占应登记面积的 95%。② 相类似

---

① 《关于做好集体林权制度改革与林业发展金融服务工作的指导意见》，2009 年。

② 国家林业局推进社会主义新农村建设工作领导小组办公室：《福建省林改推进新农村建设见成效》，国家林业局网站，http：//www.forestry.gov.cn/。

的，山西省到 2011 年上半年已经累计完成集体林地确权 7521.38 万亩，其中家庭承包经营 5643.8 万亩，均山到户率为 75%[①]。

另外一种被采用的林改模式为“分股到户”，即将山林收益折成股份，将股份均分到户而山林本身不分到户，体现权益的均等化。这种林改模式在 2003 年和 2008 年的相关文件中都有所体现，但却是作为例外情况来处理的，即该政策只针对“不宜实行家庭承包经营的林地”。在林改舞台上与福建省齐名的江西省就经常采用“分股到户”的方法开展林权改革，尤其是对于那些已经流转而合同期限未满的山林、林权或界址存在争议而无法分山到户的山林、经营情况很好而群众要求继续维持集体经营的山林等。[②] 当然，江西省也强调“分林到户”，在某些地方甚至明确规定林改必须达到 80% 以上的到户率。[③] 广东省的林改主要采取了“分股不分山、分利不分林”的林业股份合作制的做法，该做法从“林业三定”开始就一直延续下来。[④]

实际上，“分林到户”和“分股到户”在本质上都是一样的，都是对集体经营权的一种分解，其目的都是通过明晰产权来推动林权流转。在广东省的 3 个试点县（市）集体林地中，除去不能继续流转的生态公益林外，仅集体已流转的林地面积就有 11.35 万公顷，占可以流转商品林的

---

① 何静：《山西集体林权制度改革研究》，《经济师》2011 年第 10 期。

② 彭宏松：《山定权　树定根　人定心——江西林业产权制度改革纪实》，中国共产党新闻网，2013 年 9 月 9 日访问。

③ 欧阳静：《林权改革瓦解乡村秩序——以 K 县为个案》，三农中国，http://www.snzg.net/article/2008/0926/article_11796.html，2013 年 9 月 2 日访问。

④ 徐正春等：《广东森林资源流转的现状、问题与对策研究》，《北京林业大学学报（社会科学版）》2005 年第 4 期。

45.2%。[1] 而在海南省，集体林木流转面积每年约6667公顷；全省集体林地使用权的流转面积每年约333公顷至667公顷；全省集体林地中的商品林地已发包42.68万公顷，占总量的72%。[2]

在中央和地方政府的共同推动下，新林改以令人惊讶的高速推进。从2003年开始试点，2008年全国铺开，到2009年9月底，全国已确权的林地面积达15.14亿亩，占集体林地总面积的59.42%，其中承包到户林地面积为9.96亿亩，占确权面积的65.7%，核发林权证的林地面积为11.36亿亩，占已确权林地面积的75%；发放林权证4804万本，拿到林权证的农户数为4391万户。[3] 到2012年，全国集体林地已勘界确权面积26亿亩，占集体林地总面积的95%，其中，经登记核发林权证确认林地所有权和使用权的面积达22.65亿亩，发放林权证9785万本，8397万农户领取了林权证。[4] 至此，新一轮的林权改革近乎完成。

三、改革困局

客观地说，林权改革确实推动了林权的明晰化和林权的流转，大量的集体山林在使用权上已经被分解。然而从相关的调研经验来看，随着林权物权化的推进，林权改革的最初目标不仅没有实现，反而出现了一些意外的后果。

---

① 杜国明等：《广东集体林权流转现状、问题及完善》，《中国林业经济》2011年第2期。

② 邓云秀：《完善海南集体林权流转制度的立法思考》，《海南人大》2009年第7期。

③《2009年全国林业经济运行状况报告》，国家林业局，http://www.forestry.gov.cn/，2013年9月1日访问。

④《国家林业局关于进一步加强林地确权登记发证工作的通知》，2012年。

（一）部分农民的林权受损

“耕者有其林”是新林改的核心目标之一，政府希望通过分权改革，将山林的集体经营权分解到各家各户，使农民能够把山当田种，从而增加农民的收入。令人意外的是，“分林到户”的政策反而导致部分农民林权受损。这样的案例几乎可以信手拈来：

案例 1。笔者在江西调研时发现，被视为林改标杆的江西林改造成了一大批“无山户”。以前，某县农村的责任山每十年调整一次，是为了防止因人口变迁和户口迁移所引发的资源占有不公的现象。因为如果山地永久不变，人口变化之后，就会出现人口增加的家庭占有极少量的山场，而人口减少（出嫁、死亡或成为城市居民）的家庭则拥有大量的林地。而那些成为城市居民的村民便会成为“不在村的地主”。如此，便会出现山林资源占有不公的现象，有违村庄的生存伦理。因为新林改不允许调整，那些人多山少的农户怨声载道。更为严重的是，一旦因公共建设造成村庄的山地面积减少时，如果不以人均占有面积重新调整山场，就会使一些农户沦为永久性的“无山户”。2007 年年初，刚刚拿到林权证的宋村村民遭遇了大规模的征地。宋村国道两旁的茶油山被县政府一次征用，造成至少 60 户农民成为“无山户”。政府以各农户手中林权证上的面积进行补偿，补偿的标准是：每棵茶油树补偿 12 元，每亩山地补偿 1000 元。（事实上，每棵茶油树一年所产生的茶油至少值 50 元。）这样，每个农户在一次获得 2 万元左右的补偿之后，因为山林已经归各家经营不再调整，便成为永久没有山地的“无山户”。

案例 2。在海南，村镇干部不依法实行公开招标，或者不经村民会议或者村民代表会议讨论决定，擅自以承包、出租等方式流转集体林地使用权的现象比较普遍。有的市县未经三分之二村民或者村民代表同意就将林地使用权承包给企业的面积占对外承包总面积的一半。圈占林地、炒买炒卖林地和林地闲置现象比较突出。在一些林业发展条件较好的地区，一些开发商大量占有林地，但是资金、技术并不落实，林地闲置丢荒；一些开发商占有林地，并不是为了自己开发经营，而是囤积土地或者炒买炒卖土地，低价买进，高价转包、转租。因为开发商大量囤积林地，必然造成林农直接占用的林地减少。①

案例 3。在陕西的调研显示，受访农户对林改政策及实践持“很不满意”和“不太满意”的达到 46.9%，而认为“十分满意”的仅占 5.6%。不满意的主要原因在于林地分配不公平、不民主而导致的林地占有不均，特别是普通民众对少数农村精英和外来资本凭借自身的优势和实力获得绝大多数集体山林很是不满。②

类似的案例还有很多，在此不一一列举。因为林权改革所造成的农民失权失利的问题引发了群众对林改政策的极大不满。林改不仅没能实现“耕者有其林”和“农民增收”的目标，反而造就了一个由少数人组成的“林场主”群体，他们通过不法或合法的途径，大规模地占有集体林权，而大部分农民则失去了原本“大家都有一份”的集体山林，自然会感到不公平。③

需要指出的是，中央对这个问题并非不清楚。在退耕还林工程中，中央就发现有些地方出现了大户侵害农民利益、管护责任不落实的现象。④

---

① 邓云秀：《完善海南集体林权流转制度的立法思考》，《海南人大》2009 年第 7 期。

② 何得桂等：《农民视角的西北地区集体林权改革政策研究——以陕西为例》，《改革与战略》2012 年第 7 期。

③ 储建国、贺东航：《经济共和主义视角下的地权改革——以林权改革为例》，《开放时代》2009 年第 6 期。

④《关于做好退耕还林工程大户承包管理工作的通知》，2004 年。

而在集体林权流转的过程中，中央也明确指出一些地方暗箱操作，低价转让集体林地、林木的现象时有发生，造成农民失山失地和集体森林资源资产流失，有的甚至引发林权纠纷、毁林和群体事件，对森林资源安全和林区和谐稳定带来了不利影响。[①] 随着事态的恶化，中央于2013年专门发文，要求各级林业主管部门要充分尊重农民林权流转的主体地位，不得把林权流转指标作为评判集体林权制度改革是否成功的标准，不得将流转规模作为工作政绩，更不得把促成流转作为招商引资优惠条件强行推动。[②]2013年的发文很准确地概括了当前基层林权改革的状况，正是这些状况直接减损了农民的林权利益。

由此可见，新林改没能有效改变林权分配的不平等，反而进一步恶化了这种不平等的状况。[③] 虽然国家对于“耕者失其林”的问题有所了解，也出台了相关的规定，但是并没能从根本上走出该困境。因为一个根本的问题被忽略了，即“耕者失其林”的困境与新林改的理念直接相关（下文将对此进行专门的论述）。

（二）基层治理弱化

调研表明，改革前大部分集体林地经营权和林木所有权都掌握在集体手中，是山区基层组织最重要的集体经济，林权改革可以说是从根本上触及了基层组织的利益。[④]

---

① 《国家林业局关于切实加强集体林权流转管理工作的意见》，2009年。

② 《国家林业局关于进一步加强集体林权流转管理工作的通知》，2013年。

③ 温铁军等：《中国林权制度改革：困境与出路》，武汉：华中科技大学出版社，2010，第137页。

④ 吕德文：《林权改革将触动基层组织建设的经济基础》，三农中国，http://www.snzg.net/article/2008/0918/article_11692.html，2013年9月2日访问。

实际上，林权改革的另外一个理论基础认为，基层政府掌握了大量的林权资源必然导致腐败，而改革正是为了避免腐败的发生。客观地讲，确实有基层政府因为手中握有资源而走向贪腐；但是也要看到问题的另一面，即作为集体经济的林业资源在维系基层治理过程中的重要作用，尤其是在国家财政转移支付严重不足、基层财政入不敷出的情况下，集体经济承担了大量的水利、教育、公路等基础设施建设任务，为农村生产力的发展创造了基础条件。在林区，相当一部分的林业资源较好地支撑起基层治理的运作，并且构成了国家税收的重要组成部分。①

随着农业税费的取消，基层政府的治理资源日益萎缩，再加上财政转移支付严重不足，林权改革进一步瓦解了集体经济收入，广大山区顿时陷入了瘫痪或半瘫痪的困境，地方政府管理受到严重的影响。

案例 4。由于江西省集体林权制度改革取消了县、乡、村所有的收费项目，把利益最大限度地让给了林农，使得各级地方政府收支矛盾加大，正常运转受到很大影响。如铜鼓县林改后减少税收和各种收费收入共 4 809 万元，在省财政补助林改资金 513 万元和国家取消农业特产税转移支付补助 1 085 万元弥补后，仍有资金缺口 3 211 万元，这对于地方财政收入只有 5 800 多万元的小县来说，是一个很大的资金缺口。奉新县柳溪乡林改后收入减少 400 万元左右，因此，乡政府用于乡村公路维修建设、弥补教育资金、优抚社保、农村水利、镇村干部各种补助等支出也相对减少，导致基层政府机构运行困难，开展各项公益事业受到影响。②

可以认为，村民自治的顺利实施不仅需要完备的法律制度，而且还需

① 吕德文：《林权改革的历史与现实》，《调研世界》2009 年第 1 期。

② 朱再昱等：《现阶段江西集体林权制度改革的评价与思考》，《安徽农业科学》2009 年第 5 期。

要具备一定的经济基础，即集体经济。正是因为集体拥有对山林的统一经营管理权，使得村民不仅在选举时表现出极大的热情，而且，还关注于日常的村庄治理[①]。调研发现，一旦农民没有统一的经济利益，每个家庭都只盯着自己的一亩三分地，其对于村庄选举和村庄治理的热情就大为减弱。既然山林都分到各家各户了，谁还有动力去关心集体的事务呢？没有足够大的集体利益，就不会有足够充分的集体参与，这是一个基本的常识。经济的个体化不仅无助于培育有政治参与意识的公民，而且容易造就“无公德的个人”。

（三）部分地区社会矛盾剧增

在一些地方，新林改不仅没有强化农民对政府的认同感，反而引发了越来越多的社会矛盾。这些社会矛盾主要包括三种类型：一是村民与大户、企业之间的矛盾，二是村民与地方黑灰势力的矛盾，三是村民与政府之间的矛盾。

林权改革的制度设计在很大程度上是为了引入外来资本，实现规模化经营，然而当公司大规模介入后，很容易导致大量农民失山失地。在林权改革比较彻底的福建和江西普遍出现集体山林以各种合法或不合法方式向山林大户集中的现象，失山林农心理上很不平衡，矛盾越积越深。2006 年至今，在福建、江西、湖北、贵州、云南，林权纠纷频频发生，有的甚至演变成大规模群体事件。[②]

① 吕德文：《林权改革将触动基层组织建设的经济基础》，三农中国，http://www.snzg.net/article/2008/0918/article_11692.html，2013 年 9 月 2 日访问。

② 徐楠：《资本上山，林改失范——江西铜鼓平息林权纠纷》，《南方周末》2008 年 10 月 30 日。

案例 5。绿海公司是 2004 年江西铜鼓县引进的一家专门从事木材加工的民营企业，公司根据当时市场价格在铜鼓县购买了国乡联营人工林 7.8 万亩作为原材料加工基地。随着集体林权制度改革的深入，林业税费大幅减免，木材价格大幅上涨，林农觉得当初与绿海公司签订的山林转让合同吃亏了，时有偷盗绿海公司林木现象，为此村民与绿海公司选聘的护林员多次发生冲突。2008 年某天，绿海公司护林员的车辆在过双红村“三防”协会设置的木材检查站时，因检查站的人员未及时打开护栏，绿海公司护林人员十余人当即砸开检查站的栏杆锁，并打砸了该检查站的办公室，双方由此引发冲突。双红村村民获悉后越聚越多，绿海公司护林员也打电话叫来三十多名社会闲杂人员携带砍刀、铁棍等凶器前来支援。当地派出所五名民警、帅江等镇干部以及绿海公司的一名吴姓副总也赶到现场。在帅江等人的劝解下，正当事态已基本平息时，绿海公司一名护林员说：“我们就这样走了，太没面子了。”话音刚落，绿海公司一护林负责人大声喊道：“给我打，给我杀！”于是，绿海公司请来的“援兵”用砍刀、石头、铁棍等凶器对毫无戒备的村民发动突然袭击，打伤包括镇长帅江在内共计十一人，其中三人重伤，一名村民的耳朵被削掉一只，手段极其残忍。[①]

长期以来集体内部成员相对平均的经济关系及相对扁平的社会结构随着林权的二次流转而改变，严重影响农民之间的社会关系，引发了各种社会矛盾。

案例 6。2007 年我们到江西某县调研，发现当地的林改刚刚结束不久，

① 参见《江西铜鼓林权纠纷引发群体事件》，财经网 2008 年 10 月 27 日，http://www.caijing.com.cn/2008-10-27/110023495.html，2013 年 9 月 2 日访问；《江西铜鼓县山林冲突调查：农民与企业积怨总爆发》，中国新闻网，http://www.chinanews.com/gn/news/2008/10-27/1426945.shtml，2013 年 9 月 29 日访问。

地方上的灰色势力便携带着资本进入山区，以最低价格收买各村的山场。这些灰色势力以参股为诱饵，拉拢村庄中的强势人物，使他们成为股东之一，之后便动员这些人去说服村民卖山。村民无奈地说，只要有一部分村民愿意卖山，其他人就不得不卖，不然个体农户无法防预林木被盗。事实上，只要有三家大林户愿意卖，其他林户就不得不卖。据说，一些山场的卖价为每亩450元。灰色势力携带资本进入山区后，不仅控制着林业资源，而且控制着林业的生产、加工和销售，即整个林业产业，从而形成对林业要素市场的垄断局面。结果林木价格被迅速抬升，之前拥有山林的农民反而买不起林木了，农民大为不满，只能通过“偷窃”行为来进行报复，造成严重的社会紧张。

农民遇到社会冲突，常常利用上访的方式来寻求解决。2008年林权改革在全国展开，2009年国家林业局受理来信来访总数达到6700多件，比2008年增长10%，群访人数比2008年增加32%，而且初信初访比例高，反映的问题集中在乱砍滥伐森林和林木、林地权属纠纷、侵害林农权益、退耕还林中弄虚作假、林区群众生活困难等方面。[①]这些求助型的上访一旦没能得到及时有效的化解，就很容易造成民众对政府的不信任，甚至引发大规模的群众抗议事件。

面对这些层出不穷的社会矛盾，林业部门专门出台了预防突发事件的文件，要求建立健全林业主管部门参与因集体林权制度改革引发突发事件的预防、处置工作机制，最大限度地预防和减少林改突发事件的发生，从而维护社会的稳定。所谓的林改突发事件是指林权改革过程中所发生的对经济发展、社会稳定、生态安全有重大影响，造成或者可能造成人民生命

① 《国家林业局关于进一步完善和落实各级林业部门信访工作制度的通知》，2010年。

财产和森林资源重大损失的群体性事件。[①] 林权改革中的突发事件之所以如此受重视，是因为我国森林资源多集中在贫困山区和边疆少数民族地区，权属问题处理不好，极易引发林区和民族地区社会不稳定。[②]

林权改革原本是对农民的赋权让利，按理应该得到大多数人的认同与支持，结果却引发了群众的普遍不满和反对，甚至需要国家专门发文来制定突发事件的预案，这本身就是一件匪夷所思的事。

（四）部分地区生态环境恶化

林权改革的另外一个核心目标是保护植被、提高农民植树造林的积极性，从而优化生态环境。环保主义者冯永锋曾经跟国家林业局的专家讨论林权改革的意义，后者认为林改是为了减缓砍树的行为，因为林地分到每个人手里，大家就不想砍了。[③] 然而实际情况却不尽如人意。

学者王东京曾经到林改相对彻底的江西考察，发现一个令人费解的现象。原本以为，农民拿到“林权”后会爱惜山林，可想不到农户却将自己山上的用材林一砍而光。而面对大面积砍伐，政府只能干着急，管不了。[④] 安徽大学“三农”问题专家张德元教授去云南、贵州农村考察，发现林权改革导致了当地农民大规模砍树。[⑤]

---

① 《集体林权制度改革突发事件应急预案》，2011 年。

② 《国家林业局关于进一步加强林地确权登记发证工作的通知》，2012 年。

③ 《举报者做客搜狐：谁是黄冈毁林的幕后推手》，搜狐网，http://lvse.sohu.com/20080708/n258014321.shtml，2013 年 10 月 1 日访问。

④ 王东京：《林权改革谁来补台》，三农中国，http://www.snzg.net/article/2009/0425/article_14311.html，2013 年 9 月 2 日访问。

⑤ 李昌平：《支持林权改革，但反对制造林改神话》，《中国社会科学报》2008 年 10 月 28 日第 005 版。

张德元还发现，云南从20世纪80年代后期推行的山林承包期50年不变的政策并没有达到激励农民栽树的目的。[①]孔凡斌对江西省2484户林农进行过实证调查，发现分山到户后农户砍伐林木获取经济收益的积极性空前高涨，家庭林业经济收入增长幅度大，但是家庭林业生产费用支出增长率并没有与收入增长率保持一致，而是明显地落后于后者，说明在林地权属被过度分散后，农民短期收获欲望明显增强而长期投资经营林地意愿并没有同步增长。[②]

实际上，就算是在林木被砍伐之后种上其他的树，生态效果不见得就能完全恢复。在环保主义者李清平看来，林权改革希望把林地当田里的庄稼一样来收割的观念是错误的，因为天然林和人工单一林种的生态价值是不可同日而语的。[③]对于现在大量种植的速生林和经济林可能对生态环境造成的破坏，很多学者都表示担忧。冯永锋一直关注中国的天然林保护、生物多样性保护问题。2008年4月，他出版了长篇环保报告文学《没有大树的国家》，该书通过发生在福建、江西、吉林、海南、云南、四川、北京等地7个方面的故事，共同证实了一个趋势：中国的天然林覆盖面越来越少，不利于中国的生态保护。[④]一个典型的案例就是，西南地区向来是我国森林植被最好的地区之一，近年来却频繁发生干旱。西南大旱的发生当然与气候变化有关，但是与当地植被破坏所导致的水土流失、水源涵养

① 李昌平：《支持林权改革，但反对制造林改神话》，《中国社会科学报》2008年10月28日第005版。

② 孔凡斌：《集体林权制度改革绩效评价理论与实证研究——基于江西省2484户林农收入增长的视角》，《林业科学》2008年第10期。

③《举报者做客搜狐：谁是黄冈毁林的幕后推手》，搜狐网，http://lvse.sohu.com/20080708/n258014321.shtml，2013年10月1日访问。

④ 冯永锋：《没有大树的国家：一位生态卫士的环保苦旅》，法律出版社，2008。

功能弱化、生态系统恶化也脱离不了干系。贺东航教授对林权改革有深入的调查研究，他发现随着林权改革的推进，很多山林资源被破坏掉了。以湖北永红村为例，外来资本掌握了600亩山林以后，将其中500亩的树全部砍光，卖掉后在山上种玉米，从而获得国家补贴，结果却造成水土严重流失，一个村民组的水稻全部被淹；而在江西铜鼓，绿海公司的毁灭性砍伐对当地生态环境的影响也日益明显[①]。

四、困局何以产生？

以“分林到户”为核心的新一轮林权改革不仅没能实现既定的目标，反而陷入各种困局之中。那么，林权改革的问题出在哪里？如果维持林权原样是否会更好？

（一）林权改革，问题出在哪里？

1. 林权改革与林业资本化

林权改革试图通过向农民赋权来增进农民收益，然而产权私化和流转必然导致林业的资本化，最终损害农民的利益。而在这个过程中，政府的权威和利益也同样遭受贬损。

进入21世纪，我国城市经济已经表现出典型的金融过剩特征，而大多数没有条件进入工业化的农村地区则仍然处于“金融排拒”和流动性不足状况。过剩资本越来越强烈地表现出占有可变现资源以获取资本化制度

① 徐楠：《资本上山，林改失范——江西铜鼓平息林权纠纷》，《南方周末》2008年10月30日。

受益的冲动，这实际上是林权改革的根本动力。[①] 林业被视为绿色银行，是全球资本过剩下最好的避险投资领域。因此，林权改革一启动，国内外的资本都欢呼雀跃，而真正来自农民参与的欢呼却非常少。[②] 为林权改革而欢呼的另外一个主体是地方政府，因为随着林权改革的深化，外来资本大规模进入山林开发领域，这正迎合了乡镇政府招商引资的需要，由此形成了山林流转的初始动力。[③] 贺东航在研究福建林权改革的时候发现，大量有关林业的合同几乎都是在2004年—2005年之间签订的，而这时正是福建林权改革开始试点之时。[④]

随着林权改革的推进，国际林纸企业大鳄纷纷在中国闪亮登场：金光公司来了；嘉汉林业来了，远在大西洋小岛上的曼图林业来了。一时各地林业部门将他们敬若神明，奉为上宾；各方为其张罗，处处为其大开绿灯，名曰"林纸浆一体化"。[⑤] 据资料显示，2004年嘉汉林业在中国的林地面积是242 000公顷，到2006年就达到了352 000公顷，两年间林地占有面积增长了68.75%，而平均每公顷的林木蓄积量从73立方米涨到87立方米。按照04年到06年增长110 000公顷换算，也就是两年间占有林地增长了1 100平方千米，这相当于一个香港特别行政区的面

① 温铁军等：《中国林权制度改革：困境与出路》，华中科技大学出版社，2010，第149页。

② 冯永锋：《林权改革如何避开陷阱——林地不同农地农业思维习惯或许有害森林生态》，《南方周末》2008年7月31日。

③ 郭亮：《资本下乡与山林流转——来自湖北S镇的经验》，《社会》2011年第3期。

④ 徐楠：《资本上山，林改失范——江西铜鼓平息林权纠纷》，《南方周末》2008年10月30日。

⑤ 李清平：《我对国家的绝望，自全民砍树毁林始！》，中华网，http://club.china.com/data/thread/1011/2712/51/73/8_1.html，2013年9月2日访问。

积。[1] 显然，林权改革吸引了大量过剩的国内外资金进入林业。2007 年，福建省三明市对林业形成 19.3 亿元的投资，其中利用台资和区外资本 16 亿元，占了涉林项目的一半以上。[2]

同时，国内资本也大量圈占林地资源。据初步统计，海南省集体林地中的商品林地已发包 640.2 万亩，占 72%。在已发包的集体商品林地中，发包给金华林业公司的 84.7 万亩，占 13.2% ；发包给其他企业和造林大户的 204 万亩，占 32%，企业、民间资本投入林业资金达 4 亿多元。[3] 在云南，甚至有很多大企业派人蹲在村里，就等着林权改革的到来。[4]

资本不是会支付农民租金吗？没错，问题是农民拿到的租金远少于他所失去的，林业资源的大头都被资本拿走了。在江西铜鼓，绿海公司为优质的山林开出的价格是每亩 80 元，略差的 70 元。后来每年每亩补偿 5 元，补到 2014 年，到时每亩的价格就会达到 125 元。据当地有关人士评估，当时的山林市场价格，在每亩 400 元上下。今天，这个数字已经涨了三四倍。几乎所有林农都为巨大的价格反差而不安："当年卖一亩山的钱，现在连一棵树的价钱都赶不上啊！"[5] 而在湖北黄冈，曼图林业公司开出的价格是土地租金 12.8 元 / 年亩，林木价格 111 元 / 吨。付款方式是签订合同办理林权证后，按实际面积每亩支付 120 元定金和第

① 《一斤猪肉一亩地　嘉汉在华一年疯狂毁林面积相当于三个香港》，搜狐网，http://lvse08.blog.sohu.com/93595506.html，2013 年 9 月 2 日访问。

② 温铁军等：《中国林权制度改革：困境与出路》，华中科技大学出版社，2010，第 152 页。

③ 邓云秀：《完善海南集体林权流转制度的立法思考》，《海南人大》2009 年第 7 期。

④ 《举报者做客搜狐：谁是黄冈毁林的幕后推手》，搜狐网，http://lvse.sohu.com/20080708/n258014321.shtml，2013 年 10 月 1 日访问。

⑤ 徐楠：《资本上山，林改失范——江西铜鼓平息林权纠纷》，《南方周末》2008 年 10 月 30 日。

一年土地租金 12.8 元，共计 132.8 元 / 亩。以后每年采伐 10%，按实际出材量计算付款，扣除原付定金。根据曼图在湖南、云南、广西三省签订长期的合作协议，湖南和云南省木材每立方米不高于 260 元，在广西每立方米不高于 380 元。这样曼图林业可以保证每立方米毛利润达到 20 到 23 美元，也就是说每立方米的木材一半左右利润被曼图林业拿去。[①] 农民拿到手的租金是如此有限，对于增加其收入几乎是可以忽略不计的，这就难怪各地农民会站出来反抗。而地方政府几乎是一次性将林地圈给资本从而获得一次性的收入，从而导致基层治理难以为继，社会稳定难以保障。

对于资本来说，理性的选择是尽可能地砍伐林木，维护生态平衡从来就不是资本的义务。在曼图林业公司的合同上写得很清楚，公司要的是成片的森林，不要亩蓄率在两立方米以下的，而且每一片林地不能少于 500 亩。[②] 这样的条件显然最有利于节约砍伐成本和生产成本。嘉汉林业 2008 年 5 月 16 日发布的一份季度材料显示，种植树的比重仅占 17%，为 53000 公顷，而直接购买林木占 61%，为 188000 公顷。[③] 显然，资本为了牟利最好的选择就是砍伐。在江西铜鼓，县人大和政协联合调查的报告显示，公开在册的绿海公司木材放行量，在 2006 年和 2007 年都远超其 4.5 万方的砍伐指标。铜鼓县一位不愿意透露姓名的公务员说："绿海，就是铜鼓的'南霸天'。他们几乎拥有执法权，对于其林地的盗伐者，绿海的护林员可

---

① 《一斤猪肉一亩地 嘉汉在华一年疯狂毁林面积相当于三个香港》，搜狐网，http://lvse08.blog.sohu.com/93595506.html，2013 年 9 月 4 日访问。

② 《举报者做客搜狐：谁是黄冈毁林的幕后推手》，搜狐网，http://lvse.sohu.com/20080708/n258014321.shtml，2013 年 10 月 1 日访问。

③ 《一斤猪肉一亩地 嘉汉在华一年疯狂毁林面积相当于三个香港》，搜狐网，http://lvse08.blog.sohu.com/93595506.html，2013 年 9 月 5 日访问。

以扣押车辆、罚款，甚至没收林木。”铜鼓群体性事件的爆发也正是因此而起[①]。有趣的是，弱小的林农去偷伐（原本一直属于他们的林木），马上就会被制止，但绿海公司长期过量砍伐却没有受到规制。因此，农民很容易就将对资本的愤怒转移到政府身上。一方面，政府的权威遭受贬损；另一方面，地方的生态系统也遭受破坏，除了资本之外，农民和政府都是最终的受害者。

2. 林权改革与社会排斥

林权改革导致了林业的资本化，它的另外一面就是林改的社会排斥效应。少部分人因为林改而迅速发家致富，而绝大多数的农民却被各种社会排斥机制排斥在林改之外，失去了原本属于“大家集体所有”的山场。

有一种观点强调个体的理性，认为每个人都会理性地做出决策，因此将林权分到个人并不必然导致林权的集中。问题是，当面对庞大的资本时，个体农民的理性就显得过于苍白了。个体农户的理性显然敌得过“公司”的理性，正如股市有能力套牢“理性”的城市人，今日资本有能力诱使八亿村民“自由自愿”地出售土地。[②]在整个山林流转的过程中，价格和程序都是由“资本”方单方面制定，并通过暴力和权力的运作施加于农户，而分散的农户根本无法发出自己的声音。在这种情况下，农户不可能基于市场的原则与“资本”进行实质性的谈判，只能获得“资本”所主动给予的有限利益。[③]

为什么农民不能根据自己的意愿与资本谈判、竞争呢？由于普通个

① 徐楠：《资本上山，林改失范——江西铜鼓平息林权纠纷》，《南方周末》2008 年 10 月 30 日。

② 潘维：《农地“流转集中”到谁手里》，《天涯》2009 年第 1 期。

③ 郭亮：《资本下乡与山林流转——来自湖北 S 镇的经验》，《社会》2011 年第 3 期。

体农民家庭所持有的原始资本是非常有限的，和外来的非农村商业资本相比，他们的资本不仅量小，而且非常分散，在山场的招投标竞争中根本难以在同一平台上和外来资本进行竞争。即使农民通过集体联营的方式参与竞标，也难以和外来巨额的商业资本相竞争。这就不难理解，普通个体农民经过资本市场的排斥之后，基本上难以获得山场，而很多来自村外的投资者或者投机者则“购买”了大片的林地。① 因此，即使整个招标程序是公正公开的，每一个人在形式上都有参与招标的权利，资本最终总是胜出的一方。

按照林改制度的设计，林业最终还是要走规模化、专业化、集约化经营之路，在这种思路的指导下，加上招商引资的冲动，地方政府就乐于推动林权的资本化，甚至直接采用行政手段“强制性”地把林权集中于一些经营实体，由此出现了一些占有几万甚至数十万亩“原料林基地”的企业实体。②

因为林权改革所造成的社会排斥效应，多数农民不仅没有获得收益，反而蒙受了不小的损失。在林改之前，由于林权属于集体所有，林业产权主体的模糊性以及集体“成员权”的确定性，使得任何本村集体的农民都可以从中获取某种收益，包括盖房用的木头，平常做饭用的薪材，农民需要都可以直接上山去砍。这其中除了盖房用的木头要缴纳少量的费用之外，其他收益基本上都是近乎“免费”的。而林改之后，原本属于集体所有的林木变成了一个明确的经营主体所有，这就意味着今后农民要么以市

---

① 贺东航等:《湖北集体林权制度改革的实践、成效与展望》,《湖北社会科学》2008年第12期。

② 朱冬亮:《集体林权制度改革中的社会排斥机制分析》,《厦门大学学报(哲学社会科学版)》2007年第3期。

场价去购买这种用材，要么就只能盗砍、盗伐或者破坏生态公益林。[1]

3. 林权改革与反公地悲剧

所谓反公地悲剧，是指拥有否决权的人数过多，导致决策无法通过、资源无法充分利用的困局。林权改革通过赋予每个个体独立的林业产权，实际上也就大大增加了林地管理的否决权。

前文讲到，随着林权改革的推进，各地出现了新一轮的砍树潮。除了林业公司大规模的砍伐之外，农户也增加了自己的砍伐量，甚至在林木成材之前就将其砍掉。按常理，用材林要生长成材才能赚钱多，可农民为何要提前砍伐呢？最主要的，是农民担心林木被盗。林改前，公家有护林队专人看守；可林改后，护林队没了，防盗的责任落到了农民自己头上。问题是，许多农户的青壮劳力外出务工，家里无人手；即便家里有劳力，仅几十亩山林却要占个劳力，得不偿失，所以不如砍掉了事。[2] 而砍伐树木具有连锁反应，林改后农民往往一窝蜂地砍伐，因为那些后砍伐的树面临被偷盗的风险随着林木的减少而强化，因此农民只能争先恐后地将自己的树砍掉。

面对共同的被盗风险，为什么农民不自己组织护林队呢？原因有两个：一是存在搭便车的现象，有的人因为各种原因不愿意出人出钱，其他人自然也不愿意吃亏，因此往往只要有一个人不参与，整个合作就无法达成。既然每个人都有权利，谁都不能强迫谁，因此农民根本没有办法来克服钉子户的问题。二是涉及的农户极多，组织护林队的协商成本

① 朱冬亮：《集体林权制度改革中的社会排斥机制分析》，《厦门大学学报（哲学社会科学版）》2007 年第 3 期。

② 王东京：《林权改革谁来补台》，三农中国，http://www.snzg.net/article/2009/0425/article_14311.html，2013 年 9 月 2 日访问。

远远超过了任何一个人的承受能力。如果整个山林只有三四家农户经营，那么协商起来就相对容易，然而在中国农村，共同拥有山场的农户往往是成百上千，想要自愿达成协议，谈何容易。因此，一旦分林到户之后，护林队几乎就不可能重新组成，结果就造成了农户的砍树潮。这就是所谓的反公地悲剧。

从这个意义上讲，集体统一经营的山林由于有统一的经济收入，可以由集体雇用护林员，从而避免了反公地悲剧的发生。据调查，山场如果属于集体的或是有了一定的规模，能够在一定的程度上减少相互偷砍林木的行为。①

（二）不改革，是否更好?

既然林权改革存在这么多的问题，不改革是否会更好？从调查经验来看，有些地方的林权改革不彻底，没有实现“分林到户”，山林资源依然保持着集体经营的状态；而且由于集体之间的边界原本就比较清晰，改革前的林权分配也相对均衡，不存在严重的林权集中现象，这些地方的林权制度反而呈现出非常良好的运行状态。改革不彻底效果却比较好的情况主要有两种：

一是由村组集体统一经营山林，林权收益归村民集体享用。例如在四川瓦窑村，大部分集体林权未确分到户，而采用股权换林权的方法，即农民把林权委托给村社集体经济组织，村社集体发给农民股权证，按股分配林地流转收益，林木的所有权和使用权流转收益属原承包户。通过村民会

① 訾小刚、赵旭东：《“偷”与林权——以赣南某村落林权状况调查为例》，《云南大学学报（法学版）》2007年第6期。

议，这些收益也可以留作集体公益事业开支，从而壮大集体经济。[①]

二是由宗族社区统一经营山林，林权收益归宗族成员集体享用。笔者在广东韶关调研时发现，当地的山林实行一种与耕地不同的经营模式，即山林在事实上属于宗族所有、并且归宗族统一经营。[②]

无论是村组集体还是宗族社区统一经营山林，由于农民能够充分地参与进去，并且能够平等地分享山林资源，因此不仅不会发生产权冲突，而且也较少有乱砍滥伐的现象，当地的生态环境因此保持得比较好。另外一方面，由于拥有集体林业收入，基层治理相对有序，社会关系也得到较好的整合。

（三）为什么需要林权改革？

林权改革的一个重要目标是使林业产权清晰化，从而有利于林权流转和农民增收。林业产权的清晰化确实有助于林权流转，但是对于农民增收却不见得有长期的效用。应当辨明两种类型的产权清晰化，一是个体之间的产权明晰，二是集体之间的产权明晰。对于林权改革来说，这两方面显然都是重要的，然而政策在实践中更偏向于厘定个体产权的界限，对于集体之间的产权界定往往马虎了事。实际上，中国的山林长期处于集体经营的状态，集体内部往往已经形成较好的产权配置规则，因而不容易发生纠纷；而在不同集体之间，例如组与组、村与村之间的边界，则因为长期存在的历史问题而时常引发矛盾。如果说林权改革对于产权明晰化的主张有其合理性的话，那么主要就集中在集体之间的产权冲突上。如果能够通过

① 庞淼：《四川集体林林权改革的经验、问题与启示——双流县兴隆镇瓦窑村的案例调查》，《产业经济》2012 年第 2 期。

② 详见第二章。

林改逐渐化解这些边界问题，必然会减少大量的社会矛盾，从而有利于基层的稳定。然而，相对于集体内部的分权来说，集体之间的产权明晰化显得尤为困难和敏感，因此地方政府一般不愿意介入。结果，随着林业资源的剧增，这种不彻底的改革使得集体间的林权纠纷愈演愈烈。

事实上，由于集体林权边界不清而引发的大规模群体性事件很普遍。地方政府往往以维稳的名义尽可能不触及这类马蜂窝，结果这些边界始终保持模糊的状态，一旦出现利益之争，很容易就爆发群体性事件。

案例 7。2013 年笔者赴广西农村进行调研，发现随着国家资源的大量下乡，集体间的林权纠纷成为当地最主要的社会矛盾。2002 年冬，B 村砍除油茶树，准备开发种植水果。N 村多次组织村民进行阻拦，引发林地权属争议。2004 年 10 月 31 日 N 村组织近 400 人，发射“烟花弹”引起 B 村民彭某、徐某等人的果园内杂草燃烧，烧死早熟柑树 309 株、脆灌梨树 163 株，后经物价部门鉴定，造成直接经济损失 23700 元。由于地方政府处理不当，2005 年元月 7 日 N 村民群众近 200 人（大多数是妇女）来到县人民检察院，不断漫骂检察干警，对接待他们的检察院领导、干警进行推拉。村民在院内大肆漫骂、攻击和殴打公、检、法干警，抢砸记者的摄影机，县人民检察院在 N 村民群众的冲击下一片混乱，先后有县公安局的 9 名男民警、1 名女民警，县法院 3 名干警、县检察院 3 名干警被围攻、推拉拉扯、踢打，其中有 5 名男民警、1 名女民警的警服、腰带、警帽、警衔标志被扯脱扯烂丢掉踩踏，5 名男民警、1 名女民警不同程度被打伤。该事件引发了境外媒体的关注，给当地政府造成了非常负面的影响。

除了集体之间的林权没有明晰化之外，有些地方林权改革不彻底还表现在改革仅仅在文本上进行，对于先前林权分配不均的问题没有从根本上予以化解。贺东航等人的调研表明，此次林改只是把林改前已经流转出去的集体林权给予重新确权发证（即“三维护”），而不是从根本上对原有的产权配置做出变动，林权经营主体基本保留不变。[①] 而此前不平等的分配格局主要表现在“干部林”“大户林”以过低的价格、过长的期限集中了农民过多的山林。以海南为例，许多市县林地使用权的承包、租赁期限达到 50 年至 70 年；儋州市林地发包面积超过 2 万亩的就有两宗，公司或个体老板承包林地千亩以上的还有多家。儋州市 2002 年以前以承包方式流转林地使用权的年承包金每亩一般在 5~25 元。例如，海南某公司 2000 年承包儋州兰洋镇番加地区 2.4 万亩林地，承包金每年每亩仅 5 元，承包期为 70 年。[②] 这种分配格局一旦固化，就形成了庞大的既得利益集团，必然对新林改产生重要影响。正是因为这个原因，对于很多地方来说，新林改几乎就是对既成事实的确认与合法化。

由此可见，林权改革不是“该不该改”的问题，而是“该改什么”的问题。对于集体边界不清的问题，是应当进行明晰化，从而避免群体性事件的频发；对于早期林权分配不均的问题也应当改革，使得农民能够真正享有集体林权的好处。另外一方面，对于集体内部的林权，如果不存在分配不均的问题，而农民也没有强烈的意愿要求“分林到户”，政府则没有必要强制变革。

五、进一步的讨论

林权改革并没有明确提出产权私有的方案，而是在坚持集体所有权的

---

① 贺东航、朱冬亮：《关于集体林权制度改革若干重大问题的思考》，《经济社会体制比较》2009 年第 2 期。

② 邓云秀：《完善海南集体林权流转制度的立法思考》，《海南人大》2009 年第 7 期。

基础上尽可能将使用权个体化。然而从全球物权理论的发展来看，用益物权的实际价值日益重要，甚至有盖过所有权之势。因此，使用权和处置权等权属的物权化实际上是一种变相的产权私化方案。国家林业局将新集体林改定性为“农村联产承包责任制的继续和完善”，改革是要“给予林农真正意义上的物权”。[①] 林权的物权化被认为有利于进一步解放和发展农村生产力，充分调动和激发农民发展林业生产的内在积极性，[②] 使农民“把山当田耕，把树当菜种”。[③]

市场流通的信条在林权改革中主要体现在对山林流转的推动上。中央认为，集体林地明晰产权、承包到户后，集体林权流转是实现森林资源资产变现，优化配置资源，进一步解放和发展林业生产力的必然要求。[④] 地方政府虽然在林改模式上各有不同，但是在林权流转的主张上却是一致的，认为推进林地使用权和林木所有权的合理流转，是盘活林地和林木资产的重要途径。[⑤] 对于林权流转的推崇不仅在政策层面流行，在学界也颇为流行。学者往往认为村民对于林权流转的概念、方式及流程认识不足，以至于无法实现林权在市场上的真正流转，从而盘活林地，最有效利用林权的经济价值。[⑥]

产权明晰与市场流通往往被认为是解放山林生产力、促进农民增收的

① 贾治邦：《全国集体林权制度改革高峰论坛上的讲话》，全国集体林权制度改革高峰论坛，2006 年 5 月 14 日。

②《关于做好集体林权制度改革与林业发展金融服务工作的指导意见》，2009 年。

③ 贾治邦：《集体林权制度改革给我们的几点启示》，《林业经济》2006 年第 6 期。

④《国家林业局关于切实加强集体林权流转管理工作的意见》，2009 年。

⑤ 邓云秀：《完善海南集体林权流转制度的立法思考》，《海南人大》2009 年第 7 期。

⑥ 邓鸿鹄等：《山东临沂市集体林权改革环境影响调查研究——以小山口村、魏城村和南埃庄铺为例》，《环境与可持续发展》2012 年第 2 期。

关键。然而事实并非如此。虽然有关林权改革提高农民经济收入的报道连篇累牍，但是理性的调查研究发现，农民林业收入的增长与产权明晰和市场流通并没有必然的关系。

根据林业部2009年的统计，已经全面推进集体林权制度改革的13个省份，农民人均纯收入4922.7元，其中：来自林业的收入为613.9元。① 相关的定量调查也显示，林权改革后农民从林业获得的收入有一定的提升。然而，农民林业收入的增加主要与以下几个因素有关：

第一，国家近年来向林业投入了大量的资金，这是农民林业收入得以增加的基础。"十一五"期间，林业投入大幅度增加，国家对林业投入2979亿元，其中，中央基本建设投资479亿元，中央财政专项资金2500亿元；地方政府投入林业资金达到1900亿元；林业利用外资总规模为39.13亿美元。② 这些资源的投入使得原本默默无闻的山林顿时成为各方主体逐利的对象，而农民也能够从中获得部分的好处。

第二，政府不断减免税费，直接促进了农民的增收。政府的减税让利对山林快速升值贡献最大，这些政策性收入是农民增收的直接原因。以改革比较彻底的福建和江西为例，两省通过降低育林基金起征价，减免税费，推行木竹产销见面，实行转移支付。3年来福建给林农返还18.5亿元，江西仅2005年就对林农实行政策性还利11.27亿元。③ 因此，包括福建省、江西省在内的林改政策所导致的产出增加大部分是利益再分配的结果，而

---

①《2009年全国林业经济运行状况报告》，国家林业局，http://www.forestry.gov.cn/，2013年9月1日访问。

②《林业发展"十二五"规划》，2011年。

③ 贾治邦：《集体林权制度改革给我们的几点启示》，《林业经济》2006年第6期。

不是真正意义上的产出增加。[①] 遗憾的是，这些政策性收入并没有平等地进入农民的口袋，调查显示，政策性让利中的相当一部分实际流到竹木经营者手中，农民只得到了少部分的政策性让利，也就是说农民并不是让利政策的最大经济收益者。[②] 从这个意义上讲，产权私化不仅没能增加农民的林业收入，反而减损了农民原本可以获得的更多的政策性收入。

第三，农民能够从林权改革中直接获利的，主要是生长周期短、成本回收快的竹林。福建之所以能够迅速完成林权改革，正是因为所涉及的主要就是竹林。农民能够从分到各家各户的竹林中较快地获得收益。而对于那些生长周期长、成本回收慢的林木，分林到户的改革根本就无法迅速产生经济收益。

第四，农民林业增收的另外一个关键原因是分林到户之后，木材的砍伐量增加了。上文讲到，林权改革之后引发了新一轮的砍树潮，通过林木资源的提前变现，农民确实可以增加相应的收入。但是需要指出的是，大多数的林木都需要较长的生长周期，因此通过砍伐树木来获取林业收入的增加必然是非常有限的。

第五，实际上，农民林业增收确实与林权流转也有一定的关系。由于在新集体林改的实施过程中，很多村都是采取一次性转让山林或者一次性收取林地使用费的做法，这种做法虽然短时期增加了收入，但却是“竭泽而渔”，农民从此也就丧失了可持续发展的基础。[③]

---

① 贺东航、朱冬亮：《关于集体林权制度改革若干重大问题的思考》，《经济社会体制比较》2009 年第 2 期。

② 孔凡斌：《集体林权制度改革绩效评价理论与实证研究——基于江西省 2484 户林农收入增长的视角》，《林业科学》2008 年第 10 期。

③ 储建国、贺东航：《经济共和主义视角下的地权改革——以林权改革为例》，《开放时代》2009 年第 6 期。

需要指出的是，林地和农地之间存在明显的区别，至少包含以下三个方面：

首先，农地的功能主要在经济方面，而林地除了经济功能之外，更为重要的是生态功能。农地从农业诞生的那一刻起，就是功能单一的，其目的就是为了某种作物的生产。为了这种作物的生产，必然要把其他生物全部压制，已经出生的要杀灭和拔除，没有出生的则想尽办法压制。林地则相反，尤其是森林，其生态功能的有效发挥就在于生物的多样性和复杂性。如果我们把林地当成“经济用地”，完全“农业化”，很可能为了提升、强化经济供给功能而造成整个生态系统的紊乱。[①] 这个代价显然要比暂时获得的经济收入大得多。

其次，农地的家庭经营被证明是有效率的，然而对于林地来说，无论是经济功能还是生态功能，只有规模化经营才是有效率的。这是因为林地经营存在地形地貌复杂、作业难度大、经营周期长、资金占有量大而周转速度慢、自然生态和市场风险以及营林环节投资回报率低等先天缺陷，决定了林业经营不可以简单照搬农地家庭经营形式。也就是说，建立在家庭经营基础上的“小林经济”模式非但不能有效平衡森林资源增长和农民林业收入持续增长之间的矛盾，而且有可能加剧农民“私人经济理性”和政府“公共利益理性”的“激励不相融”，进而导致集体森林生态系统功能的整体下降。世界各国林业发展实践已经证明，规模化、集约化、组织化经营是现代林业的重要标志，也是林业产业化的必然要求[②]。

---

① 冯永锋：《林权改革如何避开陷阱——林地不同农地农业思维习惯或许有害森林生态》，《南方周末》2008 年 7 月 31 日。

② 孔凡斌：《集体林权制度改革绩效评价理论与实证研究——基于江西省 2484 户林农收入增长的视角》，《林业科学》2008 年第 10 期。

最后，林地还存在防火、防盗的问题，像农地那样分散经营显然是非常困难的。防火防盗属于典型的公共物品，很容易出现反公地悲剧，只有依靠集体统一经营管理，才能较好地实现林地的经济功能和生态功能。

由此可见，林地有其自身的特殊性，即生态功能要优先于经济功能，统一经营要优越于分散经营。那么接下来的问题是，以什么方式对集体林地进行统一经营呢？主要的做法有三种：一是由国家统一经营，将林地保护起来，国家向农民支付相应的生态补偿；二是由集体统一经营，村民联合起来进行管理；三是由资本统一经营，集体或个人将林地交由企业或大户管理，收取相应的租金。当前的林权改革基本上就是采纳了第三种方式，先分权、再流转、最后集权到资本身上，然而其后果却不甚理想。原因很简单，资本是逐利的，它倾向于以最小的成本获取最大的利润，农民能够获得的租金是非常有限的，而生态恶化的代价却极为巨大。当然，林权改革还有另外一个方案，就是先分权、再通过合作社实现统一经营。该方案在两个方面存在严重问题：第一，林权原本就是村民集体统一经营的（虽然各地村民参与的程度不同），在多数地方都发挥着很好的作用，根本没必要将其打破而重建另外一个集体；第二，真正分林到户之后，合作社反而没法组织起来，即使建立了合作社也很少有正常运作的，原因很简单，因为农户众多导致协商成本极大，除非有强制力，否则个别农民的拒绝参加就可能导致整个合作的崩溃，尤其在护林队的组织上更是如此。虽然在国家的倡导下出现了很多林业合作社，然而绝大多数都是为了套取国家补贴而“做出来”的，没能发挥其应有作用。

林业的国家经营和集体经营之所以遭受质疑，是因为根据新自由主义的观点，只有“产权明晰”或“产权私化”才是有效率的，才能保障个人的权益不受侵害。“华盛顿共识”就是主张彻底私有化，这个理论派别事实上是一个具有政治色彩的西方经济学团体，[①]他们已经搞垮过拉美经济和俄罗斯经济。“林权私有化”的方案在多数国家都遭受抵制。2004 年 10 月俄罗斯最著名的林学家莫伊谢耶夫院士发表长篇论文，批评新法起草人在森林所有制、森林管理体制、权力分配等问题上，不尊重本国历史，指出森林私有化是一些特殊利益集团在谋取私利。[②]2008 年，据德国弗赖堡大学 Gero Becker 教授讲，在阿尔巴尼亚看过由于草率地推行了森林私有化，国家的森林资源在很短的时间内就被砍光了。[③]

六、本章小结

新一轮的林权改革从 2003 年试点开始，国家出台了很多相关的政策，地方政府也以各种方式不断推进，希望能够通过“产权明晰”和“产权流转”来实现“农民增收”和“生态保护”的目标。虽然林权改革产生了某些积极效果，然而从调查经验来看，却出现了不少的问题。当然，这并不意味着林权改革应当被叫停，而是要重新认识林权制度，准确定位林权改革的目标，从而为下一步的林权改革提供合理的方案。党的十八届三中全会通过的《中共中央关于全面深化改革若干重大问题的决定》对生态文明建设以独立的章节进行论述，并且明确指出要“完善集体林权制度改革”，这就为接下来的林权改革设置了基本的方向。

第一，林权改革的首要目标是改善生态环境，促进生态文明建设，在不影响生态环境的前提下可以兼顾其经济功能。调查研究表明，即使真的

---

① 杨斌：《新自由主义与“华盛顿共识”的理论缺陷》，《开放导报》2008 年第 4 期。
② 沈照仁：《俄新森林法的森林私有化倾向》，《世界林业动态》2007 年第 7 期。
③ 侯元兆：《从国外的私有林发展看我国的林权改革》，《世界林业研究》2009 年第 2 期。

实现“分林到户”，农民的经济收入也不会有根本的改变，这是由林业本身的性质所决定的。相反，少数企业和大户倒是在林改过程中迅速致富，农民则处于更为严重的相对贫困状态。实际上，不仅仅林地无法让农民致富，耕地和宅基地也是如此。这些土地资产是八亿农民吃住安全的基本保障，而非致富的手段。单纯的农业收入只占目前我国农民收入的百分之十六左右，土地虽然不能让农民致富，却是他们的“生命线”，鼓励流转只会使土地向资本集中。[①] 相较于农地，林地的功能更为复杂，它是维护生态系统正常运作的重要环节。因此，下一步的林权改革应当以改善生态为核心目标，只有在该目标不受影响的情况下，再适当考虑林地的经济功能。

第二，发达国家的经验表明，公有产权和统一经营是提升森林质量，优化生态环境的最佳选择。从国外的经验来看，公有制产权的时间优惠最低，更可能考虑远期的收益；国有产权是保障森林质量效率和利用效率的最佳产权形式，集体林与公司林是共有权属，也是发达国家倡导的林权形式；而私有林，特别是小私有林，除了初期对于提高森林覆盖率有用之外，一旦建成就不利于提高效率了。[②] 需要指出的是，国外的公司林之所以有利于森林保护，是因为国家的土地管制法规和森林保护法规非常严厉，公司只能在规定的时空范围内获得给定的林木配额。新自由主义认为公共资源必然没有效率而只能进行私有化的观点已经受到严重挑战。诺贝尔经济学奖获得者埃莉特·奥斯特罗姆在全世界搜集了大量的案例，证明

① 潘维：《农地“流转集中”到谁手里》，《天涯》2009 年第 1 期。

② 侯元兆：《从国外的私有林发展看我国的林权改革》，《世界林业研究》2009 年第 2 期。

公有资源的成功治理是广泛存在的[1]。

第三，尽可能将符合条件的集体山林纳入国家和地方的生态保护林，养护起来而不急于开发，同时完善生态补贴制度，弥补农民因为无法开发山林所造成的损失。由国家和地方财政支持，组织专门的护林队，切实保障山林的安全。

第四，只要农民没有强烈的分林诉求，而现行的集体经营也有较好的效果，就应当维护集体经营的合法性。首先，集体经营有利于山林发挥整体效益，实现其生态功能和经济功能；其次，集体经营有利于强化集体经济，为地方公共治理提供资源；最后，集体经营有利于激发农民参与地方公共事务的积极性，从而促进基层民主的发育。凡是成片的山林，都应当鼓励实行集体经营而不是"分林到户"，并且成立相应的管理理事会，加强农民的集体参与能力。山林的收入归集体所有，或用于公益事业建设，或直接均分给个人。当然，对于分散的、屋前屋后的、不适合集体统一管理的林木，可以在农民同意的情况下分给个人。

第五，充分尊重地方的历史文化传统，只要有利于发挥山林的生态功能并且不损害公平原则，应当允许存在各种形式的集体经营模式。在广大的华南农村，由于长期存在的宗族文化，即使经历了一系列土地制度变革后，当地农民依然有着根深蒂固的祖业观。他们往往将山林视为祖宗传下来的遗产，并且一直由同宗同姓进行管理，山林收益则用于当地的公益事业。对于一些特殊的山林，例如风水林、龙脉山、坟山等，往往受到地方社区更为严格的保护，甚至不允许任何的砍伐。这种地方历史文化，对于

① [美] 埃莉特·奥斯特罗姆：《公共事物的治理之道》，毛寿龙译，上海三联书店，2000，第3、141-160页。

山林的保护具有非常重要的意义，国家应当尊重和确认这种地方习惯。

第六，在相关立法和执法还不完善的情况下，应当对公司、企业参与林权流转的资格进行限制。林地是农民基本的生产资料之一，也是农民最基本的生活保障之一。如果不加限制地让公司、企业进入林业的直接生产领域，大片圈地，势必影响农民的生活和农村的稳定。其实，世界各国对于公司、企业进入林业都采取相当谨慎的态度，一般都只允许公司、企业在林业的产前、产后领域和产中的若干环节从事经营活动，而对公司、企业进入林业的直接生产领域，则有严格的限制。[①]

第七，在产权明晰方面，下一步的林权改革应当集中在集体之间的林权界线上，而不是集体内部。调查研究表明，当前农民反映最多，最容易引发社会矛盾的问题主要就集中在集体林权的边界上。由于以前的确权工作存在大量的漏洞，使得边界纠纷一直成为难解的历史遗留问题。尤其是随着山林的增值，集体林权的边界冲突日益升温，严重影响地方的社会稳定。因此，国家和地方政府应当探索相应的处理方案，逐步划定有争议的林权边界。

第八，在集体林权内部，下一步的林权改革应当集中精力解决“林地过度集中”、“流转期限过长”和“流转租金过低”等损害农民利益的问题。通过解除合同、缩短租期、提高租金等方法，真正做到还权于民。

第九，中央应当加强对地方林权改革的监管，对于地方政府违规强制农民流转林地、违规占用林地，联合资本绑架农民意愿，以及侵占贪污集体林权收入等行为予以严厉的制裁。相对于中央，地方政府有更强烈的冲动进行林地流转和“买卖”，以满足其短期的财政需求。因此，中央应当

---

① 邓云秀：《完善海南集体林权流转制度的立法思考》，《海南人大》2009 年第 7 期。

强化监督力度，坚决制止损害农民利益的行为。

第十，要鼓励林权改革的群众参与，探索各种形式的群众参与渠道，真正使林权改革符合农民的利益。例如完善村组集体会议、建立集体林权理事会，甚至可以借用宗族理事会、老年人协会等富有地方特色的群众组织。据笔者了解，广东韶关的宗族理事会、湖北大冶的村庄事务理事会、广西贺州的小组理事会等，对于农民参与地方社会治理都发挥了重要的作用。

第六章

土地开发权及其变现逻辑

前两章讨论了土地自发流转和政府推动的土地大规模流转对于农村和农民的不同影响。从产权体系的角度来讲，土地流转属于土地使用权的变化。接下来这两章，我们将关注土地开发（征地）的问题，这涉及土地所有权的变化。本章首先讨论土地开发权的概念及各国的实践经验，然后将以豫南L村为案例，探讨农民热衷土地开发以变现土地价值的内在逻辑。

一、土地开发权与国家管制

土地开发权也可以称为土地发展权（翻译不同而已），有人认为该权利系指“在土地上建造建筑物、构筑物及其附属设施并取得收益的权利”，是一种“地上权”，“对应在中国称为‘建设用地使用权’，是从所有权中分离（独立）出来的一种用益物权”。① 按照这种解释，（1）土地开发权是土地使用权的一种，属于用益物权；（2）土地开发权归属于土地所有权，受所有权人的支配；（3）土地增值收益归土地所有权人独享。因此，既然农村土地属于集体所有，集体当然可以依据所有权主张土地开发权，自行在集体土地上“建造建筑物、构筑物及其附属设施并取得收益”，而无须通过国家征收，此即所谓的“同地同权”。然而，土地开发权既不是用益物权，也不归属于土地所有权。

土地开发权是英国为了解决城市化过程中出现的利益分配不均而进行的制度设计。最初，由于土地开发权创设的主要目的在于保护农地，因而又称为“农地开发权”，即农地变更为城市建设用地的权利。创设土地开发权后，附属于土地之上的其他一切财产权则以目前已经依法取得的权利为限，亦即农地所有权的范围；至于此后变更农地使用类别的权利则属于土地开发权。按照英国学者卡林沃思等人的定义，土地开发权就是“在地上、地面、地下进行建筑建造、工程建设、矿产开采或其他工作，或在对任何建筑、土地的使用中所进行的任何实质性改变”的权限。英国 1947 年的《城乡规划法》规定，一切私有土地将来的开发权（也即变更土地使用类别之权）归国家所有，由国家独占。所谓“地上权”，

① 胡舒立：《坚持土地改革的市场化方向》，《新世纪》，2014 年 9 月 29 日。

主要来自大陆法系的规定。1990 年的《德国民法典》第 1012 条对地上权的概念进行界定，指因土地的所有权人设定其他权利而获得利益的人，享有在土地的地上或者地下设置建筑物的可转让或者可继承的权利。显然，土地开发权并不是指所有权人对土地的使用权，而是改变土地使用类别的权限；而地上权则是在已经界定土地使用类别之后，对土地的利用权利。

为什么实行土地私有制的英国要设置一种归属于国家的土地开发权呢？随着英国城市化的发展，一方面出现了因城市规划变动导致土地区位的差异变化给土地权利人带来土地收益上的“暴利”或“暴损”等不公平现象；另一方面出现了土地权利人对私有土地产权的滥用和对土地的过度自主开发造成的诸如房屋建筑密集拥挤、环境污染严重、房价剧涨等诸多有悖于公共利益的严重问题。正是为了解决这些问题，1947 年英国工党政府在新颁布的《城乡规划法》中采纳了土地开发权国有化的思想。按照《城乡规划法》规定，任何土地开发必须符合计划许可，即使土地权利人所要改变的土地用途与发展计划一致，也必须得到规划机关的开发许可（农地之间变换用途者除外）；获得开发许可者必须在开发前先向政府交纳 100% 的开发税，即开发收益全部归国家。尽管因为不同政党轮流执政对土地政策造成一定影响，政府与土地权利人在土地增值收益上的分配比例时有变化，但是土地开发权归国家所有却始终是英国土地增值收益分配的基础。在法国，根据法律规定，自 1983 年 1 月 7 日之后，除已设居民点地区和包括在城市规划文件中的区域外，禁止在国土上其他地方建造房屋；如果市镇要求扩建市区，它们就必须制定土地占用计划。显然，在英法等国，土地所有权者也没有在自己土地上随便建房的“自由”。

按照很多学者的观点，美国的土地开发权归属于土地所有权者，似乎可以证明土地开发权只是所有权的一种衍生物。然而更深入的研究可以表明，即使在美国，虽然土地开发收益归所有权人享有，但是土地开发权本身并非由土地所有权创制，而是直接来自于国家管制权的创制，只是在创制之后将相关收益让渡给所有权人而已。

美国的土地开发权制度是在土地分区（用途管制）制度没有有效控制住农地大量流失和城市对农地大量蚕食的情况下于20世纪60年代仿照英国设置的，主要由土地开发权转让制度和土地开发权征购制度组成。土地开发权转让制度将土地分区为受限制开发区（又称作开发权转让区）和可开发区（又称作开发权受让区），土地开发权转让区是根据规划需要保护的区域或者是禁止工商业开发的区域，通常是农业用地区、自然环境脆弱区等；土地开发权受让区是根据规划可以进行土地开发建设的区域，通常是城市中心地带。土地开发权转让的基本流程是受限制开发区卖出土地开发权，可开发区买入土地开发权。买入土地开发权的土地开发商可以享有在可开发区原有土地上进行额外开发的权利，从而获取更多的土地增值收益；土地开发权的受限制开发区的土地所有者或者是保留土地开发权，继续按照原来的土地规划用途来利用土地，或者是卖出土地开发权以获得一定的经济补偿，之后其土地的原有用途就被明确固定下来。土地开发权征购制度是指在土地所有者同意的情况下，由政府对相应地块的开发权进行征购，之后该地块的原有用途将不得改变。可见，美国土地开发权的核心是对受限制区和可开发区的规划分区，而根据萨瑟兰大法官的观点，政府对土地分区规划的权力来源于管制权，把工业用途从居住用途中分开的条例，可以保护住宅不受噪音、烟尘、异味以及其他类似侵犯物的干扰。[①]

二、土地增值及其分配

即使承认土地开发权源于国家对土地的管制，且土地增值收益不应当归土地所有者独享，中国实行的“集体土地须经国家征用方能入市经营”难道不是全球“独此一家”因此需要被彻底抛弃吗？答案是否定的。从美国和英国的土地开发权设计来看，在本质上并没有区别，前者将土地增值收益通过市场交易的方式进行公平配置，后者则是将土地增值收益集中于国家然后再进行公平配置。

其实只要稍有了解就会发现，中国的土地开发模式并非“独此一家”。法国在20世纪70年代以后，由于迅速工业化和城市化导致城市过密、居住环境不良、环境污染、社会分配不公等问题，政府在1975年公布了《改革土地政策的法律》，1976年修改了《城市规划法典》。新的土地政策要求有计划地扩大政府保留地，建立经常性的先买制度。与此同时，建立法定上限密度限制，规定属于土地所有权之一的建筑权有一低水平的上限容积率限制，超过限制的建筑权属于地方政府所有。法国人认为，一块农地转变为非农建设，主要是由于政府规划和房地产市场的作用。因此，地方政府完全可以预先购买这些土地，从而拥有控制土地价格的机制。如此，地方行政部门使用国家权力，用低价购买土地，配以相关基础设施，再将土地投入市场。地方行政部门运用法律工具与财政手段，独占了土地增值所得。这种土地优先购买权与土地征用权是法国

① See Village of Euclid v. Ambler Realty Co., 272 U.S.365(1926).

土地上的两大法律工具。巴黎地区土地和技术处是一个具有工商性质的公共机构，它的最初目标是通过为新建城市购买土地，管理对延期整治取得优先购买权和购买受城市化威胁的林园和森林，从而为保障实施巴黎地区指导性方案创建一个有效的工具。巴黎地区土地和技术处自成立以来，已购买了近 4 万公顷的土地。同巴黎地区土地和技术处一样，洛林地区城市公共土地管理处将其购买的土地再转卖给领土整治者，其价格按全部经营费用计算如下：土地购买费 + 附加费用 + 管理处参与活动费用 +3% 的土地购买手续费。虽然在具体的运行细节上不尽相同，但是在政府提前获取土地并进行相应开发以控制土地增值收益的机制上，法国与中国并无本质区别。

在土地增值之前由政府预先进行征购（土地国有化），以此作为调控土地市场、合理控制土地价格、实现土地增值的公平分配具有重要的现实意义。因此，很多国家和地区都会采取这一做法。德国在 1971 年颁布《城市更新和开发法》和《城市建设促进法》，要求土地所有者补偿由于旧城改造导致地价上涨而获得的利益，以促进城市改造和城市扩展开发活动；1976 年，为适应石油危机造成的城市产业结构变化，政府又颁布了《联邦建设法补充条例》借以进一步改善地方政府的规划管理权限，加速了城市基础设施建设用地的强行征购程序，扩大了地方政府对规划用地的预购权。1975 年英国工党政府公布《土地公有化法》，并于 1976 年 4 月 6 日开始施行，该法律赋予地方政府可以用征购命令低价收购开发用地。通过征购，美国政府拥有占 50 个州总面积 33% 的土地；如果加上州和地方政府拥有的土地，美国公共所有的土地占到了美国总面积的 42%。新加坡 1965 年独立以后，公布《土地征用法》进行土地收购，积极推行土地国有化。现在，全国土地中，53.7% 是国有地。1950 年以后，瑞典的斯德哥尔摩市政府通过实行先买权，现在已获得城市商业地区 50% 以上的土地和居住地区 70% 以上的土地，并且政府取得的土地不再转卖只可出租。而在香港地区，自 1842 年以来，香港政府一直对香港几乎所有房地产都拥有永久性的核心产权。因此，从某种意义上讲，土地的国有化或公有化正在成为一种优化土地管理、完善土地增值分配的重要工具。

即使认同上述所有证据，很多中国学者始终坚定地认为，在集体土地国有化的过程中，政府过多地分享了土地增值收益，而给予农民集体的补偿则处于过低的水平。这种判断几乎成为所有主张"同地同权"者的核心理由——只有按照市场价格进行补偿、让农民独享土地增值收益，才能切实保障农民利益！前文的证据已经表明，土地开发权来源于国家的土地管制和规划，由农民独享土地增值收益显然有失公允，至少在英国、美国、法国、德国等实行土地私有制的国家是不允许如此分配的。另外，从已经掌握的证据来看，中国对失地农民的补偿标准（以原有土地用途为基础进行补偿）很难说是不合理的。在英国，土地补偿标准是按建设发生前的某一时点的土地价值，即未受建设计划影响的土地价值来确定。这一补偿标准符合等值原则，即土地补偿使被征地人不致因建设计划而利益受损，但也不应从中额外获益。在法国，从 1935 年开始，所有一系列法律条文都力求达到限定征收土地的赔偿，主要是严禁由于公布或实施与征收行动有关的工程所引起的投机性涨价。尤其是在 1965 年，法国政府提出一个原则，即只考虑在进行官方调查的一年前有关产业的"实际用途"，以免地主企图从征用所造成的增值中获利而采取预测性行为（在中国，这种行为被称为"种房子"）。在新加坡，土地收购是行政行为，其补偿价格按 1973 年 11 月 30 日时点的价格，或者是按征购时点价格中最低的价格补偿；而且，决定征购的土地，不许拒卖，也不能到法院起诉；在土地开发方面，不允许私营厂商借机谋取额外利益，从根本上消除炒卖土地、土地投机等现象。

由此可见，多数国家在土地征购过程中，几乎都是以土地原有用途确定价格来进行补偿的，尽可能不将土地增值收益纳入其中，以避免增值收益的不公平分配。根据丁成日教授（美国马里兰大学城市规划系终身教授，中国城市发展与土地政策中心主任）的分析，按照我国《土地管理法》的规定，征地补偿标准在绝大多数情况下都高于农业土地价格，特别是考虑到在分析过程中的农业地租是偏高地估计，因而农业土地价值也是偏高地估计。如果是这样的话，征地补偿过低的观点显然缺乏理论和事实依据。

综上所述，土地开发权来源于国家的土地管制和规划，其核心内容是对土地增值收益的公平分配。无论是在资本主义国家还是社会主义国家，土地资源都是稀缺的，而城市化过程中土地增值收益的出现与土地所有者没有任何关系，实际上是国家土地管制规划以及整个经济社会发展在相关地块上的利益投射。因此，通过设置土地开发权，利用市场手段（美国）或行政手段（英国、法国、中国）来统筹分配土地增值收益，能够较好地实现社会公正。实际上，各国的经验表明，通过行政手段预先征购土地有利于更好地控制土地价格、保护农地和其他具有生态意义的土地不受城市化的过度侵蚀。而在征购（土地国有化）过程中，对土地所有者的补偿是以原有土地用途为标准进行的，而不包含因为城市规划所带来的增值收益。那么，集体土地通过国有化（以原有土地用途为基础获得补偿）方能入市经营，中国"独特"的土地开发权模式似乎也没有那么独特或不堪！

三、土地变现的内在动力

关于土地开发（征地）导致土地增值收益变现的现象引起了众多学者的关注，但是却很少有人认真研究过农民在这一过程中的心态。主流的观点认为，农民是极其不愿自己的土地被征用，而政府往往利用征地侵犯农民的权益。然而，据我们在豫南L村的调查，农民并不是反对征地，而是“唯恐不征、唯恐晚征、唯恐少征”。

土地的社会保障功能是其众多功能中非常重要的一种，有一份土地，农民就等于有了最后的退路。征地带来的土地变现使农民一夜之间富裕起来，但也意味着永远抛弃了土地的保障功能。已有的关于征地导致的土地变现的研究集中在三个层面：第一个层面是对土地本身的社会保障功能的论述，讨伐征地行为对农民权益的侵害[①]；第二个层面是对征地赔偿的讨论，探究什么样的分配模式更能保障农民的权益[②]；第三个层面是对城市化的研究，商议如何将失去土地保障的农民拉进城市保障的

① 朱明芬：《浙江失地农民利益保障现状调查及对策》，《中国农村经济》2003年第3期；王庆功、张宗亮：《农村土地征收中的利益博弈及其解决途径》，《东岳论丛》2009年第1期；王勇：《城市化进程中失地农民的利益表达——以川北某开发区失地农民为例》，华中师范大学博士论文，2007年。

② 贺雪峰：《从家电下乡谈理性扩大农村消费》，《中国金融》2009年第6期；顾吾浩：《农村土地非农化过程中的农民利益保障问题的对策研究》，《中国农村经济》1996年第8期；张孝直：《中国农村地权的困惑》，《战略与管理》2000年第2期；陈洁、罗丹：《剩余索取权：农民增收问题的起点》，《学习与探索》2000年第4期；刘燕萍：《征地制度创新与合理补偿标准的确定》，《中国土地》2002年2期；汪晖：《城乡结合部的土地征用：征用权与征地补偿》，《中国农村经济》2002年第2期。

体系。[①] 但是有一点，即农民对于征地的心态却没有认真研究过。学者们一般就直接假定农民是不愿意出卖土地的，并且在此基础之上建构维权的话语和道德的优越感。[②] 很多研究者声称，必须给予农民更多的土地权利，这样才能真正维护农民的利益。[③] 然而据我们在豫南L村的调查，农民并不是反对征地，而是“唯恐不征、唯恐晚征、唯恐少征”，甚至有群众联合起来主动要求村里去征他们的地。农民对于土地社会保障的诉求显然没有学者们想象中的强烈，土地权利的增加显然也不是农民考虑的重点，相反，农民更急于将自己的土地变现，将所谓的“权利”变现。那些少数不愿意“卖地”的钉子户并非真的不愿意，更不是在维权，而仅仅是为了谋取更多的利益。为什么农民要如此决绝地将土地变现？通过深入的调查，我们发现与它背后的消费主义逻辑有着紧密的关联。

L村位于豫南某市的市郊，交通极为发达，一条省道、两条高速公路和一条高速铁路穿过该村。村内兴建了三十多家企事业单位，还有两处居民区

① 葛如江、潘海平、王新亚：《谁制造了2000万失地农民——城市化浪潮中的新弱势群体调查》，《中国改革》（农村版）2004年第1期；李炳坤：《论加快我国小城镇发展的基本思路》，《管理世界》2000年第3期；俞燕山：《从制约因素看我国城市化发展道路的选择》，《城市发展研究》2000年第2期；刘守英：《集体土地资本化与农村城市化——北京市郑各庄村调查》，《北京大学学报（哲学社会科学版）》2008年第11期；郑杭生：《农民市民化：当代中国社会学的重要研究主题》，《甘肃社会科学》2005年第4期；李敦富：《关于海口市郊区农村城市化和农民市民化的探讨》，《广东行政学院学报》1994年第2期；吴力子：《长江三角洲地区的工业化为何不导致城市化——江苏省城市化滞后原因实证分析》，《南京社会科学》2000年第7期；张春龙、聂玉梅：《农民向市民的转化——城市化进程中农村人口的再社会化》，《城乡建设》2001年第8期。

② 于建嵘：《土地问题已成为农民维权抗争的焦点》，《调研世界》2005年第3期。

③ 厉以宁：《论城乡二元体制改革》，《北京大学学报（哲学社会科学版）》2008年第2期；党国英：《中国农村改革与发展模式的转变》，《社会科学战线》2008年第2期；秦晖：《强调农民地权，限制“圈地运动”》，《绿叶》2008年第11期。

正在规划修建。在城镇化的浪潮中，L 村迅速地崛起，成为当地新农村建设的典范。在发展过程中，L 村征用了大量土地。到目前为止，已有 1000 多亩的农用地被征用，其中耕地占 600 多亩，柴山占 400 多亩。有几个村民组的土地已经被彻底征用完。在我们的调查中，大部分农民都表现出对征地的欣喜和期待之情。尤其是那些没有被纳入征地范围的农民，心里充满了羡慕和失落。为了弄清楚农民的这种心态，我们必须从当地的人地关系入手。

L 村地处豫南丘陵向淮河平原过渡区，耕地面积狭小，土地生产剩余极低，80 年代末就有很多人外出务工。随着打工经济的兴起，耕种土地的比较效益日益低下。事实上，即使在取消税费并且发放农业补贴之后，仍然有很多人抛荒弃耕。一旦有变现土地的机会，农民都趋之若鹜，这是土地变现的内在动力。

首先，土地的复种指数低。当地农民跟我们解释，这里的土质不适宜种小麦和油菜。一亩小麦只能收成三四百斤，一亩油菜也只能打一二百斤，几乎收不回成本。而当地的气候也不允许种两季水稻。因此，种田的农民一般都只种一季水稻，扣除成本之后，每亩只能赚三四百元。

其次，人均耕地少。L 村有 2968 人，2000 亩耕地，人均只有 0.67 亩地。村民说，如果单纯靠这点地，农民都很难生存下去。因此，20 世纪 80 年代一改革开放，就有很多人抛弃土地而选择外出打工，这在全国来看都是非常早的。

再次，机械化程度低。如此少的耕地还散落在几个地方，耕作极其不便。这一方面与丘陵地形相关，另一方面则是由于土地越调整越细碎化。因此，机械都下不了地，当地人还使用着传统的牛耕作业，不仅辛苦，还要投入大量的工。村民冯某一家只有 5 亩田，却散落在 10 个地块上，最大的一块田有 1 亩，最小的仅有两三分。作为一个种田能手，他每犁一块田都要一个半天的时间，“不仅人累，牛也吃亏”。

最后，打工经济的兴起降低了土地在家庭经济中的收入禀赋。越来越多的农民发现，将相同的投入到土地中的时间投入到打工上，可以获得更大的收益。村民说，打工一天可以赚 80 元，这就可以买 50 斤大米，可以吃一个多月。因此，所有的青壮年男女都出去打工，留在村里的只有老人和小孩，而这些人根本犁不动田，直接导致了土地的抛荒。所以村民“都不情愿种田，听到有卖地的都喜得不得了”。

由此可见，在今天的市场经济中，土地的比较收益远远低于打工。虽然国家免除了农民的一切税费，每年每亩还直接补贴几十块钱，这些惠农政策依然没能避免大量土地的抛荒。于是，农民就有了变现土地的内在冲动。这种冲动更多的是对于农业收入低下的潜在反应，而日益货币化的消费支出则直接激励着农民去变现土地，从而满足日常生活的需求。

四、城镇化与消费下乡

传统村庄的消费方式是自给自足的，农民可以在土地上获得几乎所有的生活必需品，而不需要进入交易市场。农民在土地上的劳动往往要经过半年甚至一年的时间才能变现，这种长时段的变现方式是与传统村庄的消费方式相契合的。在日常的生活中，农民很少需要用到现钱，只有在少数几次重大的事项中才需要货币，而长时段的劳动变现完全可以满足这种需求。

而现在，农村生活的消费方式已经货币化，货币已经深深嵌入到农民的日常生活之中，农民每天都无法离开货币。各种生活用品都必须用货币去购买，而且农民被告知勤俭节约的消费观已经过时，只有站在消费时代的潮头，才能证明自己的价值。这甚至成了一种“政治正确”[①]。自给自足的小农经济被认为是保守、落后、不方便的，而通过市场的货币消费则是开放、先进、方便的。一旦这种消费理念为农民所接受，农民的生活方式就随之改变了：电气取代了柴火，衣服专卖店取代了家庭缝纫机，买粮取代了种粮，买肉取代了家禽养殖。

可以说，传统农业的消费是一种储蓄性的、阶段性的，而现代的消费是一种透支性的、常规性的。农民被鼓励超前消费、借款消费，而且是天天消费。货币成了生活中最重要的东西，农民被深深地卷入到货币交易的潮流之中，并随着市场的涨落而起伏。因此，农民必须学会在市场中不断“算计”利益得失。

在这种情况下，农民只能缩短劳动变现的时间，而打工正是一种非常好的方式，可以“月月红”。正是这种货币化的消费方式促使农民从田里走到建筑工地上、走到工厂车间里。而“卖地”则更符合了这种超前变现的理念，因为它可以将土地几十年的收入一次性提前兑现出来，从而满足农民当下的生活需求，比如盖房娶妻、添置生活用品等。事实上，现在当地一个农民家庭要为儿子娶个媳妇，至少得在镇上有套房子，还要十几万的彩礼。这已经成为一种地方性的共识，并且内化为每个父母的人生任务。这个任务对于大多数的农村父母而言都是极重的负担，而如果能够将土地变现，这个问题马上就可以解决了。

农民将土地变现，是以牺牲后代子孙的利益为代价的。为什么现在的农民能够想得开呢？那是因为现代社会的快速变迁打破了传统农民的未来

---

① 贺雪峰：《中国农村的“低消费、高福利”实践》，《绿叶》2009年第12期。

预期，对于后代子孙的生活图景，农民已经没有确定的把握。因此，土地对于农民那种永久性的保障作用迅速弱化了，只要能够满足这一代人的需求，农民就愿意变现土地。土地仅仅是谋取利益的工具，而不再具有传统社会中对于土地那种神圣的观念。

当下的城镇化思路是由三个层面构成的：第一个层面是农村城市化，按照国务院研究室副主任李炳坤的说法，城市化的标准主要是看城镇人口占总人口的比重，即居住在城镇（大中城市和小城镇）的人口达到总人口的 70%，就算基本上实现了城市化。因此，要加强中心城镇的建设，然后让农民搬到城镇集中居住。这样，中国目前普遍存在的农村非农产业就业人员由居住地村庄前往镇区上班的情况将发生变化，即相当大比重的农民可以实现由居住地镇区前往农田作业的生活和生产方式。由于中国人多地少，小城镇距离农田一般不会太远，绝大多数只有几公里，农民可以利用各种交通工具（包括自行车、摩托车和农用汽车等）前往田间作业，犹如城市职工上下班一样。[①] L 村的城镇化就是按这套理论推进的。村里不再给农民批宅基地，甚至不允许农民进行翻修，而只能到镇里或市里去买新房。该村所在的镇已经建了大量的商品房，据统计，商品房可供居住的人数甚至超过了全镇的人数。到目前为止，L 村也有 70% 以上的农户搬离农村，到镇里或市里居住。而农民大部分时间都在外打工，在街上买的房子基本上都处于无人居住的状态，只有过节时才会来小住一阵。其他尚未搬走的农户也在等着村里集中修建的两处居民点落成，村里已经作出表示，这些房子对于本村农民开放，享有很大的优惠。农民只要将自己的田地和宅基地“卖给”村里，另外再交少量的钱，就可以搬到别墅式的小洋楼居住了。事

① 李炳坤：《论加快我国小城镇发展的基本思路》，《管理世界》2000 年第 3 期。

实上，就是让农民通过变现土地来购买新房。据我们调查，几乎所有被征地的农户都将补偿款用于购置或修建楼房，一下子就把所有的钱都花光了。

城镇化的第二个层面是土地资本化。国务院发展研究中心农村经济研究部研究员刘守英认为，土地资本化是城市化的重要依托。[①] 土地资本化就是要实现农村土地的非农化使用，从而增加其商业价值，比如引进企事业单位，兴办工业园区等。这就要进行大量的土地征用，将土地资源优化配置，发挥规模效应。在L村，已有三十几家企事业单位进来征地，但是到目前为止只有三家正式开业。

城镇化的第三个层面是农民市民化。郑杭生认为，"三农"问题的根源在于作为行动主体的农民，而农民的出路是无法从农村自身中寻求的，减少农民的数量，实现农民的市民化是解决"三农"问题的主要出路。[②] 农民的市民化被认为是解决失地农民社会保障的根本方法，是城镇化最后完成的必经之路。这种思路是建立在对城乡二元结构的判断之上，尤其是认为城乡户口所包含的社会保障价值具有重大的差别。在L村，农民普遍对市民化的诱惑不感兴趣，在他们看来，今天的农村户口并不见得比城市户口差，而且农村的居住环境更加人性化。有个冯姓大爷跟我们解释了为什么不愿意"农转非"。他认为转成城市户口之后，也享受不了更多的福利；而在农村，城乡差别已经消除，农民的社会保障也越来越健全：1. 农民有合作医疗，大病可以报销，小病报销的政策也即将推行；2. 农民有新农保，60岁以上的老人每个月发放60元；3. 低保的指标

① 刘守英:《集体土地资本化与农村城市化——北京市郑各庄村调查》,《北京大学学报（哲学社会科学版）》2008年第11期。

② 郑杭生:《农民市民化：当代中国社会学的重要研究主题》,《甘肃社会科学》2005年第4期。

也越来越多，一个人可以有 50 元；4. 五保户每个月有 100 元；5. 义务教育是免费的。城市户口对于农民而言不再是块香馍馍，所谓市民的身份优越性很难再勾起农民的憧憬。在农民心里，福利的增长而不是身份的转变才是真正有价值的。

五、本章小结

农村土地上至少附着有三个层面的价值：一是作为基本的生产资料，二是作为财富增长的手段，三是作为基本的社会保障。随着打工经济的兴起，土地作为基本的生产资料的功能已经大为弱化，农民可以通过“半耕半工”的方式实现经济收入的多样化。在城市化的进程中，能够分享到土地资本化所带来的利益的农村毕竟是少数，因为土地开发权的本质是国家对于土地性质转化所带来的增值收益的管制，这些收益将主要进入公共财政进行再分配而不是完全交给农民。因此，作为财富增长手段的土地功能显然不具有广泛的效用。在可以预期的几十年内，中国的城市化进程显然很难将多数的农村人口转移到有健全保障的城市生活之中，农村依然是广大农民应对社会生活风险的最后一道屏障。在现代化的进程中，如何可以让农民有基本的生存保障，有最低的生存尊严，和可以从现代化中分享收益的问题，是农村能否继续成为中国现代化的稳定器与蓄水池的问题。[①] 从这个意义上讲，农村土地作为基本的社会保障将在很长一段时间内继续发挥重大的作用。

① 贺雪峰：《地权的逻辑：中国农村土地制度向何处去》，北京：中国政法大学出版社，2010，第 323 页。

第七章

土地征收中的权力博弈

土地征收的过程包括前期的规划、中期的谈判、后期的安置，贯穿于整个征地过程的是经济权力、社会权力和政治权力的博弈互动关系，重构征地制度，实际上就是通过平衡三种权力的博弈格局来完善土地规划、征地谈判和失地安置的制度。

一、征地困局与理论争议

随着我国工业化的不断发展和城镇化的持续推进，大量的土地被征收使用。1984—1986年宏观经济高涨时，因地方政府“以地兴企”出现了第一轮土地征占高峰，1985年征地达到32.4万公顷（486万亩）的峰值。[①]此后，城乡建设用地进一步扩张，且利用效率较低。1996—2012年，全国建设用地年均增加48.3万公顷（724万亩），其中城镇建设用地年均增加23.8万公顷（357万亩）；2010—2012年，全国建设用地年均增加63.5万公顷（953万亩），其中城镇建设用地年均增加34.3万公顷（515万亩）。[②]1997—2005年，农村人口减少9633万人，年均减少1070万人，而农村居民点用地却增加了近11.75万公顷（170万亩），年均增加1.3万公顷（18.9万亩）；[③]2000—2011年，农村人口减少1.33亿人，年均减少1108.33万人，而农村居民点用地却增加了203万公顷（3045万亩），年均增加16.9万公顷（253.75万亩）。[④]征地面积的扩大及城乡建设用地的低效利用，对耕地保护和粮食安全构成了直接的威胁。全国耕地已从1996年的1.3亿公顷（19.51亿亩）减少到2005年的1.22亿公顷（18.31亿亩），年均减少88.89万公顷（1333.33万亩）；[⑤]而在这一期间，全国非

---

① 杨帅、温铁军：《经济波动、财税体制变迁与土地资源资本化——对中国改革开放以来“三次圈地”相关问题的实证分析》，《管理世界》2010年第4期。

② 《国家新型城镇化规划（2014—2020年）》。

③ 《全国土地利用总体规划纲要（2006—2020年）》。

④ 《国家新型城镇化规划（2014—2020年）》。

⑤ 《着眼未来的事业——我国土地利用规划工作30年历程回顾》，2009年1月12日，国土资源部网站 http://www.mlr.gov.cn/sy/gd1/200901/t20090112_113906.htm。

农建设年均占用耕地 20.35 万公顷（305 万亩），[①] 其对耕地减少的贡献率为 22.89%。[②]

征地面积的迅速扩张，一方面造成耕地减少，另一方面则导致失地农民暴增，特别是在社会保障制度尚不健全的情况下，失地农民问题有可能成为影响社会稳定的关键因素。“土地城镇化”的速度远快于“人的城镇化”，这是当前城镇化模式的主要特征。2000 年—2011 年，全国城镇建成区面积增长 76.4%，远高于城镇人口 50.5% 的增长速度。[③] 根据劳动保障部的测算，2006 年我国被征地农民数量有 4500 万人左右；根据我国城镇化发展速度以及建设用地需求预测，到 2020 年我国新增被征地农民有 4200 万人左右；预计到 2030 年，我国被征地农民数量累计将超过 1 亿人。[④] 也有学者认为，到 2020 年我国失地农民群体就将达到 1.1 亿人。[⑤] 如何在促进经济发展的同时提升失地农民的社会福利水平，使农民能够充分分享城镇化的成果，这是征地工作所要面临的第二大问题。

虽然在经济发展这个总体目标上，中央与地方有着一致的追求，然而在土地城市化、工业化利用上的权利配置和目标函数上，中央与地方并不完全一致。如果说中央追求的是经济建设与耕地保护、社会保障的平衡发展，那么地方则更多地追求低成本的经济发展模式，这就容易导致地方政

① 《全国土地利用总体规划纲要（2006—2020 年）》。

② 其他导致耕地减少的因素还包括农业结构调整、生态退耕和灾毁耕地等。灾毁耕地的比例较小，且相对稳定，农业结构调整和生态退耕所占的比例也趋于稳定；而建设占地的影响正日益上升，且其造成的耕地减少具有不可逆的特性。

③ 《国家新型城镇化规划（2014—2020 年）》。

④ 劳动保障部课题组：《我国被征地农民社会保障制度研究》，《中国劳动》2007 年第 1 期。

⑤ 赵峰：《征地过程中农民合法权益保障问题的探讨——以江苏、浙江两省为例》，《经济与管理研究》2007 年第 11 期。

府目前在土地利用行为上的“越位”——非法批地、“缺位”——企业违法占地、“错位”——非法低价出让国有土地。[①]虽然地方依靠“违规经济”获得较快的发展，却也因此导致社会矛盾的激化。中国社科院公布的《2011年中国社会形势分析与预测蓝皮书》指出，当前，73%的农民上访和纠纷都和土地有关，其中40%的上访涉及征地纠纷问题，征地纠纷问题中的87%则涉及征地补偿和安置。[②]如何在征地过程中完善国家的权力监督体系，规制地方政府发展“违规经济”的冲动，使经济发展不受制于因经济发展所带来的负面效应，这是当前征地工作所要解决的另外一个大问题。

理论界对征地问题的讨论如火如荼，然而这些讨论几乎都集中在一个主题上，即农民的土地利益分享。主流的观点认为，当前的征地工作之所以出现各种问题，是因为土地增值收益的分配不公平所致，政府垄断土地市场从而割断了被征地农民与土地市场化收益之间的关系，[③]使农民只得到极少的一部分收益。浙江省一项调查表明，如果征地收益是100%，各利益关联方的分配比例是：地方政府20%~30%，开发商40%~50%，村级组织25%~30%，农民5%~10%[④]。巨大的收益诱使地方政府大肆征地，直接造成了耕地面积的减少和失地农民的剧增；而征地补偿标准太低则导致失

① 程世勇、李伟群：《国家土地征用中地方政府违规的制度性原因探析》，《经济体制改革》2008年第1期。

② 汝信、陆学艺、李培林：《2011年中国社会形势分析与预测》，社会科学文献出版社2010年版。

③ 李军杰：《土地调控应着力于土地利益分配的再调整——兼论当前土地调控的政策效应》，《中国物价》2007年第10期。

④ 杨光斌、李月军：《中国政治过程中的利益集团及其治理》，《观察与交流》2007年第12期。

地农民无法维持可持续生计，[①]且征地工作缺乏透明度，农民没有发言权，[②]为社会不稳定埋下了隐患。因此，主流观点认为改革征地制度需要尊重农民的土地财产权利，按土地市场价格进行补偿，[③]使集体所有的土地在法律上取得与国有土地相平等的产权地位，[④]同时把实现程序公平作为未来征地制度改革的基本方向。[⑤]

反对的观点则认为，土地增值来源于经济社会的发展，与农民个人的努力没有直接关系，因此农民没有理由独享该收益（涨价归公）；而当前的土地制度以及土地增值分配秩序实际上正是中国得以迅速崛起的关键所在，至于征地过程中所出现的各种问题毋宁是发展中不可避免的副产品，是必须承担的现代化后果。与主流观点针锋相对，有学者通过实证调研发现，被征地农民的生活质量有所提高，收入呈逐年上升的趋势，与样本地

① 周诚：《农地征用中的公正补偿》，《中国土地》2004 年第 1 期；韩俊：《如何解决失地农民问题》，《科学决策》2005 年第 7 期；马新文：《我国现行征地补偿制度剖析》，《同济大学学报（社会科学版）》2009 年第 3 期。这一观点也得到了大量的实证支持（高珊、徐元明：《江苏省农村土地征用与收益分配研究》，《中国人口资源与环境》2004 年第 2 期；毛峰：《政府该为失地农民做什么——对 2942 户失地农民的调查》，《调研世界》2004 年第 1 期；国务院发展研究中心课题组：《中国失地农民权益保护的若干建议》，《改革》2009 年第 5 期；金晶、许恒周：《失地农民的社会保障与权益保护探析——基于江苏省 16 县（市、区）320 户失地农民的调查数据分析》，《调研世界》2010 年第 7 期；张俊莹、赵锐、梁山：《河北省失地农民生活水平变化分析》，《职业时空》2010 年第 5 期。

② 孔祥智、王志强：《我国城镇化进程中失地农民的补偿》，《经济理论与经济管理》2004 年第 5 期。

③ 蒋省三、刘守英、李青：《土地制度改革与国民经济成长》，《管理世界》2007 年第 9 期。

④ 韩俊：《如何解决失地农民问题——失地农民问题的根源是土地征用制度存在重大缺陷》，《科学决策》2005 年第 7 期。

⑤ 晋洪涛等：《谈判权、程序公平与征地制度改革》，《中国农村经济》2010 年第 12 期。

城镇居民的收入差距也逐年缩小。[①] 多数征地都是在城镇郊区进行，该区域农村相对发达，农民并不以土地产出为唯一收入，对征地不是持反对态度，而是期待政府征收他们的土地，甚至抱怨政府“怎么还不来征地”。[②] 更为重要的是，被征土地的价值不来自其绝对价值，而来自经济发展、城市扩张和制度安排；若土地补偿越来越高，失地农民可以获取极大补偿之时，中国经济发展所产生的剩余就可能会被土地食利者阶层占有；[③] 一部分生活在城市近郊区的农民不正当地占有国家及社会巨额投入改造区域环境形成的土地溢价，必将导致国家及社会的巨额资金无法形成有效循环。[④]

主流观点和反对观点都对征地过程中的问题作出了解释，争议的焦点在于国家经济发展与农民权益保障的关系上。前者认为农民权益保障在征地过程中应当具有优先性，而后者则担心过于强调农民利益将导致国家经济发展丧失难得的历史机遇。从某种程度上讲，权益保障与经济发展的权重关系并不完全由主观的政策意志所决定，而是更多地受制于特定时期经济发展水平、民众权利意识和国家政治干预三者之间的博弈格局。需要指出的是，这种博弈格局具有特定的时空属性，在不同区域和不同时期有着不同的表现形态。因此，研究土地征收问题，有必要引入权力博弈的过程

---

① 楼培敏:《中国城市化过程中被征地农民生活状况实证研究——以上海浦东、浙江温州和四川广元为例》,《中国农村经济》2005 年第 12 期。

② 史清华等:《征地一定降低农民收入吗：上海 7 村调查——兼论现行征地制度的缺陷与改革》,《管理世界》2011 年第 3 期；杨华:《城郊农民的预期征地拆迁：概况、表现与影响——以荆门市城郊农村为例》,《华中科技大学学报（社会科学版）》2013 年第 2 期。

③ 贺雪峰:《论土地性质与土地征收》,《南京农业大学学报（社会科学版）》2012 年第 3 期。

④ 赵红梅:《无需区分“公共利益”与“非公共利”——征地制度的政府、社会联动新模式构想》,《中国土地》2006 年第 8 期。

分析，从而还原征地制度的内在机制。本文的探讨将从土地征收的实践形态切入，考察前期规划、中期谈判和后期安置所面临的不同困境，在此基础上提炼出征地过程中的权力博弈结构，并据此对征地制度进行重新建构。

二、征地过程中的规划、谈判与安置

大致来看，整个土地征收的过程是由前期的规划、中期的谈判和后期的安置三个部分构成的。如此划分并非严格的时间区隔，实际上三者互有交织，尤其是中期的谈判和后期的安置，具体安置措施往往正是征地谈判的主要内容。之所以对征地过程进行阶段划分，主要是因为前期规划、中期谈判和后期安置具有相对独立的权力博弈结构，将其分开讨论有助于厘清征地中复杂的权力过程。

（一）土地规划的目标与执行

要求对土地进行规划并以此限定征地范围和数量，是从 20 世纪 80 年代中期开始的，其首要动因就在于保护耕地。由于开发区热和房地产热的兴起，当时的用地需求急剧增加，导致大量耕地被占用。1986 年，国务院决定成立直属国务院领导的国家土地管理局，统筹管理全国土地和城乡地政，改变长期实行的分散、低效的土地利用管理制度。同年，中央 7 号文件《关于加强土地管理、制止乱占耕地的通知》下发，明确要求“组织有关部门编制土地利用总体规划”。1993 年，《全国土地利用总体规划纲要（1987—2000 年）》经国务院批准实施，成为我国第一部土地利用总体规划。1999 年，新修订的《土地管理法》开始施行，提出实行土地用途管制制度，进一步突出土地利用总体规划的法律地位和作用。同年，《全国土地利用总体规划纲要（1997—2010 年）》经国务院批准开始实施。各地也纷纷制定相应的土地规划，形成了中央统一管理和省级、地市级、县级、乡镇分级管理相结合的土地管理模式。

随着征地面积的不断扩张，提高土地利用效率、杜绝违规使用土地日益成为土地规划的重点。从 2003 年开始，国务院部署了以全面清查开发区为重点的全国土地市场秩序治理整顿。2004 年，《国务院关于深化改革严格土地管理的决定》（国发〔2004〕28 号）出台，第三轮土地利用总体规划修编开始启动。2005 年，国务院办公厅转发了《国土资源部关于做好土地利用总体规划修编前期工作的意见》，规定规划修编工作要以节约利用土地、严格保护耕地为根本指导方针，坚决防止借规划修编名义随意扩大建设用地规模。

合理布局城乡空间结构和产业结构，实现科学用地，是土地规划的另外一项重要目标。在土地资源日益紧缺的情况下，如何通过合理规划来引导城乡建设格局，整合与激活各种存量资源，是当前土地规划的核心内容。2008 年，国务院审议并原则通过了《全国土地利用总体规划纲要（2006—2020 年）》。该规划纲要明确提出要加强建设用地空间管制，制定和实施差别化的土地利用政策，促进主体功能区的形成。

无论是保护耕地、提高土地利用效率还是合理布局城乡空间结构与产业结构，这些目标都体现了政府运用土地规划进行土地宏观调控和用途管制的基本诉求。在这种权力管制下，征地行为似乎已经受到足够的规制。然而从实践层面来看，土地规划的效果却不尽如人意。

首先，土地规划的权威性不强。地方政府为了招商引资，频繁修改土地规划，以满足土地征收的需求。相对于中央和省市，县级和乡镇更经常变动土地规划。笔者在浙江 D 镇调研时发现，当地的土地规划每隔几年就改变，而且这些规划并不公开，因此即使有所改变也很难为社会公众所知晓。

其次，违反规划征地的现象常有发生。如果说频繁修改土地规划以适应征地需求，还算是对规划留有一丝尊重的话，那么违规征地的行为则是直接绕过了土地规划。2007 年开展的全国土地执法“百日行动”清查结果显示，违规新设和扩大各类开发区涉及用地 6.07 万公顷（91 万亩），未批先用涉及土地面积 15 万公顷（225 万亩）。① 在编制《全国土地利用总体规划纲要（2006—2020 年）》时面临的一大压力就是，上轮规划确定的全国建设用地净增面积突破控制指标约 32%，极大压缩了新一轮土地规划的空间。②

再次，土地规划科学性不强，导致土地征收碎片化。当前的土地规划，尤其是地方的土地规划往往精细不足，对空间布局和产业结构缺乏科学的论证，从而导致征地工作没有连续性和整体性，东征一块，西征一块，不利于形成区域资源的整合。

最后，对于违反土地规划的征地行为缺乏有效的制裁。笔者在浙江 D 镇调研时，该镇的分管副书记认为在征地问题上，“主要是土地监管不够有力，监管体制存在条块纠缠的问题；当然，地方政府也需要考虑地方的发展”。③ 土地监管主要依赖于地方政府自身，而地方政府基于经济发展的征地冲动往往会削弱其自我监管的有效性。

土地规划未发挥应有效用，折射出政府的土地监管权力偏于软弱，从

---

①《全国土地利用总体规划纲要（2006 — 2020 年）》。

②《着眼未来的事业——我国土地利用规划工作 30 年历程回顾》，2009-01-12，国土资源部网站，http://www.mlr.gov.cn/sy/gd1/200901/t20090112_113906.htm。

③ XQ，浙江 D 镇副书记，ZJSXZJDK20140513。

而导致各种违规征地行为。其内在动因是地方政府推动经济发展和城镇化建设的强烈诉求，这种经济诉求在很大程度上与国家的发展战略相契合，因此即使略有越轨行为往往也能够得到国家的谅解。

（二）四方谈判

当一幅土地确定要被征收之后，围绕着土地利益分配的谈判就开始了。征地谈判的主体包括地方政府（主要是县乡）、征地需求方（主要是企业）、村组集体、农民。谈判往往是非正式的、分散的，并没有明确的法律规范来指引谈判的开展。谈判的内容主要是征地后的安置补偿条件，谈判中最核心的一对矛盾是地方政府与农民，失败的谈判往往会导致上访或群体性事件。

虽然名为谈判，实际上地方政府占有绝对的主导地位。《土地管理法》规定，“任何单位和个人进行建设，需要使用土地的，必须依法申请使用国有土地”。这意味着农村土地只有经过国家征收之后，方能进行非农建设。《土地管理法》又规定，“国家征收土地的，依照法定程序批准后，由县级以上地方人民政府予以公告并组织实施”。政府只要进行公告即可组织征地，并不需要以农民的同意为前提，这一点不属于谈判的范畴。即使对征地安置补偿的内容，《土地管理法》也做出了基本的限定，留给农民的谈判空间并不大。因为占据主导地位，地方政府往往倾向于采取最低成本的征地方案，并通过强制手段迫使农民接受，而农民则希望通过征地获取尽可能多的收益，由此引发的冲突日趋增多。

对于征收的地块，一般是由地方政府或征地需求方指定，作为“被征地方”的农民实际上并没有选择权。一个特定项目对应一幅特定地块，这种“一对一”的征地模式虽然效率较高，但是却容易导致谈判双方的内部张力，因为双方都是唯一的谈判对象，如果据守各自的谈判条件往往会使谈判陷入僵局。如果一个项目可以在几个备选的地块中选择落地，则不同地块之间可以形成一种竞争关系，愿意被征地的农民才作为地方政府的谈判对象，能够较好地缓解地方政府与农民之间的紧张关系。现实中“一对一”的征地模式一旦失败，往往造成两方面的后果：一是地方政府动用警力强制征地，激化群众与政府之间的对立情绪；二是部分群众不断提高要价，地方政府为了迅速完成征地而无原则地满足这些钉子户的要求，结果导致政府公信力降低。

征地需求方有不同的类型，这里主要讲企业。按照征地的制度设计，企业只能从政府手中拿地，征地谈判只发生在政府与农民之间，与企业无关。然而，由于招商引资的压力，地方政府往往主动向企业供地，两者之间形成密切的互动。如果说在征地项目上，村庄之间缺乏有效竞争，那么政府之间可谓竞争激烈，为了吸引项目不惜低价甚至无偿出让土地。有时候，企业也会介入政府与农民的谈判之中。当政府与农民的谈判陷入僵局时，政府有时候会请求企业提高补偿标准或增加补偿项目；而农民有时候也会绕过政府主动向企业提出补偿要求。

在征地过程中，地方政府与农民的谈判是通过村组集体进行的。离开村组集体，政府与分散小农之间的谈判必然是低效率的。一般来说，村组干部具有三重身份：一是作为政府代理人尽量平稳地完成上级下达的征地任务；二是作为村民当家人与政府谈判，争取尽可能高的补偿标准；三是作为理性人，谋取个人利益最大化。[①] 如果地方政府发展经济的动力足够

① 付英：《村干部的三重角色及政策思考——基于征地补偿的考察》，《清华大学学报（哲学社会科学版）》2014 年第 3 期。

强大，在强化村组干部征地压力的同时往往也会为其提供某些灰色利益，两者于是形成“利益共同体”，共同推进征地的进程。[①]一些村组干部借助地方政府的支持，强行侵占集体土地；这些行为因为损害了农民的利益而引发上访，却往往能够得到地方政府的庇护。[②]如果村庄社会的集体认同和集体行动能力较强，并且国家的权力监控足够有力，则村组干部会更多地代表村民与政府进行谈判。笔者在浙江D镇调研时发现，当地村组干部经常为村民的利益而与地方政府展开谈判，如果地方政府不提高补偿或安置标准，村干部甚至以拒绝“卖地”或“辞职”相威胁[③]。

从整体上看，一个合理的征地谈判过程是这样的：企业向政府提出征地要求，村组干部代表农民与政府展开谈判，村组干部有越轨行为，农民可向政府进行反馈。然而现实的情况则是：政府主动向企业供地以招商引资，政府与村组干部形成利益共同体共同推进征地进程，政府包庇村组干部的越轨行为使农民权利受损却投告无门，只能越级上访或直接找企业谈判。一方面，农民的权益没有得到有效保障；另一方面，地方经济却因为低成本的招商引资而得到迅速发展。

（三）失地农民的安置

通过征地谈判达成的协议，其主要内容就是对失地农民的安置措施。

---

① 齐晓瑾等：《从征地过程看村干部的行动逻辑——以华东、华中三个村庄的征地事件为例》，《社会》2006年第2期；施从美、宋虎：《“缠闹政治”：征地拆迁中官民互动与博弈的现实图景——兼论枢纽型乡村治理结构的构建》，《江汉论坛》2014年第4期。

② 付英：《村干部的三重角色及政策思考——基于征地补偿的考察》，《清华大学学报（哲学社会科学版）》2014年第3期。

③ WZQ，浙江D镇NG村老书记，ZJSXZJDK20140506。

主要的安置措施有四种，即就业安置、货币安置、土地安置和社保安置。

在计划经济时期，由于企业承担着较多的社会福利功能，政府要求企业必须对农民采取“谁征地、谁安置”的原则，由作为征地需求方的企业自行安置失地农民。[①] 这种安置方法较好地解决了失地农民的后顾之忧，从而有利于征地工作的顺利开展。然而对于企业来讲，这无疑是一项巨大的负担。尤其是考虑到失地农民受教育水平较低、专业技能也比较欠缺，企业往往难以有效地为其安排相应工作，致使相当一部分征地劳动力实际处于失业状态。

随着市场经济的发展，企业的社会福利功能逐渐被剥离，由企业进行就业安置的现象越来越少。20 世纪 90 年代之后，各地普遍采取征地时一次性地支付补偿金，让被征地农民自谋职业。刚开始的时候，由于农民可以一次性将土地收益变现，对这种货币补偿模式比较满意。然而随着土地价格的上涨，尤其是看到土地补偿与土地出让价格的巨大差异，人们日益觉得现有的货币补偿标准太低。当然，多数国家的征地补偿都是根据土地征用前的用途来定的（土地的非农化增值与农民的个人努力无关），即农民获得的补偿来自于农业土地价格。按照经济学的方法计算，国家规定的“土地补偿费为该耕地被征收前三年平均年产值的六至十倍”、“安置补助费为该耕地被征收前三年平均年产值的四至六倍”，这样的补偿水平在绝大多数情况下都高于农业土地价格。[②]

虽然货币补偿水平过低的说法不见得正确，但是因为征地时间有先

① 韩俊:《如何解决失地农民问题——失地农民问题的根源是土地征用制度存在重大缺陷》,《科学决策》2005 年第 7 期。

② 丁成日:《中国征地补偿制度的经济分析及征地改革建议》,《中国土地科学》2007 年第 5 期。

有后，如何尽可能确保在不同时间的征地补偿相对公平则是一个困难的问题。一般而言，较晚征地的补偿水平会更高一些，但是如果土地的征收成本过高，也可能使剩余的土地最终无人征收。由于农民集体之间不存在竞争，征地几乎是一个强制性的政府行为，因此当农民因为政府的强制征地而出现补偿水平在不同时段的差异时，则容易引发群众的不满。另外，在同一村庄，征地也不是一次性完成的，不同时期的征地补偿差异更容易引发农民的找补行为。笔者在浙江 D 镇调研发现，当地农民的解决方法是以土地集体所有为依据，由全体村民共享征地补偿，然后将未被征收的土地在全体村民中进行均分。这种做法使农民能够公平地分享不同时期的土地增值收益。然而由于农地制度日益物权化和变相私有化，很多地方已经不再进行土地调整，征地补偿只给被征地农民，而此后他也不再享有任何土地（收益），沦为真正的失地农民。①

很多调查和报道指出，突然之间获得一大笔征地补偿，也可能造成失地农民的生活紊乱。一些人因为一夜变富而游手好闲，甚至成天以赌博度日，很快就变得一无所有，既无地又无钱，很容易就走向违法犯罪之路。②即使失地补偿没有被迅速挥霍掉，因为各种生活开销的增加（所有的用品都需要靠买），依靠补偿款生活也很难持续。

为了弥补货币安置的不足，不少地方也采取留地安置的方法解决失地农民问题。留地安置的基本做法是，征地时按一定比例为被征地村预留或置换一部分建设用地或集体用地，由被征地村集体或由失地农民发展第

① 欧阳静：《林权改革瓦解乡村秩序——以 K 县为个案》，三农中国，http://www.snzg.net/article/2008/0926/article_11796.html，2013 年 9 月 2 日访问。

② 周大鸣、高崇：《城乡结合部社区的研究——广州南景村 50 年的变迁》，《社会学研究》2001 年第 4 期。

二、第三产业，以扩大失地农民的非农就业机会和增加失地农民收入。早在20世纪80年代初，深圳特区就开始实践留地安置了。1980年特区成立之初，深圳市建设资金紧缺，政府给被征地农村集体划定一定数量的土地，用于村集体发展集体经济。[①]1991年，厦门市发布《关于农村预留村办工业用地的通知》，规定除法定的货币补偿外，另按人均15平方米的标准为被征地村全体村民留地，留用地性质为村集体所有土地。[②]浙江省从2003年起，开始实施“留地安置”，省政府规定：市县征地单位须将10%~15%左右的被征用土地，留给被征地村合作经济组织，用于发展二、三产业。[③]

虽然留地安置受到农民的欢迎，但是在实践过程中也存在一些问题。首先，集体卖地、村民分钱。之所以采取留地安置，是为了克服货币安置的不足，使农民能够长期分享土地收益，但是有些地方的农民却将留置地出卖，将土地收益一次性变现分光。其次，零散开发，影响城市建设的整体规划。由于村集体的经济能力有限，很难对留置地进行统一规划和开发，往往采取零散出租给农户的方式进行经营，不利于社区的统一管理。另外，四处分散的留置地也直接影响到城镇发展的整体规划，容易导致土地的低效利用。最后，对于经济不发达的区域，留地安置很难发挥应有作用，其土地价格与农地价格无异，农民无法通过经营留置用地而获得额外收入。

除了留地安置，各地也在探索不同类型的失地养老保障措施，以弥补

---

① 王如渊、孟凌：《对我国失地农民“留地安置”模式几个问题的思考——以深圳特区为例》，《中国软科学》2005年第10期。

② 陈金田：《失地农民留地安置的个案研究——对厦门市“金包银”工程的分析》，《中国农村观察》2006年第4期。

③ 鲍洪俊：《浙江建安置失地农民长效机制，推行征地制度改革》，《人民日报》2005年3月25日。

货币补偿的不足。目前来看，各地的养老保障措施主要有三种：将被征地农民纳入城镇职工基本养老保险的模式（成都、无锡、杭州等）、为被征地农民建立独立开放的养老保障的模式（江苏、山东等）和政府+商业保险的模式（河北、重庆等）。在保障效果以及和城镇职工基本养老保险衔接方面，纳入城镇职工基本养老保险的模式最好；在政府责任方面，政府在纳入城镇职工基本养老保险和采取政府+商业保险模式中承担责任最大。相对而言，独立开放的养老保障措施在当前具有较大的合理性。[①] 然而从当前的情况来看，无论是哪种保障措施都存在保障不足的问题，而要进一步强化失地保障，如果提高失地农民的保费显然不切实际（若失地农民将补偿款都用于购买社保，其生活将陷入困境），如果提高政府的财政支出则将进一步增加政府负担。如何平衡这些利益关系，是解决失地安置必须面对的问题。

三、土地征收与权力博弈

无论是在前期规划、中期谈判和后期安置的哪个环节，土地征收过程中所存在的种种问题不是由任何一方的权力主体所单独决定的，而是由不同主体之间的权力博弈结构所致。而权力博弈结构在不同时期具有不同的特征，这意味着对土地征收的问题研究必须放在特定的时空环境下进行。

土地征收是工业化和城镇化的重要条件，因而也是经济社会发展过程中不可或缺的一环。无论是市场支配还是政府驱动，经济发展具有内在的

① 陈正光、骆正清：《现行被征地农民养老保障主要模式》，《华中科技大学学报（社会科学版）》2009 年第 2 期。

扩张动力，对于发展中国家来说，经济发展的诉求尤为强烈。通过增加就业，提升人们的生活水平，经济发展为后发国家政权的合法性与合理性奠定基础。为了论述的方便，本文将这种发展经济的内在驱动力称为经济权力。

在当前的中国，经济权力的运行首先就表现在地方政府通过实行土地征收的强制力，在土地市场上保持供给垄断地位，以“低价供应工业用地→高价供应商住用地→土地抵押融资进行城市基础设施建设”循环为表现形式来推动土地城市化和 GDP 增长。[①] 其中的关键就在于通过低价出让工业用地来招商引资，这一点在经济发达地区体现得尤为明显。因为地方经济越发达，越能够承受低地价的财政负担。以昆山工业开发区为例，由于面临来自上海、浙江以及苏州周边地区过度竞争的压力，其土地出让价格已经从数年前的 12 万 –13 万元 / 亩下降到 7 万 –8 万元 / 亩，而土地的实际开发成本则在 14 万 –15 万元 / 亩，出让价格仅仅为土地开发成本的 1/2；而苏州工业园区的土地开发成本约 20 万元 / 亩，出让价格仅仅 8 万 –12 万元 / 亩。[②] 随着东部沿海地区土地指标的日益紧缺，经济开发与土地征收的浪潮逐渐向内地蔓延，很多县、市政府，乃至乡级政府都在大搞开发区建设；在招商引资过程中，各地几乎毫无例外地为工业投资者提供低价土地和补贴性基础设施[③]。

另外一方面，政府则以高价出让商住用地，以此获得的土地出让金构

① 范剑勇、莫家伟：《城市化模式与经济发展方式转变——兼论城市化的方向选择》，《复旦学报（社会科学版）》2013 年第 3 期。

② 赵德余：《土地征用过程中农民、地方政府与国家的关系互动》，《社会学研究》2009 年第 2 期。

③ 陶然、汪晖：《中国尚未完成之转型中的土地制度改革：挑战与出路》，《国际经济评论》2010 年第 2 期。

成了所谓的“土地财政”。近年来，随着土地价格的上升及征地面积的扩张，土地出让金收入占地方财政收入的比重迅速提升，2001 年、2002 年和 2003 年，其比重分别为 16.17%、28.4% 和 54.7%，[①] 而到了 2010 年，全国土地出让金为 2.7 万亿元，占地方财政收入的比例高达 76.6%。[②] 虽然部分土地出让金可能作为政府的“零花钱”被花掉，然而调查研究表明，多数土地收入是用于弥补财政支出缺口和为城市开发建设提供融资支持；政府在土地征用过程中的租金收益主要还是与其经济发展，尤其是工业化和城市化发展的政策目标相一致的。[③] 地方政府之所以极度依赖“土地财政”来发展经济，与当前的税赋体制和政治考核不无相关，对此，笔者将另文论述。

在当前经济权力迅速扩张的语境下，征收更多的土地、以更低的成本征收土地很自然地成为地方政府的选择偏好。而征收更多的土地则意味着地方政府只能不断突破国家限定的用地指标，甚至违法改变土地用途，这正是土地规划难以落实的内在原因。根据清华大学土地课题组从国土资源部了解的情况，地方政府和涉及政府为违法主体的非法批地案占 80%。[④] 以更低的成本征收土地，则意味着地方政府将更多地采取强硬姿态与农民谈判，尤其是联合村组干部共同推进征地进程。为了高效率地完成土

① 赵德余：《土地征用过程中农民、地方政府与国家的关系互动》，《社会学研究》2009 年第 2 期。

② 郭亮：《土地征收中的利益主体及其权利配置——对当前征地冲突的法社会学探析》，《华中科技大学学报（社会科学版）》2012 年第 5 期。

③ 赵德余：《土地征用过程中农民、地方政府与国家的关系互动》，《社会学研究》2009 年第 2 期。

④ 程世勇、李伟群：《国家土地征用中地方政府违规的制度性原因探析》，《经济体制改革》2008 年第 1 期。

地征收，农民被给予的谈判空间与选择空间非常小，为了维护权利或谋取私利，农民只能通过越级上访或直接与企业谈判来进行。低成本的土地征收，不仅使农民缺乏应有的谈判能力，而且直接影响对失地农民的后期安置。无论是货币安置、留地安置还是社保安置，都是从征地的收益中支付的。低成本的农民安置，使农民只能享受较低倍数且常常被拖欠的货币补偿，而留给农民集体开发的土地则往往缺乏相应的基础设施配套，至于社会保障水平更是不充足。

伴随着经济权力的不断扩张，一方面是土地征收的迅速推进，另一方面则是越来越多的涉土信访及群体性事件的出现。作为土地征收的相对方，农民并不仅仅是沉默的受众，他们以自己的行动在不断地改变着征地过程中的权力格局。为了论述的方便，本文将针对经济权力扩展而引发的群众抗议称为社会权力。与社会权利这个带有褒义的正面概念不同，社会权力是一个中性概念，表达的是群众对经济权力扩张的回应能力。

在征地过程中，与经济权力的强势相比，社会权力在整体上依然处于弱势。一方面，农民通过自我组织化来进行征地谈判的意识和能力较弱，而更多地以钉子户的形象出现；另一方面，农民的抗议活动往往是一次性的，很少能将社会权力的诉求上升到法律制度的层面，从根本上改变土地征收的权力格局。正因如此，在征地谈判中，农民缺乏足够的组织能力，很容易被地方政府各个击破；而在后期安置中，农民要求改善安置条件的诉求很难对抗经济权力的强势压力。

情势并非一成不变。随着土地价格的迅猛增长，村庄中传统的合作力量（如宗族）被激活；而民主法治的观念随着媒体无孔不入的宣传，对人们的思想和行为不断发生影响。在这些因素的作用下，涉土信访和因为征地产生的群体性事件层出不穷，给地方政府进行低价征地的活动制造越来越多的障碍。在宗族势力强盛的地方，农民的集体认同和集体行动能力较强，甚至能够迫使村组干部最大限度地代表村民利益与地方政府进行谈判。而地方政府在农民集体强大的压力之下，也只能做出相应的让步。

实际上，近年来对于地方政府而言，土地征收已经变得日益艰难。各地已经或准备从规章政策上赋予农民更大的谈判空间，尽可能回应农民的安置需求。例如，留地安置的做法已经被越来越多的地方政府所采用，这是农民或农民集体对于农地转让租金与地方政府不断展开争夺所得的结果，是地方政府对农民或农民集体获得部分农地转让租金的承认。[①]

经济权力与社会权力存在相反相成的复杂关系。地方政府对城镇化、经济发展的追求与农民地权保护的取向相互冲突，地方政府显然没有动力或者缺乏能力去提升失地农民的社会福利。[②]另一方面，经济发展与社会保护又存在相互促进的关系。工业化和城镇化的推进使地方经济得到较快的发展，既增加了就业机会，也提升了土地的价格，从根本上讲是促进社会福利的基础条件。而地方经济的发展为失地安置条件的优化提供了可能性，安置条件的优化反过来也有利于土地征收的顺利开展，从而进一步促进地方经济的发展。现有的低补偿征地模式和低水平社会保障使得失地农民和流动劳工的消费水平很难随着经济增长而同步提升，这实际上进一步恶化了中国经济增长中的内需不足问题，不利于经济的健康发展。[③]

---

① 姚如青：《土地要素流动非市场化下的土地产权制度创新——基于杭州市留地安置制度的案例研究》，《浙江学刊》2009年第2期。

② 赵德余：《土地征用过程中农民、地方政府与国家的关系互动》，《社会学研究》2009年第2期。

③ 陶然、汪晖：《中国尚未完成之转型中的土地制度改革：挑战与出路》，《国际经济评论》2010年第2期。

通过考察土地征收的法律制度变迁，可以更好地看出经济权力与社会权力之间的互动关系。大集体时代，由于国家主要开展重工业建设和农业集体化建设，对土地征收的需求相对较小。1953年的《国家建设征用土地办法》规定，征地"必须对土地被征用者的生产和生活有妥善的安置"，"凡虽属需要，而对土地被征用者一时无法安置，则应俟安置妥善后再行举办，或另行择地举办"。强调社会保护的征地安置制度得到了群众高度认可，使各地的征地工作进展顺利。[①] 改革开放之后，工业化和城镇化建设迅速推进，建设用地需求骤增，按照原来"安置优先"的规定，使得有些地区的征地费用越来越高，征地安置压力极大，致使很多建设单位的工期一拖再拖，影响国家建设。"为工业化、城镇化发展尽快提供土地，成为最优先的立法目标和政策目标"，于是1982年的《国家建设征用土地条例》删除了"安置优先"条款，取而代之的是"征地服从"条款："国家建设征用土地，凡符合本条例规定的，被征地社队的干部和群众应当服从国家需要，不得妨碍和阻挠。"[②] 经济权力对社会权力的过度挤压，征地补偿和安置不公、不到位，使得征地冲突问题在20世纪90年代中后期开始变得日益严重。为平衡两者关系，国家在进入新世纪以来不断出台相关规定，如《关于切实做好征地补偿安置工作的通知》（2001）、《关于切实维护被征地农民合法权益的通知》（2002）、《关于加强土地调控有关问题的通知》（2006）等，要求地方政府在征地过程中必须切实保障农民的利益，

---

① 陶希晋：《关于国家建设征用土地办法修正草案的说明》，中国人大网，http://www.npc.gov.cn/wxzl/gongbao/2000-12/23/content_5000446.htm. 2000-12-23/2012-07-31.

② 吕克白：《关于〈国家建设征用土地条例（草案）〉的说明》，《中华人民共和国国务院公报》1982年第10期。

以维护社会的稳定，更好地促进经济发展。

上述征地制度的变迁体现了国家对于维持经济权力和社会权力平衡的努力。地方经济的发展常常以突破土地规制、削弱对失地农民的安置措施为代价，虽然社会权力的发展能够在一定程度上约束经济权力的扩张，但是更多的时候则需要依赖国家的政治控制。通过完善征地制度、建立权力监督体系，国家能够对地方政府的越轨行为予以制裁，从而维护经济权力与社会权力的平衡。为了论述的方便，本文将国家对地方政府行为的控制能力称为政治权力。

虽然我们看到政治权力的各种表态和努力，但是从近年来的实践来看，政治权力的效果依然偏弱。国家试图通过制定土地利用总体规划来实现城镇经济有序发展和粮食安全的目标，然而实践表明，土地规划缺乏权威性，国家的权力监督体系并没能有效规范地方政府的征地行为。地方政府的违规用地行为，村组干部在地方政府庇护下所进行的与征地有关的越轨行为，[①]以及群众的信访遭到地方政府的打压控制，这些情况也没有得到政治权力的有效规制，容易使农民在征地谈判和后期安置中处于不利的地位。

需要指出的是，过于强势的政治权力并不利于经济权力的有效运行，特别是在经济发展的初期。由于政治权力的严密控制，地方政府确实会减

---

① 以温州为例，2007 年 2011 年全市检察机关共起诉村干部贪污贿赂案件 106 件 160 人，占全市起诉贪污贿赂案件总数的 18%。在 106 件案件中，有 66 件发生在土地征用领域，占村干部职务犯罪的 62%，每年发生在土地征用领域的村干部职务犯罪案件分别占当年村干部职务犯罪案件的 70%、65%、53%、44% 和 73%，因此，土地征用领域已成为村干部职务犯罪的突出领域。参见徐海霞、曾国真：《农村土地征用领域职务犯罪的调查分析——以温州市检察机关办案为样本》，《河北法学》2013 年第 9 期。

少违规用地并瓦解与村组干部的利益联盟，然而土地征收的效率也会降低从而影响到地方经济的快速发展。而地方经济一旦不景气，群众的社会福利也不可能有较大的改善。当然，过于软弱的政治权力也会因为社会权力受到损害而使征地工作遭遇抵抗，最终不利于地方经济的发展。

政治权力的强弱不仅仅取决于国家意志，在很大程度上还受制于经济权力和社会权力的博弈格局。这里所谓的国家意志不是指文字层面的规章制度，而是推动权力运行的行动能力，即权力执行力。离开国家意志或权力执行力，政治权力也就不具有任何约束力。然而，如果经济权力受到社会权力的过度压制，政治权力往往会弱化以释放地方经济的发展动力；反之，社会权力受到经济权力的过度压制，政治权力则往往需要强化以保护群众的社会利益。[①]需要指出的是，从现实来看，无论是强势的经济权力还是强势的社会权力，都很容易将政治权力挟持以为己用。例如，地方经济发展因为提供就业、税赋，对国家的整体发展有利；而提升群众的社会福利，有利于强化对国家政权的认同。从经济社会的发展规律来讲，经济发展有起有落，经济权力很难长期保持强势的劲头；而群众对社会福利的诉求只会越来越高，社会权力最终会以压倒之势超越经济权力，并对政治权力提出更高的要求，从而进一步规制经济的粗放发展。

① 此前，地方政府为了高效率推进征地工作，常常动用地方警力协助拆迁，在群众中产生了消极的影响。为此，公安部下发了《2011 年公安机关党风廉政建设和反腐败工作意见》，要求各级公安机关认真贯彻国务院严格征地拆迁管理工作的有关要求，严禁公安民警参与征地拆迁等非警务活动，对随意动用警力参与强制拆迁造成严重后果的，严肃追究相关人员的责任。该《意见》正是近年来政治权力强化的表现之一。

四、本章小结

就当前的形势来看，我国经济还处在发展较快的阶段。考虑到产业结构调整之后（虽然艰难），我国经济将在一个新的平台上进一步发展，因此，在一二十年之内，经济权力的强势劲头有可能继续保持，城镇化依然处于高速发展阶段。[①] 同时，人们对于法治与权利的认同将进一步强化，社会权力将日益强势，甚至可能在一二十年之内超越经济权力成为左右政治权力的主要力量。[②] 在这样的背景之下，如何重构征地制度，在不影响经济发展的同时促进社会权力的建设与政治权力的完善，成为一项重要而紧迫的任务。

在一二十年之内，经济发展依然是党和国家工作的重心，在工业化和城镇化完成之前，土地征收始终是一项基础性的工作。这里有两个重要的问题需要辨明。首先，土地非农化的增值收益应当归全社会分享，而不是由使用土地的一小部分人独占。[③] 主流观点认为，应该按土地非农使用的市场价给予农民补偿。然而，城市化和政府在基础设施的巨大投资是土地增值的最主要原因，如果这部分土地价值增值部分全部被土地的占用者获取，是一种变相的国有资财流失（国家投资，个人获利）。[④] 从根本上讲，到中国工业化和城镇化完成之日，涉及征地的农民也仅占全国农民的

---

① 贺雪峰：《现行征地制度必须改革？》，《决策》2014 年 Z1 期。

② 郑永年曾经对我国的政治、经济和社会领域的边界及其相互关系做出细致的分析。参考郑永年：《十八大之后我国社会秩序重建问题》，华南理工大学公共政策研究院研究内参，2012 年 7 月专号，第 55 页之后。

③ 详见第六章。

④ 丁成日：《中国征地补偿制度的经济分析及征地改革建议》，《中国土地科学》2007 年第 5 期。

3%~5%，城市化带来的土地收益由这一小部分城郊农民专享，只会大大增加城市化的成本和恶化财富分配。[①]其次，如果认定土地增值收益应在全社会进行分配，那么被征地农民的利益如何切实得到保护？除了法定的货币安置之外，也许更为重要的是完善留地安置制度和社会保障制度以使农民能够长期分享城镇化收益。

因此，在继续采取政府主导的征地模式的同时，应当进一步强化对农民利益的保护，使社会权力随着经济发展而不断完善。近年来地方政府出于降低征地成本的考虑，往往压低对农民的实际补偿标准，从而激化了政府与群众的矛盾。协调征地过程中政府、企业、集体与农民个体之间的关系，在适应经济建设需要的同时促进社会的和谐以及缩小城乡差距等公平性目标的实现，成为征地制度改革的主要考量内容。[②]从这个意义上讲，国家需要加强权力监督体系的建设，对地方政府的违规用地及其他越轨行为予以规制。强化政治权力虽然在一定程度上增加了土地征收的成本，但却是优化经济发展和保障社会权益的必要条件。

第一，强化土地规划的权威性。为确保粮食安全、合理规划土地功能，必须强化自上而下的土地规划的权威性。土地规划应当进行科学化、精细化的编制，并提交各级人大讨论通过，使其具有真正的法律效力。土地规划不得随意更改，确需更改，必须设定相应的更改周期、更改幅度，并提交各级人大讨论通过。设置中央垂直管理的土地执法系统，严格执法

① 华生：《人口城市化是理清土地问题主线》，《中国证券报》2012年10月21日；贺雪峰：《地权的逻辑2：地权变革的真相与谬误》，东方出版社2013年版。

② 柴涛修等：《新中国征地制度变迁评述与展望》，《中国土地科学》2008年第2期；赵德余：《土地征用过程中农民、地方政府与国家的关系互动》，《社会学研究》2009年第2期。

程序，对违规用地行为严加惩处。纲举目张，土地规划是整个土地利用、土地征收工作的基本框架。

第二，设置预备征地比例，形成村庄之间的竞争市场。虽然在一二十年之内有必要继续坚持政府主导的征地模式，但是应当将原来“一对一”的征地方式改为“一对多”。当前的征地是由政府根据用地需求，确定特定的征地区域，“一对一”展开征地工作，很容易造成群众与政府的对立，导致征地谈判陷于僵局。“一对多”的征地方式是指，根据土地规划，每年确定一定比例的预备征地数量，符合土地功能规划的村庄都可参与征地。最先达成征地意愿的村庄纳入当年的征地范围，而始终无法达成征地意愿的村庄则可能因为丧失征地机会而缺乏发展机遇。“一对多”的方式可以形成村庄之间的竞争市场，提高征地的自愿性，减少征地冲突。当然，如果在一定时限内没有任何村庄达成征地意愿，政府依然可以采用“一对一”的方式进行征地。

第三，强化集体土地制度，优化农民对土地利益的分配机制。村组干部的越轨行为不是来自集体所有制，而与“资本下乡”的冲动和地方政府个别官员的腐败有关，正因为农民集体太软弱，企业才有机会勾结腐败官员去俘获村干部；倘若没有了集体，非但抗议运动难以组织，抗议也没有了法律依据。[①] 应当强化集体土地制度，强化农民参与土地决策的能力。在土地预备征收的竞争中，未经多数村民同意（三分之二），不能形成土地征收的决议。对于征地后的货币补偿，应当提取一定比例的资金留作集体公共开销，集体资金严格按照三资管理办法进行使用；剩余的货币补偿由全体村民均分；重新进行土地调整，将未被征收的土地均分给全体村

① 潘维：《农地集体所有制为什么应该存在》，《中国老区建设》2009 年第 1 期。

民。如此，既可提升基层治理能力，又能够确保不同时段的土地增值能够在全体村民间公平分配。

第四，符合规划的集中留地安置。留地安置的目的在于保障农民的长久生计，这就要求留置地必须处于土地市场发育程度较高的区位。[①] 根据土地功能规划，设定预备征地的总面积，按照一定比例（如10%）切出一块留置用地，集中预留在条件较好的区位，所有被征地村庄的留置地都将集中于此。只有征地面积占村庄面积的一定比例才能获得留置用地，当然，不同时期的征地面积可以累加；一旦累计征地面积占比符合要求，即可享受一定比例（如10%）的留置用地。集中留置用地由政府进行统一规划，根据各自村庄进驻的时间分批进行开发。政府需要为留置用地的开发提供相应的扶持政策和配套政策，确保留置用地得以顺利开发。留置用地应坚持集体开发的原则，所得收益由全村农民共同分享，不得将留置用地出卖或瓜分。

第五，完善失地养老保险。通过比较研究可以发现，将失地农民养老保障完全纳入城市职工养老保险的模式虽然在统筹城乡发展方面效果最佳，但是政府需要投入巨大的财政支出，这对于经济水平不发达的地区不具有适应性。政府 + 商业保险的保障模式需要政府投入大量贴息补贴，被征地农民受益面窄、保障水平不高，且不能和城镇职工养老保险相衔接，因此也不可取。为被征地农民建立独立开放的养老保障，能够较好平衡农民缴费能力、政府责任和保障效果，且能够与城镇职工养老保险相衔接，是目前较为可取的模式。[②] 通过提升农民集体与个人的经济收入，可以逐

---

① 黄亚云等:《征地留用地安置模式适用范围的定量评价与实证研究》,《城市发展研究》2009年第3期。

② 陈正光、骆正清:《现行被征地农民养老保障主要模式》,《华中科技大学学报（社会科学版）》2009年第2期。

渐将被征地农民的养老保障转为城镇职工养老保险，从而增加农民每月可领取的金额。

第六，加强权力监督体系建设，允许司法介入征地过程。征地制度的建构固然重要，但是离开有效的国家权力监督体系，征地制度改革将成为一纸空文。一方面要建立中央直属的土地执法系统，切实维护土地规划的权威性；另一方面也要畅通群众自下而上的反馈渠道，通过群众投诉信访，强化对征地过程的监督。除此之外，还应当引入司法机构以处理征地纠纷。在现行法律环境下，人民法院在实践中倾向于不受理土地征用纠纷。实际上，通过司法介入，可以为征地纠纷提供相对客观的评判标准，有助于改善被征用土地的定价系统、减少土地权属流转中的矛盾。[①] 如此，将有利于推动征地程序的法治化建设，从而完善社会权益保障，确保经济建设的稳步健康发展。

---

① 程洁:《土地征用纠纷的司法审查权》,《法学研究》2004 年第 2 期。

第八章

新型城镇化与中国农地制度变革

通过上述几章的分析，我们可以发现，在以城镇化建设为核心的现代化过程中，土地制度尤其是农村土地制度发挥着基础性的作用。在国家大力推行新型城镇化的背景下，当前的农村土地制度是否还具有适应性？本章将从新型城镇化的政策目标入手，通过制度分析和经验比较，尝试做出理性的回答，并提出重塑农村土地制度的政策建议。

一、农地制度的构造

土地制度是一个国家经济制度、政治制度的重要基石。在以城镇化建设为核心的现代化过程中，土地制度尤其是农村土地制度发挥着基础性的作用。当前，我国实行的是城乡二元的土地制度，即城镇土地归国家所有、农村土地归集体所有，改变农村土地用途用以城镇建设，必须先将集体土地国有化再进行出让或划拨。在国家大力推行新型城镇化的背景下，当前的农村土地制度是否还具有适应性？存在何种问题？对农村土地制度进行私有化或国有化的改造是否更有利于新型城镇化建设？

从总体上讲，一个国家的农村土地制度由两大部分构成：一是产权体系，二是开发权体系。所谓产权体系，是指由土地所有权、土地使用权等权利构成的体系，关注的是农地范围内的权利支配形态。常见的农地产权体系主要有“国家所有权 + 农民使用权”、“农民所有权 + 农民使用权”等。我国的情况相对特殊，农地产权体系由“集体所有权 + 农民使用权”构成。正是因为对“集体所有权”的性质存有疑义，不少学者认为应当将其改造为“农民所有权”[①]或“国家所

---

① 文贯中:《市场畸形发育、社会冲突与现行的土地制度》,《经济社会体制比较》2008年第2期；陈志武:《农村土地私有化后结果不会比现在糟》,载中国改革论坛：http://www.chinareform.org.cn/cirdbbs/dispbbs.asp?BoardID=&ID=68991,发布时间：2005年10月9日；陈志武:《给农民土地永佃权可不可行？——于建嵘、陈志武对话中国农村土地制度》，http://chenzhiwu.blog.sohu.com/163990132.html，2013年5月12日访问；陈志武:《让土地真正私有化》，http://chenzhiwu.blog.sohu.com/214575055.html，2013年5月12日访问；盛大林:《农村土地到底该不该私有化》，http://finance.sina.com.cn/review/zlhd/20060920/09262930881.shtml，2014年4月22日访问；陈东琪:《新土地所有制》，重庆：重庆出版社，1989，第33页；程文仕等:《从农民的视角研究农村土地私有化的可行性》,《国土资源科技管理》2009年第3期；赵伟鹏:《实行土地私有化解决农民增收问题》,《WTO与我国农业系列研讨会论文集》，2001年。

有权”。[①]

土地开发权，也称土地发展权，是指对因为变更土地用途或其他因素引发的土地增值的权利配置。[②]从本质上讲，土地开发权的存在是为了实现国家对土地的用途管制，这对于耕地保护和粮食安全至关重要。因此，大多数国家都视土地开发权为国家的专属权力，我国也不例外。在我国，土地开发权主要通过国家对土地的征用制度得以体现，主要根据土地被征收前的用途（农业用途）确定价值，相关安置、补偿的法定根据是其成本价，国家实际上得到了土地发展增益。[③]由国家垄断土地发展权，被认为是农民无法从城镇化过程中获益的根源，因而也遭到了不少学者的诟病。

由于有关失地农民、暴力抗拆、农民工权益等问题屡见报端，以及社会大众对地方土地财政的声讨之势日益高涨，人们开始对当前的农村土地制度提出质疑。质疑的声音主要从两个层面展开：一方面是土地的城乡二元结构使农民在城镇化过程中遭受利益损害。土地城乡二元结构的根源在于农村土地资源配置的非市场化，[④]国家从根本上控制了土地所有权的单向流转，导致农村土地收益的丧失，损害了农民的利益。[⑤]另一方面，集

---

① 康晓光：《土地国有化应是我国土地制度改革的主要方向》，《战略与管理》1995年第1期；颜运秋、王泽辉：《国有化：中国农村集体土地所有权制度变革之路》，《湘潭大学学报（哲学社会科学版）》2005年第2期；刘云生：《农村土地国有化的必要性与可能性探析》，《河北法学》2006年第5月；周天勇：《房地产税：怎么征、何时征》，《中国改革》2014年第3期。

② 详见第六章。

③ 陈柏峰：《土地发展权的理论基础与制度前景》，《法学研究》2012年第4期。

④ 蔡展峰、杨松：《关于推进新型城镇化改革的若干思考——集体所有制下土地市场化配置的路径选择》，《经济丛刊》2013年第5期。

⑤ 张永良：《城镇化与农村土地制度改革探析》，《西北农林科技大学学报（社会科学版）》2004年第2期。

体土地制度是对农民的内在约束，阻碍了城镇化的进程。当前我国农村集体土地的社会保障功能日益显化，产生了农村劳动力向城镇转移的粘滞效应，农民工群体进城不弃土的行为倾向，归根结底在于农村土地集体制度，[①]农村土地收益所产生的拉力阻碍了农民向城镇转移。[②]

是否真的如上述学者所言，当前的农村土地制度造成了农民在城镇化过程中的利益受损，同时阻滞了城镇化的顺利开展？如何客观评价农村集体土地制度以及私有化和国有化改革方案？换言之，新型城镇化的有序开展，需要什么样的农村土地制度与之相匹配？为了准确回答这些问题，首先必须确立新型城镇化的政策目标。学者之间的许多争议，往往是因为从不同的政策目标出发所致，不在同一个目标之下进行讨论，结果只能各说各话。只有明确城镇化的政策目标，才能有针对性地评估集体土地制度、私有化方案和国有化方案的利弊，从而为农村土地制度改革提供依据。

二、以人为核心的新型城镇化

2014年由中央发布的《国家新型城镇化规划》明确指出，新型城镇化要“以人为核心”。以人为核心的城镇化要破除过去一味强调土地城镇化、不顾及群众的切身利益，甚至损害群众利益的经济发展主义模式。当然，以人为核心并不意味着新型城镇化与土地制度无关，而是要建构一种良性的“人－地”关系，通过完善农村土地制度，使得人们可以充分分享城镇

① 靳相木：《土地集体制度与中国城镇化效率》，《山东农业大学学报（社会科学版）》2005年第1期。

② 张永良：《城镇化与农村土地制度改革探析》，《西北农林科技大学学报（社会科学版）》2004年第2期。

化的成果。

需要指出的是，“以人为核心”中的“人”应当做广义的理解，不能仅仅指农民，还包括广大的城镇居民；更不能仅仅指近郊（或面临征地）的农民，还包括广大的远郊（或不面临征地）的农民。因为城镇化不仅是土地用途的变更，更是经济模式和生活模式的变迁，对各类人群的利益都会有影响。当然，不同人群受影响的程度是不同的，按影响程度的大小排序，大致如下：近郊（或面临征地）的农民 > 远郊（或不面临征地）的农民 > 城镇居民。因此可以认为，对这三类群体的利益保护和利益平衡是以人为核心的新型城镇化的基本政策目标，也是评估农村土地制度的基本标准。

首先是对近郊（或面临征地）的农民的利益保护。这一点容易理解，因为近郊农民更容易遭遇因为城镇化扩张而带来的征地问题，当然，远郊农村也时有征地的现象。在当前，土地对于农民不仅具有经济价值，更具有社会保障的功能，尤其是作为饮食和居住的保障。一旦因为城镇化而导致土地丧失，农民同时丧失了经济利益和社会保障，成为失地农民。根据《全国土地利用总体规划纲要》，2000年—2030年的30年间占用耕地将超过5450万亩；一般每征用一亩耕地，就伴随着1.5个农民失业，这就意味着我国“失地农民群体”将从目前约4000万人剧增至2030年的1.1亿人；如果国家没有给予相对应的经济补偿和社会保障，他们必然陷入“务农无地、就业无岗、社保无份”的困境之中，最终影响社会的稳定。[①]因此，以人为核心的新型城镇化应当为失地农民提供充分的保障，这是基本的政

① 王盈怡等：《城镇化进程中失地农民权益保障对策探析》，《中国市场》2014年第2期。

策目标。

其次是对远郊（或不面临征地）的农民的利益保护。城镇化的速度并不是越快越好，其规模也不是越大越好，只有与工业化水平和城市社会保障能力相匹配的城镇化进程才是可取的。换言之，肆意将农民赶出土地、强迫农民进城上楼而又无法为其提供有效的社会保障，这样一种激进的城镇化模式实际上仅仅是为了占取农民的土地，牺牲的却是广大农民的切身利益。在一定的历史时期，不面临征地的农民数量要大大多于面临征地的农民，对于这些不面临征地的农民来说，土地依然是一项非常重要的社会保障。只有切实保障这些农民的土地利益，才能确保新型城镇化的稳步推进。从这个意义上讲，衡量农村土地制度是否有利于新型城镇化的健康开展，不仅仅要看这项土地制度是否能够有效保护失地农民的利益，更要看它是否能够有效维护非失地农民的利益；而在国家尚无法将农民的社会保障与土地剥离开来的情况下，保障农民可以随时回归土地的权利实际上就是最基础的人权。①

最后是对城镇居民的利益保护。从系统论的角度来看，城镇化不仅是对农民生产生活的影响，同时也对城镇居民的利益发生影响。城镇化意味着更多的农村人口转为城镇居民，他们的到来往往会给既有的就业结构、社会保障体系和社会治安体系增添新的压力。如果城镇化能够与经济发展水平同步，那么因为城镇化而带来的经济增长或许能够缓解新增人口的压力；相反，如果城镇化过于激进，经济发展水平无法为大量新增城镇人口提供就业和各项社会保障，一旦经济形势不景气，由于失业问题而引发的

① 曹锦清：《调整农村基本经营制度的时机未到》，《中国老区建设》2009年第1期；贺雪峰：《回到土地是农民最基础的人权》，《华中科技大学学报（社会科学版）》2009年第1期。

社会混乱将成为城镇化难以承受之重。如果大部分的失业人口不是丧失土地的新增城镇居民，而是可以选择回到农村土地的农民，那么城市的安全与稳定或许还有保障。从这个意义上讲，对城镇居民的利益保护与对非失地农民的利益保护其实是同一个问题的两个方面，在一定的历史时期内，两者一损俱损、一荣俱荣。由此可见，衡量农村土地制度是否有利于新型城镇化的健康开展，除了看它是否能够较好地实现从农民到市民的社会转换，更要考察它是否有利于维持农村和城市的稳定，后者实际上正是前者得以实现的基础，从而也是开展新型城镇化的基本前提。

如果将城镇化视为因用途改变或产权交易而带来土地增值收益的分配过程，那么从土地财富的伦理角度出发，这些增值收益应当在全民范围内进行分配，即所谓的“涨价归公”。土地的增值方式有两种：一是内力增值，即土地所有者或使用者在不改变土地用途的情况下对土地投资经营所产生的增值，这些增值显然归所有者或使用者；二是外力增值，即土地经由用途变更或产权交易而发生的增值，与所有者或使用者无直接关系，该增值实际上是整个社会发展所带来的，理应归全社会共享。英国经济学家约翰·穆勒早就主张，“应对自然增加的地租课以特别税”，即凡不是由于土地改良而增加的价值一律归公。[①] 美国经济学家亨利·乔治指出：“土地的价值……不是占有土地者个人创造的，而是由社会发展创造的。因此社会可以把它全部拿过来，而无论如何不会降低改良土地的刺激，或对财富生产有丝毫的影响。”[②] 孙中山指出：“地价高涨，是由于社会改良和工商

---

① [英] 约翰·穆勒：《政治经济学原理及其在社会哲学上的若干应用》下卷，胡企林、朱泱译，商务印书馆，1991，第 391 页。

② [美] 亨利·乔治：《进步与贫困》，吴良健、王翼龙译，北京：商务印书馆，1995，第 347 页。

进步。……所涨高的地价，应该归之大众，不应该归之私人所有。”[①] 土地增值收益的配置，实际上是一个土地开发权的问题；因为涨价归公符合土地财富的内在伦理，有利于整体社会的发展，因此将土地增值收益交由国家统一配置，亦即由国家控制土地发展权，应该是一种较为合理的选择。即使在土地私有的国家，例如英国和美国，都将土地开发权当作一种独立权利，它既可以归国家所有，也可以定额配置归土地所有人所有；这也表明，土地开发权不是土地所有权的派生权利，土地发展权的初始配置主体与土地所有权人并不必然同一。[②] 因此，评估一项农村土地制度是否有利于新型城镇化的开展，还需要考察其是否有利于实现土地增值收益的社会共享，而不仅仅只对某个群体有利好意义。

总而言之，是否能够实现对上述三类群体的利益保护以及对于整体社会发展的促进，是评估农村土地制度是否有利于新型城镇化良性运行的基本标准。需要指出的是，不同群体之间的利益往往是相互冲突的，因此除了利益保护之外，更需要进行利益平衡。例如，对于失地农民的过度保护甚至将所有土地增值收益归其享有，对其他群体而言显然是不公平的，最终也不利于社会的整体发展；而对非失地农民的过度保护，比如在其享有城市就业和社会保障的同时依然保留农村土地，这对其他非失地农民和城镇居民而言则是不公平的；如果对城镇居民的利益过度保护，例如允许其购置农村土地进行生产和生活，这显然是对非失地农民利益的减损。如果一项农村土地制度无法在不同群体之间进行利益平衡，最终也将不利于新型城镇化的开展。

---

① 孙中山：《三民主义》，长沙：岳麓书社，2000，第 200 页。

② 陈柏峰：《土地发展权的理论基础与制度前景》，《法学研究》2012 年第 4 期；韩松：《集体建设用地市场配置的法律问题研究》，《中国法学》2008 年第 3 期。

三、为什么集体土地制度还有改善空间？

我国农村集体土地制度实际上继承了三种不同的历史资源：一是传统时代的宗族社区制，体现为土地制度的社区性；二是新中国成立后前三十年的国家统制，在当下的表现是国家依然是农村土地的最终控制者；三是改革开放以来的农户个体经营，亦即越来越物权化的承包经营权。[①] 在农村发展以及城镇化的进程中，集体土地制度曾经发挥了至关重要的作用，那么在今天，它是否能够适应以人为核心的新型城镇化的内在需求呢？我们可以根据集体土地制度是否有利于不同群体利益的保护和平衡来作出客观的评估。

从实践经验来看，集体土地制度有利于远郊（或不面临征地）的农民的利益保护。中国迄今为止的城镇建成区才约 4 万平方公里，即 6000 万亩，即便不算老城区，将其全部算作这些年来城镇化扩张对农村的占地，也只占现有农村耕地和居住用地 20 多亿亩的 3%。[②] 这意味着受到农村土地制度影响最广泛的其实是 97% 的农民，土地制度的变革首先应当考虑这一大群体的利益。根据当前的经济发展形势，可以预计在未来较长的一段时期内，多数农民依然会留在农村，土地依然是他们最为重要的社会保障资源。对于当前的农民来说，其家庭收入主要来源于务农收入和务工收入，这一收入组合一般是通过代际之间或夫妻之间的劳动分工得以实现的。[③] 需要指出的是，在全球的产业链条中，中国的劳动密集型产业处于

---

① 详见第一章。

② 华生：《城市化与土地陷阱》，北京：东方出版社，2013，第 82 页。

③ 贺雪峰等：《农民工返乡研究：以 2008 年金融危机对农民工返乡的影响为例》，济南：山东人民出版社，2010，第 9 页。

末端，企业只能享有较低的产业收益，并通过压低工资水平取得有限的利润；农民工作为劳动力的主要来源，之所以能承受这种工资水平，与农村土地在背后的支撑作用密切相关。[①]

一旦因为年老、疾病或其他影响劳力发挥的因素出现，农民工很容易就丧失市场竞争力。在这种情况下，如果国家没有能力为其提供充分的社会保障或者提供的成本过大以至于影响整个国家的发展（这种情况在较长的一段时间内都会存在，这个问题将另文论述），能够回归农村实际上是对农民的一种利好政策（当然，这不是最优的政策，而是具有适应性的利好政策）。从这个意义上讲，集体土地制度（农民天然地拥有土地权益，且这份权益不得交易）为农民提供了“进可攻、退可守”的基本保障。[②]而远郊农民的安全与稳定，对于国家推进温和的城镇化战略，更好地实现近郊农民的市民化，则是至关重要的前提。

然而，新自由主义思潮主导下的私权化改革正使得集体土地制度变得日益僵化，在远郊（或不面临征地）的农民群体之间不断制造冲突和分裂，最终影响这一群体的利益。合理的集体土地制度是不允许农民将土地带入城市的，即一旦农民实现城镇就业、获得城镇社会保障，就应当放弃农村的土地，交由集体统一分配给依然在村的农民，从而使得城镇化的发展能够真正惠及那些远郊农民。可惜随着农户承包经营权的长久不变，很多已经市民化的农民依然享有农村土地，这实际上是对在村农民的利益损害。这正是集体土地制度做得不够的地方。

---

① 郭亮：《需坚持农村土地集体所有制》，《中国社会科学报》2010年1月5日第5版。

② 韩俊：《推进农民工市民化　提高城镇化水平》，《中国乡村发现》2010年第4期；甘满堂：《城市农民工与转型期中国社会的三元结构》，《福州大学学报（哲学社会科学版）》2001年第4期。

另外一方面，集体土地制度也有利于城镇居民的利益保护。在当前的经济社会形势下，对远郊农民的利益保护实际上就意味着对城镇居民的利益保护。城镇居民与远郊农民的利益关联主要体现在两个层面：第一，城镇经济社会的稳定建立在农村经济社会稳定的基础之上；第二，城市内二元结构将严重影响城镇经济社会的稳定。城镇的发展离不开农村的支持，离开了农村提供的粮食、蔬菜等日常用品，城镇将难以为继。集体土地制度可以在很大程度上缓解农地非农化和农民破产的危机，为城镇经济社会的稳定奠定基础。农民从土地和市场中获得两份收入，一旦市场经济不景气，农民可以全身而退，回到农村。取消集体制度、鼓励农民卖地进城，实际上是将农民赶上不归路，多数农民必将因为在城市生活失败又无路可退的情况下形成庞大的贫民窟。这时候，城乡二元结构是打破了，但是城市内二元结构却产生了。从国外的经验来看，贫民窟往往伴随着大规模失业、暴力泛滥和城市管理失序，这对于城镇居民来说绝对不是一个值得期待的政策后果。[①] 所幸的是，到目前为止中国并不存在贫民窟问题，这对于正处于城镇化过程中的发展中国家来说也许是绝无仅有的。之所以如此，与中国长期存在的集体土地制度不无相关。2008 年的金融危机曾经被认为将导致中国城市的混乱甚至崩溃，然而随着大量农民工的自然返乡，被预言的危机并未出现。[②] 因为经济形势不佳而发生农民工返乡的情况，在历史上并不少见。[③] 城镇居民因为集体土地制度的存在而可以安然地享

① 玛雅：《战略高度——中国思想界访谈录》，北京：生活·读书·新知三联书店，2008，第 84 页。

② 贺雪峰等：《农民工返乡研究——以 2008 年金融危机对农民工返乡的影响为例》，山东人民出版社 2010 年版，第 ×× 页。

③ [美] 苏黛瑞：《在中国城市争取公民权》，王春光等译，杭州：浙江人民出版社，2009，第 200 页。

受城镇化的各种好处。

需要指出的是，农民集体组织因为内在的权力结构问题，对失地农民的利益保护不充足。虽然从法律文本上来看，村民集体是一个自治组织，有权决定涉及集体的各项重要决策，也有义务最大限度地保护集体成员的利益。然而从实践层面来看，村集体的运行日益行政化，农民自治并没有真正实现。在城镇化的过程中，村民集体缺乏与国家和投资方的谈判能力。1986年之前，农村集体享有土地非农使用的自由，即农民在事实上享有土地发展权；1986年土地管理法颁行后，农民的土地发展权就开始受到限制，土地的非农使用需要县级以上政府审批；1998年修订的土地管理法，实现了从分级限额审批到用途管制的转变，土地的非农使用权利完全掌握在政府手中；上述制度的变迁，是农村集体逐渐丧失土地开发权，政府逐渐垄断土地开发权的过程。[①] 客观而言，这样的土地制度安排为90年代末以来城市化的加速扩张提供了重要的制度保障。一方面，政府只是以耕地的原产值的一定倍数低价从农民那里获得土地，另一方面又通过土地一级市场的垄断来配置土地资源和经营性用地的市场化出让来获取巨额土地出让收益，以及以土地这一预期会升值的资产的抵押来获取巨额城市基础设施建设资金，从而保证了城市化的加速和这一时期经济高速增长的实现。这可能是中国为何能在短短几年内将城市化率提高近10个百分点的真正秘密。[②] 然而，作为农民基本社会保障的集体土地制度，在集体成员的土地被征占的情况下，并没能很好地向政府争取到更为合理的社会保障以替代即将丧失的土地

① 陈柏峰：《土地发展权的理论基础与制度前景》，《法学研究》2012年第4期。

② 世界银行：《城市化、土地制度与经济可持续发展》，2005年。

保障。[①] 集体土地制度的行政化或僵化使得农民参与土地管理的能力日益弱化，一方面无法为失地农民合理置换与土地保障相匹配的城镇社会保障（这并不是对国家垄断土地开发权的质疑，土地开发权国有与农民社会保障的平等置换并不矛盾），另一方面也无法形成合力共同制约要价高得离谱的钉子户。

从整体上讲，当前的集体土地制度在实践中往往是对城镇居民的优先保护，使其免受城市内二元结构的困扰；其次则是对非失地农民的被动保护，然而随着集体制度的私权化，这种保护正在不断弱化；最后在失地农民方面，集体因为缺乏足够的谈判能力，在为集体成员争取与土地保障相匹配的城镇社会保障上缺乏作为。这样一种利益保护的格局与理想中的集体土地制度正好相反：虽然三大群体的利益都至关重要，但是对失地农民的保障显然应该置于优先的地位，不仅因为情势紧迫，更因为这可能是非失地农民将来也要面临的问题；其次应当是对非失地农民的保护，不仅是被动地承接农民返乡，更要主动地创造制度优势，为在村农民提供更好的耕作条件；最后则是对城镇居民的保护，这种保护更多的是集体制度运行的附带后果。集体土地制度之所以出现当前的困境，与国家经济发展的 GDP 主义以及在此引导下地方政府权力对集体制度的过度渗透从而以较低成本获取农村土地的冲动有关。这一困境不仅影响到失地农民的利益保护，也影响到对耕地、林地的保护，从而不利于国家的粮食安全和生态安全，最终势必影响到新型城镇化建设的成效。

① 朱晒红：《新城镇化背景下失地农民补偿安置问题——基于政府公共性缺失的视角》，《农村经济》2014 年第 2 期。

四、替代性方案?

面对集体土地制度的困境，一些政府官员和学者提出了替代性的方案，一个是私有化，另一个则是国有化。那么，这两种方案是否能够更好地保护和平衡失地农民、非失地农民以及城镇居民的利益呢？是否更有利于新型城镇化的有序开展、从而更好地推动中国经济社会的发展呢？

（一）私有化方案

有关土地私有化的声音一直都存在，其理由主要包括以下几个方面：首先，将土地视为一般的商品，而私有化有利于土地在市场上的自由流。[①]其次，农村土地私有化可以保护农民权益、提高土地利用效率，[②]通过土地私有化来增加个人总收益，是对集体所有制的进步。[③]再次，土地私有化被认为是市场经济的必要条件，是经济规律的延伸，而且“凡是对土地私有制做到长期信奉不疑的民族，都能逐渐完善以保障产权为核心的法律制度，演化出有广泛民意基础的经济—社会秩序，导致各阶层共生关系的深化，社会生活的和谐”。[④]最后，土地私有化被认为是解决“乡村社会的官

① 陈志武：《给农民土地永佃权可不可行？——于建嵘、陈志武对话中国农村土地制度》，http://chenzhiwu.blog.sohu.com/163990132.html，2013年5月12日访问；赵伟鹏：《实行土地私有化解决农民增收问题》，《WTO与我国农业系列研讨会论文集》，2001年。

② 程文仕等：《从农民的视角研究农村土地私有化的可行性》，《国土资源科技管理》2009年第3期。

③ 陈志武：《让土地真正私有化》，http://chenzhiwu.blog.sohu.com/214575055.html，2013年5月12日访问；陈东琪：《新土地所有制》，重庆：重庆出版社，1989，第33页。

④ 文贯中：《市场畸形发育、社会冲突与现行的土地制度》，《经济社会体制比较》2008年第2期。

权过剩，民间权力衰落”的问题、最终“还权于民”的唯一出路。[①] 从实践层面来看，随着私权化改革的推进，“与城市住宅及土地的实质私有产权性质一样，农村土地的实际私有化也已经是既成事实和必然趋势”。[②] 也有学者不直接提私有化，而是大力倡导土地产权的明晰化和可交易性，这实际上也是一种变相的私有化方案。例如，有学者呼吁要“下决心把土地承包权永久地固定给广大农民，使农民的土地承包权成为一种包含使用权、转让权、继承权和抵押权的土地财产权”；[③]“应在农村开放宅基地的转让权，只有这样才能保证城市新移民应有的财产权利”。[④]

需要指出的是，土地不同于一般商品，作为多功能农业载体的土地，除了经济功能之外，客观上还具有生态环保、粮食安全、农村发展、农民保障、村社文化等其他多项重要功能，其中生态环保和粮食安全更是关乎国家安全。[⑤] 在欧盟和日韩等国家，一直对农地自由交易采取限制的政策，而丝毫不影响这些国家的市场经济发展。作为自然资源，土地与民法中的其他客体存在本质性区别，在法律调整的价值目标、理念、基本原则也必然有所不同。[⑥] 然而，私有化方案试图“将土地与人分离，并以满足不动产市场需求的方式来组织社会，这正是市场经济乌托邦理念中不可或缺的

① 陈志武：《农村土地私有化后结果不会比现在糟》，载中国改革论坛：http: //www.chinareform. org. cn /cirdbbs /dispbbs. asp?BoardID=&ID=68991，发布时间：2005年10月9日；盛大林：《农村土地到底该不该私有化》，http://finance.sina.com.cn/review/zlhd/20060920/09262930881.shtml，2014年4月22日访问。

② 华生：《城市化与土地陷阱》，北京：东方出版社，2013，第256页。

③ 党国英：《让农民真正成为土地的主人》，《科学决策》2006年第8期。

④ 苏昕：《“城市新移民”公民权的缺失及回归探析》，《中国行政管理》2012年第5期。

⑤ 温铁军：《关于征地的两个观点》，《中国老区建设》2009年第1期。

⑥ 刘俊：《土地所有权国家独占研究》，北京：法律出版社，2008，第9-10页。

一部分”。[1]可见，将土地视为一般的商品、认为通过私有化使其自由流转是市场经济的必然要求，这样的提法不见得准确。

研究表明，私有化与农业生产效率和农民收入没有必然的关系。俄罗斯的土地私有化既没有带来农业技术水平的提高和更换农业生产中陈旧的物质技术基础设施，也没有开辟新的投资来源，更没有带来俄罗斯农业经济效益的提高。与1992年相比，2000年俄罗斯农产品的总产量下降了36%，食品工业产品产量下降了37%；1999年，俄罗斯用于农业经营的土地减少了2410万公顷，减少了11.3%，其中包括耕地减少了1450万公顷，减少了11%。[2]斯洛伐克的土地私有化改革同样如此，改革之后，大部分土地经营单位处于严重亏损状态，土地收益率很低。[3]

那么，私有化方案最后一个砝码，即土地私有化有助于保护农民的权益，是否真实呢？从实践经验来看，其实恰恰相反：发展中国家的土地私有化不仅损害了多数农民的利益，而且对于城镇居民也非常不利。如果非要说私有化有利于权利保护，那也只是保护了极少数强势农民和资本的“权利”。从理论上讲，农民的权益保障更多地依赖于司法体制的健全，而与土地私有化没有必然的因果关系。

实际上，随着土地的私有化，城镇化建设很可能使更多人的利益遭受损失：

首先，在城镇化的进程中，土地私有化不利于失地农民的权益保障。

① [英] 波兰尼：《大转型：我们时代的政治与经济起源》，冯钢、刘阳译，杭州：浙江人民出版社，2007，第152页。

② 丁军：《俄罗斯土地私有化述评》，《思想理论教育导刊》2002年第10期。

③ 杜吟棠、王秀杰：《斯洛伐克的土地私有化与合作社改制》，《中国农村经济》2002年第3期。

这个判断可以分解成两个方面：一方面土地私有化并不减少土地被廉价征收的可能性；另一方面土地私有化并不必然导致土地赔偿的提升。在发展中国家，出于工业化和城镇化的内在冲动，政府和资本廉价征占农民土地是不可避免的趋势。强化农民的组织化程度，实际上是提高农民谈判能力的重要筹码，而土地的私有化不仅无益于农民的团结反而使农民更快陷入分崩离析的境地。越南进行土地私有化之后，农民组织基本上解体，农民根本不可能阻止或对抗基层政府的腐败官员和黑社会、黑资本的结盟；正因为土地私有，反而更容易失去。[①] 虽说土地私有者被认为可以"自愿交易"，然而在权力和资本的围剿下，这种自愿显得很苍白。[②] 城镇化中的土地赔偿实际上是土地发展权的问题，而在任何国家，土地发展权无不受到国家的控制或规划，私有化并不必然提高土地赔偿的标准，反而可能因为缺乏组织化的谈判能力而导致赔偿标准的下降。

其次，在城镇化的进程中，土地私有化不利于非失地农民的权益保障。尚未被城镇化进程卷走土地的非失地农民，极有可能因为土地私有化而丧失土地。新自由主义者所鼓吹的土地私有化，实际上并不是农民"自下而上"的呼吁，而是精英集团攫取巨额利益的需要；土地私有化的最终结果必然是"耕者无其田"，土地与社会资源迅速积累到权势集团手中；具有讽刺意味的是，私有化方案往往在"保证农民获取土地权利"的华丽辞藻包装下获得不少支持。[③] 经验表明，最有可能将私有土地出售的往往

---

① 李昌平：《从越南看我国土地集体所有制之优越性》，《中国老区建设》2009 年第 1 期。

② 侯元兆：《从国外的私有林发展看我国的林权改革》，《世界林业研究》2009 年第 2 期。

③［美］埃里克森：《耕者无其田：中国农村土地私有化的必然结果》，《观察与交流》2008 年 5 月 15 日。

是那些弱势群体。这些贫弱的农民以极低的价格将土地出售，试图在城市中获得一个安身之处，结果往往以失败告终，却因为无法回到农村而只能堕入贫民窟。而农村的土地则逐渐集中到少数强势农民身上，其代价是大多数农民的破产。[①]土地私有化摧毁的不仅仅是土地集体所有，同时也摧毁村社区域共同体，在没有善后措施的条件下，其后果一定是灾难性的。[②]美国印第安人土地私有化的案例非常典型，从民族政策和人道主义的角度看，私有化运动造成了土著土地的大量丧失，印第安人赖以生存的经济基础由此而丧失殆尽，从而导致印第安人的普遍贫困。[③]

最后，在城镇化的进程中，土地私有化不利于城镇居民的权益保障。土地私有化使得农民遭遇天灾人祸时纷纷将土地一卖了之，失去土地使大批农民几乎是永远地背井离乡，向大城市集聚。[④]在这种私有化背景下开展城镇化建设，由于市场调节的自发性和盲目性，造成城市人口集聚膨胀，工业畸形发展，超越城市的交通、公用设施、住房和环境的容纳能力，导致多种多样的“城市病”迸发。[⑤]拉美的“过度城市化”正是典型的案例。[⑥]不仅在拉美，包括印度、孟加拉等发展中的人口大国，土地私有化的结果无一不是贫富两极分化，农村贫困地区游击战，城市贫民窟黑

① 朱云汉：《中国大陆复兴与全球政治经济秩序重组》，《观察与交流》第126期，2013年8月15日。

② 孟勤国：《揭开中国土地私有化论的面纱》，《北方法学》2010年第1期。

③ 丁见民：《美国印第安人的土地私有化》，《史学月刊》2009年第7期。

④ 仇保兴：《国外城市化的主要教训（续）》，《城市规划》2004年第5期。

⑤ 靳相木：《土地集体制度与中国城镇化效率》，《山东农业大学学报（社会科学版）》2005年第1期。

⑥ 宁越敏等：《让城市化进程与经济社会发展相协调——国外的经验与启示》，《求是》2005年第6期。

帮泛滥，甚至走向恐怖主义。[①] 这一结果不仅对农民来说是灾难，也严重损害了原有城镇居民的利益。

如果土地私有化损害了这么多人的利益，那么为什么有人还在不断鼓吹私有化呢？原因不难理解。尽管土地私有化明显会损害多数中国农民的基本生活安全，但却可使农村和城市的少数人从中攫取巨额利益；土地私有化的压力不是来自多数农民，而是来自想从中渔利的新兴政治和经济精英；这些精英人士故意曲解农民通过获取土地来保障基本生活安全的急切呼吁，将之夸大为“自下而上”的所谓“农民运动”；实际上，他们是想极力推动新圈地运动和均分剩余的集体财产，以加速资本积累。[②]

（二）国有化方案

从理想的角度出发，土地国有化有利于土地统一市场的形成，政府可以更方便地实现土地征用，推动城镇化的发展；另外，基于粮食安全和生态安全，对部分耕地和林地进行国有化也具有重要的意义。然而在当前法制不健全的背景下，尤其是地方政府存在强烈的土地财政需求和工商资本对于寻求新的投资市场的迫切愿望，在这种情况下贸然推动大规模的农地国有化，有可能引发政府与资本联合圈地从而造成农民失地的严重后果。

一般而言，国有化倡导者主张农村土地归国家所有，但是赋予农民永续使用的权利。[③] 农村集体土地国有化之后，国家成为农地的主人，可以

---

① 温铁军：《我国为什么不能实行农村土地私有化》，《红旗文稿》2009 年第 2 期。

② [美] 埃里克森：《耕者无其田：中国农村土地私有化的必然结果》，《观察与交流》2008 年 5 月 15 日。

③ 周天勇：《房地产税：怎么征、何时征》，《中国改革》2014 年第 3 期。

克服集体土地所有权主体虚位的弊端。[①] 有学者甚至提出，国有化有利于全国土地统一市场的形成，有利于带动城市资本或工商业资本的乡村转向。[②] 从这个意义上讲，国有化方案与私有化方案共享着相似的理想，即通过赋予农民更为稳固的土地产权，促进土地的自由流转。与私有化方案一样，在当前的形势下国有化同样不利于以人为核心的新型城镇化的开展。

首先，在城镇化的进程中，大规模土地国有化不利于失地农民的利益保障。虽然国有化之后，农民的土地具备国有性质，但是农地用途的变革依然离不开国家的规划和控制。至于土地征占的补偿标准，如果依然是根据土地原有用途进行补偿，那么与集体制之下的补偿不会有太大的差异，甚至标准有可能降低，因为原来补偿给集体的“所有权损失”现在就不存在的，因为所有土地都是国家的。如果是依据市场价格进行补偿，其增值部分完全可能由国家取得（涨价归公）。因为缺乏有力的农民组织，就像在资本面前无力对抗一样，个体农民根本无法与国家进行对等的博弈，在争取与土地保障相匹配的城镇社会保障时依然是有心无力。

其次，在城镇化的进程中，大规模土地国有化不利于非失地农民的利益保障。土地国有化的本质在于，用国家政权的力量确保农村劳动力在非农产业就业是农村劳动力与土地分离的充分必要条件；土地国有化剥夺了在非农产业就业的劳动力对土地使用权的占有，从而消除了农业兼业化的可能性，有利于土地的规模化经营。[③] 需要指出的是，对于多数农民工而

① 颜运秋、王泽辉：《国有化：中国农村集体土地所有权制度变革之路》，《湘潭大学学报（哲学社会科学版）》2005年第2期。

② 刘云生：《农村土地国有化的必要性与可能性探析》，《河北法学》2006年第5期。

③ 康晓光：《土地国有化应是我国土地制度改革的主要方向》，《战略与管理》1995年第1期。

言，兼业化是保障其生活稳定的基础，能够回到农村经营土地是农民工规避城市风险的利好政策。如果强行推动土地国有化，并严格限制农民的兼业行为，这意味着国家要额外提供大量的社会保障资源来安顿进城的农民（否则要面对的就是大批破产的农民），这在目前显然是不可行的，其结果只能是进一步激化土地的变现，而这与新型城镇化的方向是背道而驰的。另外，土地国有化之后，有钱有势的城镇居民就可以突破原来农村土地的社区限制参与到农地产权的交易之中，这将进一步加速农民的破产。

最后，在城镇化的进程中，大规模土地国有化不利于城镇居民的利益保障。虽然少数有钱有势的城镇居民可以借助国有化的东风到农村圈占土地，但是对于多数普通的城镇居民来说，他们要面临的更多是在权力和资本挤压之下破产而涌入城镇的农民，失业和混乱将影响整个城市的福利。在某种程度上讲，这一过程与土地私有化的过程无异。

如果土地的国有化意味着农民有几乎绝对排他的产权，并且可以进行自由的产权交易，那么土地的国有化与私有化对于农民来说并没有本质的区别。现代物权理论的发展表明，所有权的重要性正逐渐弱于用益物权。因此，反对土地私有化的证据在多数时候都可以用来反对土地国有化。

有学者道出了积极推动土地国有化的根本意图：目前我国农村尚处于农村工业化的初期或前期阶段，土地价格不高，而且还没有出现地价飞涨问题，此时实施土地国有化，农民感受到的损失最小；而且，目前我国的农民合作组织远未发育成熟，社会的政治民主化程度很低，代表农民利益的压力集团尚未形成；因此，此时实行土地国有化，农民不能组织有力的抵制活动，相应地，政府将要承受的社会政治压力也最小。[1]我们有理由担心，大规模推行土地国有化的后果很可能是权力和资本又一次对农民权益的围剿。由此可见，将农民集体土地收归国有，在法理上缺乏正当性、公平性，而且容易挑起农民与政府的对立，与私有化方案同样非常危险。[2]

五、本章小结

在推进以人为核心的新型城镇化进程中，农村土地制度首先要回应的是两个层面的问题：第一，在国家尚无法通过城镇化将多数农民的社会保障与农村土地分离开来之前，如何设计农村土地制度以保障农民的权益？第二，在国家通过城镇化将部分农民的土地征占之后，如何设计农村土地制度以保障农民的权益？实际上解决了这两个问题，也就解决了原有城镇居民的权益保障问题和国家经济社会有序发展的问题。前一个问题关涉“耕者有其田”，后一个问题关涉“农民组织化”。可以认为，一个能够推动新型城镇化发展的较好的农村土地制度，必然要回应这两大问题。

考虑到土地私有化或国有化方案所存在的问题，有学者提出应当强化集体土地制度，尤其是要赋予集体土地发展权，使得集体土地可以和国有土地一样平等入市。这些学者往往以个别城郊村的自主城镇化为案例[3]，将土地发展权视为土地所有权的派生权利，主张失地农民应当得到土地发

① 康晓光:《土地国有化应是我国土地制度改革的主要方向》,《战略与管理》1995 年第 1 期。

② 孟勤国:《揭开中国土地私有化论的面纱》,《北方法学》2010 年第 1 期。

③ 刘守英:《集体土地资本化与农村城市化——北京市郑各庄村调查》,《北京大学学报(哲学社会科学版)》2008 年第 6 期。

展增益，认为国家应当按照土地被征收后的用途和市场价来补偿失地农民（农村集体）。① 所谓集体土地入市，主要指集体建设用地使用权直接入市②，实行国有土地和集体土地的“同地、同权、同价”，③这被认为将有利于解放生产力、释放农民和土地、解决农民生产生活资料固化与社会化大生产之间的矛盾。④

从国际经验来看，土地开发权与土地所有权一般是分离的，因为集体享有土地所有权而要求赋予其土地发展权，不见得合理。国际上城镇化过程中土地配置机制主要包括三种类型：土地征用、规划增值调整和土地整理，这个过程中的土地增值主要来源于政府规划和社会发展，其增值收益主要归国家享有。⑤ 土地开发权的设置体现了国家对土地用途的管制，有人认为，“土地用途管制”带有强烈的计划经济色彩，但实际上它是由美国在 1924 年提出“土地分区管理”后，才迅速被世界各国所普遍接受并形成制度的。目前，在市场经济国家中，都对土地利用实行着超越所有者的用途管制制度。⑥

赋予集体以土地发展权虽然表面上显得非常公允，实际上只是在为大

---

① 刘俊：《土地所有权权利结构重构》，《现代法学》2006 年第 3 期；胡兰玲：《土地发展权论》，《河北法学》2002 年第 2 期；杨明洪、刘永湘：《压抑与抗争：一个关于农村土地发展权的理论分析框架》，《财经科学》2004 年第 6 期；郑振源：《征用农地应秉持“涨价归农”原则》，《中国地产市场》2006 年第 8 期；蒋省三、刘守英、李青：《土地制度改革与国民经济成长》，《管理世界》2007 年第 9 期。

② 韩松：《集体建设用地市场配置的法律问题研究》，《中国法学》2008 年第 3 期。

③ 蒋省三、刘守英、李青：《土地制度改革与国民经济成长》，《管理世界》2007 年第 9 期。

④ 蔡展峰、杨松：《关于推进新型城镇化改革的若干思考——集体所有制下土地市场化配置的路径选择》，《经济丛刊》2013 年第 5 期。

⑤ 陈美球、吴次芳：《城镇化土地配置国际比较》，《中国土地》2002 年第 8 期。

⑥ 陈锡文：《关于农村土地制度改革的两点思考》，《经济研究》2014 年第 1 期。

约 3% 被动城市化的城郊农民说话，而有意无意忽略和抹杀了占 97% 的中国远郊农民这个城市化主力军的权利。[1] 因为少数特殊区位农民自主开发土地，只会使国家减少了来自土地的财政收入（含土地财政），从而使国家（中央及地方政府）更加无力向全国农民进行转移支付，更无财力改善全国农民的居住生活环境。[2] 因此，赋予集体以土地发展权将造成更大的社会不公。

那么，在新型城镇化的背景下，如何进一步改革农村土地制度呢？

第一，在现阶段应该继续坚持集体土地制度，但是要强化农民对集体土地的管理能力。在城镇化尚无法给农民提供足够的社会保障的前提下，集体土地制度仍然是广大农民得以安身立命的基石，贸然推行私有化或国有化改革都容易使农民陷入失地失权的境地。保持集体地权的社区性，土地所有权和承包权只能由社区成员分享，不宜对外开放；土地经营权可以依据农民的意愿进行自由流转，不受社区范围限制，但是流转期限不得超越承包期限。无须鼓励或推动地权流转，让农民在法律的范围内自行处置，更有利于基层社会的稳定。

第二，农民在城市落户之后，应当将自己原来承包的土地归还农村集体。集体土地的意义在于为在村农民提供基本的社会保障，随着城镇化的稳步推进，越来越多的农民转为城镇居民或实质上有能力在城市里获取稳定的生活来源，这些人的土地应当退出来，由农民集体商议，决定如何进行重新分配。只有这样，广大农民才能更多地分享城镇化的好处，农村的适度规模经营也能够逐步形成。

---

① 华生：《城市化与土地陷阱》，北京：东方出版社，2013，第 82 页。

② 贺雪峰：《建设用地制度改革的逻辑——以成都市城乡统筹实验中的土地制度改革为例》，《贵州社会科学》2013 年第 4 期。

第三，在农村土地的征占过程中，引入农民集体的谈判机制，强化农民的组织化程度。城镇化引发的主要矛盾就在于失地农民的保障问题，一方面，存在低保障、低福利的情况，另一方面，也存在个别农户无理索要高价的情况。这些情况都不利于新型城镇化的顺利开展。虽然集体不具有土地发展权，但是作为农民利益的承载者，应当积极介入到土地征占的整个过程之中，而不仅仅是被动地接受政府开出的价格。只有经过农民集体的充分讨论，对失地农民的补偿提出合法合理的方案，然后与政府进行公开的协商，达成统一意见之后方能进行土地征占。政府应当为失地农民提供相对充分的社会保障，包括失业保险、养老保险、就业支持、移民融合等。各地政府应当出台相应的制度规范，为农民集体参与新型城镇化建设提供指引。

第四，规范农村集体建设用地中的经营性用地入市行为。这并不意味着集体就拥有了土地开发权，因为经营性建设用地平等入市必须首先符合土地用途管制及政府的统一规划，同时需要政府的审批同意；同时，集体经营性建设用地入市后的增值收益并不归集体独享，国家应当通过立法提取相应的税费。需要注意的是，用于农业生产的农地、集体建设用地除了经营性用地之外的其他用地，不得入市交易，这是确保“耕者有其田”“居者有其屋”的底线。集体分享经营性建设用地入市所取得的部分增值收益，这些收入通过村民民主管理，可以增强村民集体的行动能力，从而在与政府进行谈判的过程中更好地保护集体成员的利益。

第五，限制工商资本下乡圈地和城镇居民参与农地产权交易。在国家尚无法将农民的社会保障从土地中剥离开来之前，农村土地始终具有准公共产品的属性。而工商资本具有谋利的天然属性，鼓励工商资本下乡进行土地大规模经营，很容易导致大量农民的非自愿性失地以及土地的非粮化甚至非农化。近年来各地农村因为工商资本抢占农民土地而引发的社会抗议活动屡见不鲜，是当前农村社会不稳的主要原因。

第六，国家为了更好地保障粮食安全和生态安全，防止过度城镇化，可以通过立法将部分耕地和林地进行国有化。我们之所以反对农村土地的大规模国有化，是因为担心在当前法制不健全及地方政府具有强烈的土地财政需求的背景下，激进的国有化方案极有可能引发政府与资本合谋大量圈占农民土地、最终损害广大农民权益的后果。但是这并不排除在特定时期出于特定需求，可以对部分农地通过立法的方式予以征购。为保障粮食安全和生态安全，对部分耕地和林地进行国有化，并给予集体相应的补偿，农民可以向国家承包一定数量的耕地，而林地则应由国家统一管理。需要指出的是，这些国有化的耕地或林地不得改变原有用途，而且国有化之后不得减损农民的原有利益。

图书在版编目（CIP）数据

中国农地制度：农户、集体与国家的互动 / 林辉煌 著 . —北京：东方出版社，2022.1
ISBN 978-7-5207-2031-1

Ⅰ . ①中…　Ⅱ . ①林…　Ⅲ . ①农地制度—研究—中国　Ⅳ . ① F321.1

中国版本图书馆 CIP 数据核字（2021）第 004093 号

中国农地制度：农户、集体与国家的互动
（ZHONGGUO NONGDI ZHIDU NONGHU JITI YU GUOJIA DE HUDONG）

作　　者：林辉煌
责任编辑：刘　峥
出　　版：东方出版社
发　　行：人民东方出版传媒有限公司
地　　址：北京市西城区北三环中路 6 号
邮　　编：100120
印　　刷：北京文昌阁彩色印刷有限责任公司
版　　次：2022 年 1 月第 1 版
印　　次：2022 年 1 月第 1 次印刷
开　　本：710 毫米 ×1000 毫米　1/16
印　　张：16.75
字　　数：160 千字
书　　号：ISBN 978-7-5207-2031-1
定　　价：69.80 元
发行电话：（010）85924663　85924644　85924641